애자일 경영
교과서

# THE AGILE LEADER
# 애자일 경영 교과서

## 디지털 혁신을 위한 애자일 프로젝트 관리법

사이먼 헤이워드 지음
이은경 옮김

유엑스 리뷰

차례

작가 소개 • 8
추천사 • 11
서문 • 17
들어가며 • 20
머리말 • 23

# 1부 애자일 리더십

**01
애자일
리더십이란?**

도입 • 29
디지털 세상에서 리드하기 • 30
연결 리더 • 35
선동하고 파괴하는 애자일 리더 • 37
민첩성 • 47
연결 리더십의 나머지 요소들이
애자일 리더십에 기여하는 방법 • 58
요약 • 66

## 02 애자일 리더 되기

도입 • 69
자신부터 시작하기 • 71
1 민첩성 학습 • 74
2 공감 • 79
3 사려 깊은 결단력 • 86
4 디지털 사용능력 • 94
요약 • 107
점검 사항 • 110

## 03 애자일 작업 방식

도입 • 111
애자일 경영 • 112
스크럼 • 114
요약 • 144

## 04 애자일 비즈니스 구축하기

도입 • 147
전환 • 148
애자일 비즈니스 구축에 대한 장벽 • 150
1 문화 • 151
2 명확성 • 161
3 고객과의 친밀함 • 163
4 협업 • 170
요약 • 180

## 2부　　　실전 애자일

**05**
**무자비한 우선순위**

도입 • 185
당신은 제품의 소유자다 • 187
가장 중요한 것 • 188
단순성에 대한 집착 형성 • 203
요약 • 207

**06**
**협업과 애자일 팀**

도입 • 209
강력한 팀 기반 구축 • 210
자율 경영 팀 • 221
요약 • 236

**07**
**애자일 의사 결정**

도입 • 238
명확성 • 240
사려 깊은 의사 결정 • 244
권한 위임 • 253
요약 • 261

**08**
**학습과 혁신과 개선**

도입 • 262
선동하기와 파괴하기 • 264
학습 문화 만들기 • 266
고객 중심 혁신 • 274
실험 • 277
뒤집기 • 282
요약 • 289

## 3부　다음 단계

**09**
**애자일 혁신을
위한 기업 구축**

도입 • 293
1 비전을 분명히 표현하기 • 296
2 리더 바꾸기 • 298
3 근육 키우기 • 305
4 불을 붙이기 • 309
5 과정 끼워 넣기 • 310
요약 • 320

**10**
**애자일과
디지털 사회**

도입 • 322
변화의 가속화 • 323
네트워크 조직 • 325
애자일 리더십의 사회적 역설 • 329
요약 • 338

## 작가 소개

사이먼 헤이워드 박사(Dr Simon Hayward)는 많은 클라이언트 단체들이 신뢰하는 컨설턴트이자 파트너로서 높이 평가되는 국제적 명성을 가진 선구적 사상가다. 그는 리더십 자문회사인 씨러스(Cirrus)의 설립자이자 CEO로, 30년 넘게 쌓아온 풍부한 전략적 리더십 경험을 가지고 있으며 유럽, 아시아, 북미 전역의 고객 단체들과 함께 리더십 전략과 리더십 개발 프로그램을 개발하고 있다.

2016년 FT출판사에서 사이먼의 첫 번째 저서 〈연결 리더십(Connected Leadership)〉이 출간되어 2017년 공인경영연구소(Charted Management Institute)와 영국국립도서관(British Library)이 선정한 올해의 경영서(Management Book of the Year) 최종심사 대상 명단에 올랐고 중국어와 아랍어로 번역되었다. 또한 아시아 정세에 연계된 리더십을 탐구한 〈팔그라브 아시아전환 리더십 핸드북(The Palgrave Handbook of Leadership in Transforming Asia, 2017년)〉과 〈질적 경영과 경영 연구 방법을 다룬 현자의 핸드북(The Sage Handbook of Qualitative Business and Management Research Methods, 2017sus)〉에도 실렸다. 사이먼은 [파이낸셜 타임즈(Financial Times)], [선데이 타임즈(The Sunday Times)], [타임즈(The Times)], [매니지먼트 투데이(Management Today)], [휴먼 리소스(Human Resources)], [가디언(The Guardian)]을 포함하는 주요 출판물에 특집 기사로 소개되는 것은 물론 스카이 뉴스(Sky News)나 BBC에도 자주 출

연하는 논평가다. 학회에서 주기적으로 연설도 한다.

사이먼은 맨체스터 경영대학원(Alliance Manchester Business School)에서 석사(MBA)와 박사(DBA)를, 옥스퍼드 대학교에서 영문학 석사학위를 받았다. 그는 공인경영연구소(Chartered Management Institue)의 연구원이자 왕립예술학회(Royal Society of Arts)의 석학 회원이며 영국경영학회(British Academy of Management)와 공인마케팅연구소(Chartered Institute of Marketing)의 회원이다.

씨러스(Cirrus)는 2017년 공인인력개발연구소(Chartered Institute of Personnel and Development)가 뽑은 올해의 인력과 학습개발 부문에서 영국 최고 자문회사(Best UK Consultancy)로 인정받았다. 또한 리더십과 참여 부문에서 고객들과의 작업을 인정받아 다른 상들도 수상했다.

사이먼은 영국 교육상(World of Learning Awards), 브리티시 가스/데일리 익스프레스 투모로우(British Gas/Daily Express Tomorrow)의 피플상(People Awards) 그리고 올해의 기업가상(Entrepreneur of the Year Awards)을 받았다. 또한 인력관리상(People Management Awards), 경영컨설팅협회상(Management Consultancies Association Awards), 우수인력상(HR Excellence Awards), 오늘날의인재상(Personnel Today Awards) 그리고 호텔요리인력훈련상(Hotel Catering Personnel and Training Awards) 등의 수상으로 고객들과의 업무를 인정받고 있다.

그가 이끌었던 성공적인 리더십 개발 사업인 아카데미(Academee)는 파이낸셜 타임즈에 의해 영국에서 5번째로 일하기 좋은 기업으로 뽑혔고 2007년에는 선데이 타임스의 100대 우수 직장 중 하나로 선정되었다. 또한 2008년에 마쉬앤맥레넌사(Marsh & McLennan Companies)에 인수되기 전, 인력부문에서 특별 우수기업상(Business Excellence Award for People and People Results)을 받았다.

사이먼은 열정적인 경영자이자 암 자선단체를 위한 기금도 활발하게 모금한다. 그는 이스트 체셔 호스피스(East Cheshire Hospice)의 부원장이자 기금조성의 회장을 역임하고 있으며, 아내 클레어(Clare)와 세 아들과 함께 영국 체셔(Cheshire)에 살고 있다.

## 추천사

우리는 예측할 수 없는 세상에서 성장을 이끌기 위해 기존의 비즈니스 모델을 교란시킬 필요가 있다. 이 책은 리더들이 다르게 생각하고 변화를 위해 분발하며 다른 이들을 변화시키는 데 도움을 줄 수 있다. 이 책은 문화, 행동, 일하는 방법의 중요성을 강조한다.

케빈 카스텔로Kevin Costello, 헤이마켓 미디어Haymarket Media 그룹의 CEO

신속성을 기하기 위해서는 테스트해 볼 필요가 있다. 여러분이 시도하는 것마다 효과를 볼 수는 없을 것이다. 작은 실패와 빠른 실패를 하고 빨리 배워라. 애자일 리더는 민첩성이 단순히 무언가를 창조하는 일만은 아니라는 사실을 보여준다. 또한 무자비한 우선순위 설정, 위험 관리, 그리고 언제 멈출지 아는 것에 관한 이야기다. 이 책은 리더들이 매일매일 사업 성공이라고 정의할 수 있는 선택을 할 수 있도록 돕는다. 여러분이 앞을 향해 전진하지 않고 혁신하지 않고 변화하지 않는다면 경쟁자들이 그렇게 할 것이다.

험프리 코볼드Humphrey Cobbold, 퓨어짐PureGym의 CEO

이 책에서 사이먼 헤이워드는 그의 첫 번째 저서 〈연결 리더십〉에서 소개한 애자일 조직을 만들기 위한 접근방식을 개발한다. 그는 고객들이 얼마나 많은 성공적인 조직을 이끌고 있는지 살펴보고, 상호 이익을 위해 지속적으로 혁신하고 개선하기 위해 그들과 협력한다. 또한 협력을 장려하기 위해 비즈니스 프로세스를 단순화하고 사일로를 해체하는 것의 중요성에 초점을 맞추고 있다. 불확실한 환경에서 기업은 적응하고 유연하게 대처하고 항상 진화할 필요가 있다. 성장을 위한 기회를 발견하는 것뿐만 아니라, 이러한 기회를 잡기 위해 빠른 결정을 내려야 한다. 미래에 대비하기 위해 우리 펜트랜드 브랜드에서는 애자일 리더십의 많은 원칙들을 채택했다.

앤디 루빈Andy Rubin, 펜트랜드 브랜드Pentland Brands의 회장

모든 업계와 고객의 행동이 항상 변화함에 따라 민첩성은 매우 귀중한 리더십 기술이 되었다. 변화하는 고객 요구에 민첩하게 대응하고 가장 큰 영향을 미칠 수 있는 부분에 초점을 맞춤으로써, 이 책은 리더들이 어디에서 빠른 승리를 거둘 수 있고, 어떻게 해야 장기적이고 지속적인 성공을 이룰 수 있는지 보여준다.

로저 화이트사이드Roger Whiteside, 그레그즈Greggs의 CEO

이 책은 무엇이 애자일 리더십을 전통적인 리더십과 다르게 만드는지 아주 명확하게 설명한다. 보다 애자일한 리더십 스타일로 전환하는 것은 큰 도전 과제일 수 있다. 사이먼 헤이워드는 이러한 변화를 지속 가능한 방식으로 만드는 데 도움이 되는 다양한 통찰력과 조언을 제공한다.

마크 앨런Mark Allen, 데어리 크레스트Dairy Crest의 CEO

디지털 폭발은 모든 산업에 커다란 영향을 끼쳤다. 그것은 전통적인 작업 방식을 파괴했다. 이 책은 점점 더 혁신적이고 민첩해지는 데 있어 고객 집중과 학습 및 협업의 중요성을 강조한다. 애자일 리더십의 원칙을 채택함으로써 경쟁에서 앞서 나갈 수 있다.

캐롤라인 러쉬Caroline Rush, 영국 패션 위원회의 CEO

디지털 과부하의 시대에 변혁이나 생존에 필요한 반성과 행동 사이의 균형에 대해, 포부를 가진 리더들을 위한 사려 깊은 독서를 가능케 해준다.

벤 페이지Ben Page, 입소스 모리Ipsos MORI의 CEO

우리는 빠르게 움직이는 세계에 살고 있다. 이 책은 여러분이 리더로서 끊임없는 여행을 하고 있다는 것을 인정한다. 가만히 서 있을 수 없다. 여러분은 새로운 아이디어와 발전들에 뒤쳐지지 않고, 다른 사람들로부터 배우고 기회를 찾고 변화에 대응할 필요가 있다. 마무리 지점이 없다. 진정한 민첩성은 끊임없이 진화하는 것이다.

밴다 머레이Vanda Murray OBE 펜너Fenner 위원장

기술은 변화의 속도를 가속화하고 있다. 변화는 고객의 기대치를 높인다. 〈애자일 리더〉는 이러한 변화를 수용하고 고객을 비즈니스의 중심에 두기를 원하는 리더들에게 귀중한 조언을 제공한다. 이는 리더들이 다른 사람들이 보다 민첩하게 나아가도록 하고 고객의 요구와 새로운 기회에 대응할 수 있도록 명확한 비전, 목적, 프레임워크를 개발하는 것이 중요하다는 것을 강조한다.

앤젤라 스핀들러Angela Spindler, N 브라운N Brown의 CEO

이 책은 급변하는 세상에서 살아남는 것만이 아니라 번영하는 방법에 대해 생각하는 리더에게 매우 시기적절하고 사려 깊은 책이다. 이 영화는 시몬 헤이워드의 〈연결 리더십〉의 강력한 후속 작품으로, 여러 가지 실질적인 힌트와 조언과 함께 일련의 강력한 인터뷰와 사례 연구를 통해 애자일 리더십을 실제로 구현한다.

앨리슨 니모Alison Nimmo CBE, 크라운 에스테이트The Crown Estate의 CEO

이 책은 애자일 리더십을 수용함으로써 혁신을 추진하고 생산성을 높일 수 있다는 것을 보여준다. 계층적 구조를 지양하고 협력과 위임된 의사 결정을 권고하기 때문에 모든 조직의 관리자와 리더들에게 적절할 것이다. 이 책은 또한 고객의 요구에 더 명확하게 초점을 맞추고 관료주의를 없애고 권한을 부여함으로써 애자일 작업을 가능하게 할 것이다.

캠벨 피치Campbell Fitch, 스파이어 글로벌Spire Global의 글로벌 HR 이사

이 책은 리더들이 디지털 세계에서 성공할 수 있도록 도와주는 유용한 조언들로 가득하다. 그의 광범위한 연구와 실제 사례 연구를 바탕으로, 사이먼 헤이워드는 어떻게 리더들이 급변하는 상황에 진정으로 적응할 수 있는지를 보여준다.
**재클린 모이스Jacqueline Moyse, 만다린 오리엔탈 호텔 그룹Mandarin Oriental Hotel Group의 조직개발부 부장**

이 책은 여러분이 빠르게 움직이는 환경에서 애자일 리더가 될 수 있도록 돕기 위해 생각을 불러일으키고 실질적인 해결책과 통찰력으로 가득 찬 영감을 주는 책이다.
**헨리 브룬드Henny Braund, 앤서니 놀런Anthony Nolan의 CEO**

이 책에서 사이먼 헤이워드는 민첩성의 가장 큰 장벽을 찾아내고 이를 극복하는 방법을 아주 명확하게 설명한다. 가치 있는 통찰력에 대한 강력한 연구를 추출함으로써, 그는 비즈니스 전반의 혁신을 추진하기 위해 자체 역량을 개발하고자 하는 리더들에게 지침을 제공한다. 업무 방식을 바꿀 수 있고 조직 전반에 걸쳐 폭넓은 작업 방식에 영향을 줄 수 있는 매우 실용적인 가이드다
**마크 브라운Mark Brown, 프레제니어스 메디컬케어Presenius Medical Care 글로벌 재능관리 부사장**

이 책은 리더들에게 좀 더 애자일한 조직을 만들기 위한 청사진을 제공한다. 이는 민첩성의 장벽을 식별하고 이를 극복할 수 있는 몇 가지 구체적인 방법을 제시한다. 복잡한 세계에서 비즈니스를 간소화하기 위한 매우 유용한 가이드다.
**리처드 프로서Richard Proser, 어들리 트래블 & 터스커 다이렉트Audley Travel and Tusker Direct의 회장**

이 책에서 사이먼 헤이워드는 많은 연구와 실제 세계의 경험을 매우 실용적이고 통찰력

있는 가이드로 정리하여 제시한다. 사례 연구를 조명하면 실제 "빛이 번쩍 하는 순간"을 얻을 수 있다. 연결 리더십을 바탕으로 한 이 책은 보다 애자일한 변화를 위한 비즈니스 개발의 로드맵을 제공하며, 혁신으로 가는 길에 사람들을 참여시키는 방법을 설명한다. 이는 동료와 고객 및 주요 비즈니스 이해관계자 간의 협업과 연결이 비즈니스의 발전과 번영을 보장하는 데 중요한 이유를 설명해 준다.

앨런 바디Alan Boddy, 리빈Livin의 운영 담당 이사

많은 스타트업들이 매우 애자일스럽게 사업으로 시작하지만, 그들이 성장함에 따라 그러한 민첩성을 유지하기는 어렵다. 민첩한 리더는 기업들이 얼마나 크게 되든지 상관없이 어떻게 진화하고 적응하고 혁신을 계속할 수 있는지를 보여준다.

토니 포겟Tony Foggett, 코드Code의 CEO

다시 한 번, 사이먼 헤이워드는 유익하고 도전적이며 읽을 만한 가치가 있는 책을 만들었다.

캐서린 카셀Catherine Cassell 교수, 버밍엄 비즈니스 스쿨Birmingham Business School의 학장

이 책에서 사이먼 헤이워드 박사는 민첩성, 복잡성, 분산된 리더십에 대한 문서화된 연구를 바탕으로 하고 있다. 그는 관리자와 지도자들이 예측할 수 없고 빠르게 변화하는 환경에서 일하는 일상적인 과제를 해결하도록 돕기 위해 매우 실용적인 조언을 추출해냈다.

피오나 디바인Fiona Devine 교수, 맨체스터 대학University of Manchester의 경영대학원장

나는 사이먼 헤이워드와 함께 다양한 형태로 일해 왔는데, 리더십에 대한 그의 통찰력이 엄청나게 가치 있다는 사실을 알고 있다.

데임 낸시 로스웰Dame Nancy Rothwell 교수, 맨체스터 대학교 의장 겸 부총장

어떻게 이렇게 빠르게 움직이는 혼란스러운 세상에서 효과적으로 이끌 수 있을까? 이 훌륭한 책에서 사이먼 헤이워드 박사는 오늘날 민첩성이 효과적인 리더십의 중요한 요소라고 설득력 있게 주장한다. 연구 결과와 실질적인 조언이 가득한 이 책은 경영 이론 학생들뿐만 아니라 현재와 미래의 리더들을 위한 독서로 권장해야 한다.
존 퍼킨스John Perkins CBE 교수, 영국 정부의 비즈니스 혁신 기술부서(BIS)의 전 수석과학고문

사이먼 헤이워드 박사는 풍부한 연구와 사례 연구 자료를 애자일 리더십을 위한 매우 읽기 쉬운 지침으로 요약한다. 그는 리더들이 어떻게 자신의 역량을 개발하고, 보다 애자일한 팀을 만들고, 조직 혁신을 지원하는 신속한 변화를 위한 문화를 만드는 데 참여할 수 있는지를 설명한다.
마이크 브레스넨Mike Bresnen 교수, 맨체스터 메트로폴리탄 대학 경영대학원 인사관리 학과장

## 서문

사이먼 헤이워드의 애자일 경영을 다룬 책의 서문을 쓰게 되어 매우 영광이다. 나는 맨체스터 경영대학원에서 함께 일할 때 사이먼을 처음 만났다. 경영대학원 학장으로서 나는 대학들이 최첨단의 사고방식으로 리더십을 논하는 데 중요한 기여를 하고 있다는 사실이 자랑스럽다. 경영대학원에서는 경제와 사회가 직면한 중요하고 지대한 국제적인 도전들을 비평적으로 이해하는 데 도움을 주는 새로운 지식을 만들어낸다. 나는 사고의 리더십(thought-leadership, 내가 줄 수 있는 가치가 무엇인지 미리 생각할 수 있는 능력: 역주)을 유용한 도구들과 함께 이해하기 쉽고 흥미로운 해설로 풀어놓은 사이먼의 능력 덕분에 그의 작품을 읽는 것이 즐겁다.

 리더들은 점점 더 도전적으로 변해가는 세상에 살고 있다. 우리가 거주하는 복잡한 디지털 환경에 걸맞게 기민하게 구는 것은 바람직할 뿐만 아니라 꼭 필요한 일이기도 하다. 나는 경영대학원에서 일하며 시간이 흐름에 따라 여러 경영자와 리더들이 몰두하는 것들이 어떻게 바뀌는지 지켜보면서, 사이먼이 이 책에서 밝히고 있는 도전들이 우리가 개발하고자 하는 많은 리더들의 사고에서 중심을 차지하고 있다는 사실을 확실히 알게 되었다.

 리더들에게 요구되고 있는 바는 최근 몇 년간 점차 복잡해지고 있다. 기술적 발전이 때로는 놀라운 속도로 진행됨에 따라, 상호간의 소통은 효과적인 리더십과 인간 관리에 훨씬 더 중요한 역할을 하고 있다. 사이먼이 지적했듯이, 우리는 사려 깊은 방식으로 신뢰를 쌓고 의사 결정을 하면서 선동자인 동시에 파괴자가 될 필요가 있다.

사이먼의 첫 번째 책은 '연결 리더십(connected leadership)'의 개념을 소개하고, 리더로서 자신의 조직에서 리더십을 강화할 수 있는 단계별 로드맵을 제공하고 있다. 나는 그 책을 읽으면서 나의 업무방식을 돌이켜보았던 것을 기억한다. 그것은 일을 완수하는 방식에 대해 내가 갖고 있던 선입견에 의문을 갖게 했을 뿐만 아니라, 곧잘 맞닥뜨리곤 하던 일상적인 리더십의 딜레마를 해결하는 새로운 대처방안도 제공했다.

이 책에서 강조하는 점은 민첩성이다. 사이먼은 유익하고 도전적이면서도 좋은 읽을거리가 되는 책을 다시 한 번 완성해냈다. 이 책을 쓰면서, 사이먼은 충분히 입증된 연구 자료들을 이용해 분산적 리더십, 진정한 리더십 그리고 복합적 리더십을 고안하고 리더들이 애자일 작업 방식을 번창시킬 최적의 조건을 만드는 데 사용할 수 있는 강력한 틀을 만든다.

나는 애자일 경영을 모두 함께 배웠으면 좋겠다. 그리고 어쩌면 더욱 중요한 일일 수도 있는, 우리만의 애자일 리더십 기술을 개발할 수 있는 방법에 대해 연구해보기를 진심으로 바란다.

영국 버밍엄 대학교 버밍엄 경영대학원장<br>
캐서린 카셀(Catherine Cassell) 교수

## 들어가며

오늘날 산업 전반에서 일어나는 변화와 혁신에 발맞춰 자신이 하는 비즈니스를 적절히 변화시킬 줄 모른다면 성공할 수가 없다. 애자일은 특정한 전문가의 임무가 아니다. 조직의 각 역할을 담당하는 모두에게 중요한 혁신적 프로세스이다. 애자일 방식으로 프로젝트를 쉽게 기획하고 실행해서 그로 인한 혜택을 빠르게 취하는 것은 치열한 경쟁의 시대에서 생존하고 우위를 점하기 위한 능력이 된다. 그래서 디자인 씽킹(design thinking)과 린(Lean) 개발과 같은 혁신을 위한 방법론들과도 밀접히 관련된 것이 바로 애자일이다.

이 책은 비즈니스와 프로젝트를 진행하는 데 관여하는 모든 이들, 그리고 혁신을 추구하는 경영자, 기획자, 개발자, 디자이너를 위한 애자일 교과서이다. 혁신은 새롭거나 차별화된 어떤 것으로서, 외부 고객을 비롯해 공급업체와 협력업체 그리고 동료들은 물론 내게 의존하는 모든 사람들에게 평소의 역할을 다 하면서 기존의 작업 방식에서 탈피하여 새로운 방법을 개발하는 일을 수반한다.

이 책은 바로 그러한 혁신의 모든 측면에 관하여 실질적이고 유용한 지침을 제공한다. 이를 통해 혁신을 현실로 만드는 방법을 알 수 있을 뿐 아니라 구성원들에게 심리적 영향력을 끼쳐 자신은 물론 다른 사람을 지지하는 방법을 공유할 수도 있다. 이를 위해 두뇌 작동 방식, 동기부여 요인, 그리고 혁신과 변화에 저항하게끔 하는 원인에 관한 다양한 이론을 종합하고 효과적 팀워크와 창조적 비즈니스 프로세스와 작업환경 등을 제시하는 심리학자, 컨설턴트, 인사 전문가의 연구결과들을 수렴하여 반영하였다.

이와 같은 주제의 책이 쓸모가 있으려면 반드시 실천을 위한 실용적이고 경험적인 해결책이 제시되어야 한다. 프로세스와 사고방식, 경영전략 등을 다룬 많은 책들이 상당히 거시적이라 실무자들에게는 뜬구름 잡는 이야기처럼 들릴 수 있기 때문이다. 이 책에서는 문화적인 변화를 만드는 방식에 대한 계획보다는 변화를 받아들이면서 새로운 작업 방식을 창출하는 방법을 설명하는 데 중점을 두었다. 사람들은 그러한 새로운 작업 방식을 통해 다른 식으로 생각하고 행동할 것이고 자신들의 업무에 대해 새로운 가치와 신념을 부여할지도 모른다. 이러한 '문화적' 변화는 새로운 작업 방식의 산물이며, 실행된 변화가 어떠한 영향을 끼쳤는지 그리고 그로 인해 변화한 자신들의 업무와 자신들이 속한 조직에 대해 무엇을 느꼈는지를 각자의 견해로 피력할 때 비로소 나타날 것이다.

여러분은 변화를 실행하는 역할뿐 아니라 '여느 때와 다름없는' 본연의 역할도 계속할 것이다. 따라서 자신과 동료를 위해 평상시의 업무에 새로운 작업 방식을 만들 변화를 도입하는 동시에 기존의 직무 수행 평가도 충족시킬 수 있도록 시간을 쪼갤 필요가 있다. 또는 새로운 작업 방식을 확립할 제품을 책임지고 만드는 프로젝트 매니저가 되거나, 매일의 과정과 활동에 변화를 스며들게 하는 이러한 제품을 사용하게 될 사람들을 도울 수도 있다.

어디서 어떤 직책으로 무슨 일을 하든 애자일은 여러분이 프로젝트를 수행함에 있어 창조성과 혁신성을 부여하는 데 큰 도움을 줄 것이며 경우에 따라서는 비즈니스를 성공시키는 데 결정적 역할을 할 것이다. 여러분이 프로젝트 관리법와 애자일에 관하여 사전지식이 있거나 정규교육을 받지 않았다 해도 이 책의 내용을 이해하고 응용하는 데에는 아무 문제가 없다. 이 책은 통계적 이론에서 추출한 내용들의 혼합물이거나, 성공사례를 모아둔 사례집이 아니다. 저자의 풍부한 경험과 통찰, 그리고 면밀한 리서치에서 우러나온 언어로 집필했기 때문에 단지 참고문헌으로 가득한 지루한 학술서는 아니라고 자신한다.

이 책이 여러분의 삶, 비즈니스, 목표를 성공적으로 이끄는 데 작은 길잡이가 되길 바란다.

유엑스리뷰 편집부

## 머리말

조직의 민첩성을 향상시키는 일은 나와 대화를 했던 전 세계 최고 경영자들의 초미의 관심사들 중 하나다. 여러분은 이 책을 통해, 실용적인 측면에서 더욱 광범위한 조직적 민첩성을 창출하는 구체적인 방법에 대해 균형 잡힌 시각을 얻을 것이라고 나는 확신한다. 1부에서는 애자일 리더십의 의미와 리더로서 애자일 리더십의 특성을 수용할 수 있는 방법을 설명한다. 2부에서는 작업 방식에 활용할 수 있는 핵심적인 변화들과 함께 실전상의 애자일 리더십을 탐구한다. 3부에서는 범위를 넓혀 애자일 조직을 만드는 방법을 설명해 놓았다.

이 책은 고객 중심의 애자일 사고로 전환하는 데 필요한 핵심요인을 바탕으로 하는 '연결 리더십'을 다룬 연구이며 애자일 리더십의 전 분야를 보다 깊게 탐구한 책이다. 책 자체가 독립적인 내용이기 때문에 〈커넥티드 리더십Connected Leadership(Hayward, 2016)〉을 미리 읽을 필요는 없지만, 미리 읽는다면 우리가 살고 있는 디지털 세계에서 애자일 리더가 되는 것을 중점적으로 다룬 이 책을 더 넓은 맥락에서 이해할 수 있을 것이다. 나는 연결 리더십(그것이 아시아에서 펼쳐진 상황을 포함)을 최초의 연구대상으로 삼았다. 이것을 애자일 업무 세계와 연관시키면서 소프트웨어 개발과 같은, 보다 실무적인 부서 차원에서 뿐만이 아니라 기업 차원에서 애자일 업무방식을 실행할 수 있도록 해주는 리더십 특성과 접근방식을 밝혀냈다.

그렇다면 이 책에서 얻을 수 있는 최상의 가치는 무엇인가? 이 책이 도움이 될 네 부류의 주요 독자 집단이 있을 수 있다. 기존 조직 혹은 보다 최근에 형성된 조직의 경영진, 유사한 조직의 중간이나 하급 관리자들, 리더십을 공부하는 학생들, 그리고 현역 리더십 개발자들이다.

여러분이 대규모 기성 조직의 최고 책임자나 경영자라면, 이 책을 통해 애자일 조직으로 발돋움 할 수 있는 청사진을 마련할 수 있을 것이고, 이 일이 또 얼마나 어려울 것인가를 광범위하게 이해하게 될 것이다. 스타트업이나 소규모 조직의 경영자라면, 그중 일부를 이미 실행하고 있을지도 모르기 때문에 책의 모든 내용을 더 빨리 구현할 수 있을 것이다. 중간이나 하급 관리자라면 자신의 분야에서 더욱 애자일한 작업 방식을 개발하는 명확한 경로를 찾고, 보다 광범위한 조직을 민첩하게 만드는 데 스스로의 역할을 다 하는 방법을 깨닫게 될 것이다.

리더십을 공부하고 있는 학생들은, 애자일이라는 맥락에서 경영과 리더십을 소개한 내용을 이해하기 쉽게 읽을 수 있을 뿐만 아니라 애자일 특성을 수용하는 작업 방식으로 전환하는 데 가장 중요한 리더십의 주요 측면들까지 폭넓게 이해할 수 있을 것이다. 현역 리더십 개발자들에게는 기존의 인습적인 리더십과는 구별되는 방식을 강조하면서 애자일 리더십에 전방위적으로 접근하는 데 도움을 줄 것이다. 기업 차원에서 애자일 작업 방식을 개발하는 일은 진정한 도전이며, 지속 가능하기 위해서는 리더의 사고방식과 행동 양측에서 크나큰 변화가 필요하다. 이 책이 여러분에게 그 방법을 명확하게 보여줄 것이다.

나는 모든 분야의 독자들이 보내는 다양한 피드백을 환영한다. 그러니 여러분의 생각을 Simon.hayward@cirrusconnect.com 이메일을 통해 알려주기 바란다. 언제든 여러분의 의견을 들을 준비가 되어 있으며, 독자 고견을 나의 개인 블로그인 www.simonhayward.com을 통해 더욱 폭넓게 공유할 것이다. 디지털 시대에 애자일 리더가 되기 위한 실질적인 통찰력을 이런 식으로 계속 구축할 수 있다고 생각한다. 진심으로 감사드린다.

THE AGIL

1부

# 애자일 리더십
**Agile Leadership**

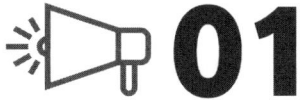

# 애자일 리더십이란?

## 도입

위대한 리더들의 역할이 변하고 있다. 우리는 디지털 세상에 살고 있고, 이러한 디지털 환경에서 적합한 효율적이고 창의적인 조직을 만들려면 리더십 방식을 재고할 필요가 있다. 경쟁의 선두에 서서 변화하는 환경에 빠르게 적응하기 위해서는 보다 기민해져야 한다. 더 나은 업무수행을 위해 사람들을 신속하게 연결해야 하고 기존의 고정적인 사고를 민첩하게 파괴해야 한다. 애자일 리더란 선동자인 동시에 파괴자가 된다는 의미이며, 이것이 애자일 리더십의 역설이다.

> 🖋 **자신에게 하는 질문**
>
> 이번 장에서는 다음의 질문들을 염두에 두고 책을 읽는다면 리더로서 중요한 통찰력을 간파해내는 데 도움이 될 것이다.
> - 디지털 경제가 가속화될수록 당신의 조직에 어떤 영향을 미치는가?
> - 당신은 애자일 방식으로 생각하는가?
> - 당신은 선동자나 파괴자 리더 중, 어떤 리더일 때 더욱 편안한가?

## 디지털 세상에서 리드하기

애자일 리더는 연결하는 리더다. 애자일 리더는 여러 팀과 소비자, 동료는 물론 광범위한 이해당사자들과도 연결하는 법을 안다. 또한 새로운 주변 현실을 형성하는 사회적인 추세와 연결하는 법도 알고 있다. 디지털의 가속화와 정치적 불안정이 참신한 기회들을 생성시키는 반면 전반적인 제품과 영역에서 진부화의 위험성이 늘어나는 것이 주변 현실이다. 새로운 현실에 처한 애자일 리더는 사업을 성공시키거나 매일 매일의 목표를 성취하기 위한 선택들을 감행하고 있다.

우리가 기술로 무엇을 하든, 기술은 인간의 행위는 물론 거의 모든 분야와 지역의 의사소통 방식을 변화시키고 있다. 인터넷 연결과 기계학습이 폭발적으로 증가하면서 그것을 통제하는 존재가 누구인가 혹은 무엇인가에 대한 의문이 일어나고 있다. 시간과 공간이 축소되는 느낌을 받으면서, 우리가 리더로서 주변의 변화에 대해 생각하고 반응하는 시간 역시 오그라들고 있다는 위기를 느낀다. 모바일 기술, 인터넷, 혁신적인 다양한 앱과 지능형 시스템들 덕분에 우리가 현재 운용할 수 있는 속도는 어마어마한 성취를 이루었다. 이러한 상황에서 조직은 대내외적으로 변화하는 세상을 반영하는 새로운 작업 방식을 만들 필요가 있다. 그래야 예기치 못한 기회 혹은 위협에 빠르고 정확하게 대처할 수 있기 때문이다.

고객 경험 기대와 그에 부응하기 위한 내부 운용모델의 품질이 그 어느 때보다 빠르게 상승하고 있는 디지털 세상에서, 5년 전이었다면 들어보지도 못했을 작업 방식이 초래할 수도 있는 불확실과 요란스러움을 기꺼이 견딜만한 조직을 만들어야 한다. 그러한 조직을 만들기 위해서는 환경 조성이 절실하다. 이러한 상황을, 경쟁력을 키우기 위해서는 더욱 점진적인 변화를 계속해야 한다고 받아들이는 사람이 있는 반면 대대적인 재창조가 필요하다고 느끼는 사람도 있다. 예를 들면, 소프트웨어 회사는 하드웨어 회사로 전환하고 통신회사는 디지털 회사로, 소매업자는 서비스 제공업체로, 차량 제조업체는 거대 기술회사로 전환하는 식이다. 우리는 차량공유 서비스인 우버Uber가 도시를 여행하는 방식을 변화시킨 앱을 사용해 전 세계 택시 시장에 혼란을 일으킨 상황을 잘 알고 있다. 따라서 '우버 모멘트Uber moments'라는 용어는 경쟁업체가 시장의 규칙과 구조를 바꿔 기존 산업의 체제가 완전히 바뀌고 위협받는 순간을 의미한다.

이 책에서 나는 '혼란'이란 용어를 사용했는데, 〈옥스퍼드 영어사전 Oxford English Dictionary, 2017년〉의 정의에 따르면 '사건이나 활동 또는 과정을 가로막는 방해나 문제'를 말한다. 이는 중단이나 기존 개념에 대한 도전 그리고 디지털 시대에 번창하기 위해 필요한 만큼의 변화라는 의미를 담고 있다. 나는 '빠르고 쉽게 움직일 수 있는' 능력을 키우는 모든 방법을 아우르고자 '애자일'이란 용어를 사용하고 있다. 다음은 나의 첫 번째 책에서 인용한 내용이다.

> **조직의 민첩성은 상당히 역설적이다. 새롭게 드러나는 위협과 난제들을 신속하게 파악하고 대응하는 동시에 그것을 실행하기 위한 전략적인 계획과 적절한 활동에 대한 확고한 비전이 있어야 한다. 이러한 역설이 안정적인 토대와 유연하게 진화하는 작업 방식을 갖춘 연결 리더십의 핵심이다. '빠르고 쉽게 움직일 수 있는' 조직을 만들려면 강한 척추와 유연한 근육이 필요하다.**

우리가 우버 모멘트에 직면하든 아니든, 적어도 환경이 변하는 속도 정도에는 맞춰 진화할 수 있어야 도태되지 않는다. 2020년까지 전 세계의 '사물 인터넷(주위의 사물이 각종 센서와 통신 네트워크를 통해 인터넷에 연결되는 개념: 역주)'에서 인터넷에 연결된 기기의 대수가 300억 대가 넘을 것으로 추정된다. 이러한 지능형 기기들은 심박 수부터 공급망의 물품 이동이나 화산 온도까지 모든 데이터를 감지하고 반응한다. 연결이 기하급수적으로 늘어나면서, 앞으로는 행동을 연결하고 적응하고 결정하는 데 인간의 상호작용이 더 이상 필요 없다는 전망과 함께 기계학습으로의 전환이 활발히 이루어지고 있다. 이러한 맥락에서, 혼란이 발생할 가능성은 커지고 인간이 개입해 제어할 능력은 줄어들고 있다.

우버 모멘트들 중 하나가 코앞으로 닥쳤다는 위험을 감지하는 사람들이 많다. 따라서 변화가 덮칠 때까지 기다리기보다 될 수 있는 한 빨리 발전하는 것이 낫다. 예를 들어, 온라인 소매업은 지난 10여 년 동안 험한 전쟁터나 마찬가지였다. '오프라인 가게'나 종이기반 작업을 근간으로 하던 기존의 수많은 소매상들이 디지털 비즈니스 모델을 수용하기 위해 안간힘을 썼기 때문이다. 온라인 쇼핑을 통한 당일 배송, 진행 중인 스포츠 경기에 베팅하기, 가상현실 게임 경험하기 그리고 새로운 옷을 구입하기 전에 온라인에서 옷을 착용한 자신의 모습 미리 보기와 같이, 혁신적인 기술사용을 영리하게 촉진함으로써 소비자의 기대치는 나날이 상승하고 있다.

JD 윌리엄스JD Williams, 자카모Jacamo, 심플리 비Simply Be와 같은 브랜드를 소유한 성공한 온라인 의류 소매업체 N 브라운N Brown의 CEO, 앤젤라 스핀들러Angela Spindler는 지난 몇 년간 목격한 변화를 어떻게 묘사할까. N 브라운은 카탈로그를 출간했던 기존 사업에서 벗어나 다양한 웹사이트를 통한 디지털 비즈니스 거래로 사업을 전환해왔다. 앤젤라는 이들 브랜드가 온라인 의류 소매시장에서 선두를 유지할 수 있도록 노력하는 동안 상황이 어떻게 변해왔는지 설명한다.

**변화의 속도에 가장 큰 차이를 가져온 것은 기술로 말미암아 시장과 세**

상, 양측으로 연결이 용이해진 소비자들의 연결성이었다. 시장과 세상은 둘 다 변화의 속도와 소비자의 기대를 촉발하고 가속화한다. 그들은 말 그대로 거의 모든 것을 훨씬 더 많이 알고 있으며 모든 것에 정통하다.

지난 몇 년간 N 브라운이 디지털적으로 선도하는 소매상 모델로 빠르게 전환한 동안 많은 사람들과 대부분의 시스템 역시 바뀌었다. 결과는 인상적이었지만 비즈니스 플랫폼과 사람들 그리고 작업 방식에 변화를 가져오는 과정은 험난했다.

이 책은 리더가 중요한 연계를 만들고 조직의 민첩성을 구축하도록 돕기 때문에, 점차적으로 혹은 하룻밤 사이에 규칙이 바뀌더라도 연관성을 유지할 수 있도록 도와주는 지침서다. 나는 현재 통용되는 연구와 생생한 신생 연구는 물론, 조직의 운용방식을 혁신하는 새로운 리더십 관행을 만들고자 수많은 국제기업 고객들과 협력해온 거의 30년에 걸친 연구 결과도 실을 것이다. 내 자신의 연구는 물론 자신의 분야에서 선두를 달리는 전문가들의 학구적이고 실용적인 연구 자료들을 사용해, 전문가들이 말하는 내용을 이해하고 그것을 조직에 연계해 활용할 수 있도록 할 것이다. 스크럼Scrum(프로젝트 관리를 위한 상호 점진적인 개발방법론으로 애자일 소프트웨어 공학 중 하나: 역주)을 포함해서 애자일 소프트웨어 개발 과정의 작업 방식을 탐구하고 비즈니스 리더인 그들에게서 배울 수 있는 것에 대해 알아볼 것이다. 또한 선도적인 다양한 조직들이 민첩성을 향상시키기 위해 벌이고 있는 활동을 탐구하는 사례 연구를 보기로서 활용해, 여러분이 스스로 자신만의 통찰력을 얻을 수 있도록 할 것이고 연구에 참여한 사람들의 인터뷰에서 발췌한 내용도 포함시킬 것이다. 여러분이 CEO든 CEO가 되려는 사람이든, 자신의 조직에 이것을 적용하는 데 이 책이 유용한 도구가 되리라고 확신한다.

내가 연구하거나 같이 협력해온 많은 조직들은 날로 혼란스러워지는 현장에서 성공하기 위해 애쓰고 있다. 혼란스러운 현장은 전체 산업의 디지털 전환, 미국과 유럽의 대중영합적인 정치의 급증, 보호무역주의의 증가, 영국과 유럽연합의 분열 그리고 소셜 미디어와 통신으로 하나로 연결된 세상에서 필연적으로 발생하는 종교 갈등과 사회 분열 등을 포함한다. 그러나 혼란은 주요 상업이나 서비스 수행을 발전시킬 수 있는 기회를 창출한다. 이러한 기회를 잡기 위해서는 위험을 무릅써야 하는 경우가 많지만, 기회를 잡지 않는다면 훨씬 더 위험할지도 모른다. 정치적으로 예측이 불가한 디지털 세상에서 애자일 리더십은 그 어느 때보다 시의적절한 수단이 되리라고 생각한다.

## 연결 리더 Connected leaders

나의 이전 저서인 〈커넥티드 리더십Connected Leadership〉에서, 이 문맥과 관련이 깊은 참신한 리더십 접근법을 설명한 적이 있다. 디지털 시대에 고객 주도적 애자일 조직으로 전환하는 방법을 설명할 때 가장 두드러지는 다섯 가지의 특징이 있다. 그림 1.1이 다섯 가지 요소를 보여

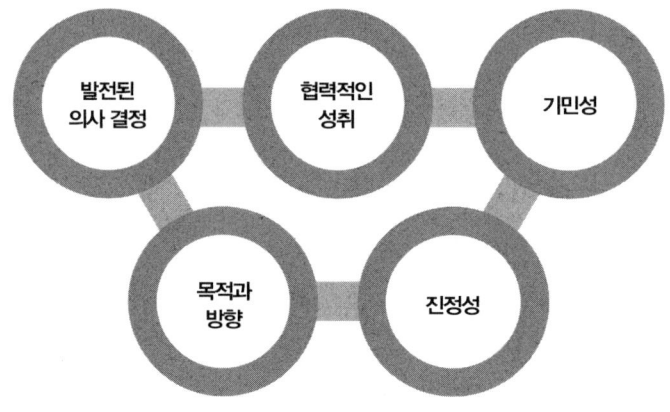

그림 1.1 연결 리더십의 요소

주며, 맨 아래에 있는 두 가지 요소는 상위 세 가지 요소가 번창할 수 있도록 돕는 기본 틀을 제공한다.

보다시피 민첩성agility은 연결 리더십의 요소이며 이 책에서 중점적으로 다루고 있는 내용 중 하나다. 여러분은 애자일 리더십이 실제로 어떠한 것인지 더 깊이 연구하면서, 그것이 사실은 광범위한 틀에서 보면 연결 리더십의 일부이며 수년에 걸친 연구의 산물이자 오늘날 가장 권위 있는 리더십 연구에 의거하고 있다는 사실을 기억해주기 바란다.

그렇다면 연결 리더란 어떠한 사람일까? 첫째, 그들은 미래를 확신하고자 깊은 소명의식과 명료한 전략적 방향을 지니고 사람과 조직을 이끈다. 조직 안팎의 사람들은 자신들이 함께 하고 있는 일과 그것이 중요한 이유를 믿는다. 둘째, 그들은 진정성이 있고 개방적이며 다른 사람들에게 자신감을 불어넣고 헌신을 이끌어내는 가치에 따라 움직인다. 서로 신뢰하고 긍정적인 주변 문화를 형성하기 위해 동료들과 개방적이고 투명한 관계를 맺는다. 셋째, 그들 리더들은 타인을 믿고, 자율 경영'팀들이 조직의 방향과 목적에 의거해 가능한 고객에 가깝게 의사 결정을 할 수 있도록 적극적으로 권한을 부여한다. 넷째, 그들은 공동의 결과를 달성하고 사일로silo(회사 안에 성이나 담을 쌓고 외부와 소통하지 않는 부서를 가리키는 말: 역주)를 해체하기 위해 팀별로 협력하는 사람들과 함께, 조직 전반의 협업을 장려한다. 마지막으로. 연결 리더는 다른 사람들이 실험과 학습 및 지속적인 개선을 통해 변화하는 상황에 적응할 수 있도록 기민하게 행동한다. 그들은 이러한 연결을 통해 변화하는 환경에 쉽게 적응할 수 있는 애자일 비즈니스를 만들고 있다.

## 선동하고 파괴하는 애자일 리더

위의 모든 요소들은 애자일 리더가 되는 데 유용하며, 리더십 방식을 바꾸기 위해 이를 사용하는 전 세계 조직에 상당한 효과를 발휘한다는 사실을 입증한다. 이 장의 뒷부분에서 이것을 다루도록 하겠다. 애자일 리더십이라는 맥락에서, 우리는 주변 변화의 가속화와 직접적으로 관련이 있는 리더십의 다른 측면을 추가할 필요가 있다. 리더는 진부한 사고방식을 흔들고 다른 환경에서 비롯된 생각을 포용하고 관련 없는 정보 조각들을 연결하고 새로운 가능성을 파악하고 현재의 상황에 도전할 수 있는 선동자이자 파괴자가 되어야 한다. 예를 들어, 나의 아내 클레어Clare는 집을 보는 안목이 있다. 내가 부적당하다고 치부하는 보잘 것 없는 건물을 그냥 지나치지 않고 앞으로 어떤 건물이 될 수 있는지 알아보는 재주가 있다. 집이 어떻게 변할 수 있는지 상상하면서 현재의 초라한 벽과 색깔과 가구 너머로 새로운 가능성을 내다본다. 그런 다음 설계업자에게 자신의 비전을 설명하고 건축업자가 시공하도록 시켜 원래의 건물 모습은 거의 찾아볼 수 없을 정도로 완전히 새로운 집을 탄생시킨다. 꿈을 현실로 만드는 데 익숙한 사람이다. 적어도 우리들 중 하나가 이것에 능숙하다는 사실은 행운이다. 클레어는 선입견에 도전하고 다른 사람들과 똑같은 방식으로 사물을 바라보지 않는다. 이렇게 파괴적인 사고방식을 통해 새로운 가능성을 만들어내고 그 가능성을 실현시키는 데 다른 사람들을 참여시킨다.

디지털화의 영향이 생활의 전 영역에서 지속적으로 가속화되면서, 우리는 리더십의 역설을 받아들일 필요가 있다. 위대한 리더는 사람들과 고객 그리고 국가를 연결하기도 하지만 사고를 파괴하고 도시의 택시 규범이나 전 세계 패션 의류의 시장 출시 기간과 같이 잘 정립된 개념들을 깨뜨리며 현재의 상황에 이의를 제기하기도 한다.

## 애자일 리더십의 역설

디지털 세계에서 효과적인 지도자가 되려면, 선동자인 동시에 파괴자가 되어야 한다.

디지털 세계에서 애자일 리더가 되기 위해서는 협력적 비즈니스를 창출하는 동시에 가장 근본적인 수준에서 그 비즈니스의 운용 방식에 이의를 제기하는, 선동자이자 파괴자가 되어야 한다. 우리는 애자일 리더십 역설의 양 측면인 연결의 필요성과 파괴의 필요성을 둘 다 받아들여야 한다. 결속을 창출하는 동시에 이를 뒷받침하는 가정에는 의문을 가져야 한다. 이러한 역설은 효율적인 21세기 리더가 되기 위해 해야만 하는 균형 잡기의 전형으로, 현재를 불안정하고volatile 불확실하고uncertain 복잡하고complex 모호한 것ambiguous을 줄여서 뷰카VUCA로 묘사한다. 원래 미군에서 사용되었던 뷰카는 오늘날 우리가 살고 있는 변화하는 환경을 의미하는 약칭이 되었고, 뷰카에 효과적으로 대응하기 위해서는 믿을만하다고 증명된 방법에 의존하기보다 조금 더 조정할 수 있는 방법으로 생각을 거듭해야 한다.

선동자의 측면에서, 애자일 리더는 변화하는 고객 요구와 경쟁사의 행동에 신속하게 대응할 수 있는 조직을 만들고 있다. 최근의 연구에 따르면, 사람들은 회사보다 대의를 위해 일하는 편이 낫다고 믿으며 따라서 애자일 리더는 다세대 노동인구가 믿는 '대의명분'을 창출하는 데 심혈을 기울이고 있다. 또한 사람들이 일관성 있는 준거 틀 안에서 효과적으로 대응할 수 있도록 열심히 권한을 부여하고 있으며 의사 결정 역시 가능한 고객을 위주로 하는 방식으로 이루어진다. 애자일 리더는 하나의 전체로서 쉽게 움직일 수 있도록 연결 조직을 구성하고 있다. 동시에 조직 정체성의 근본 요소를 재 정의하는 중추적 변화의 필요성을 파악하고 있다. 또한 자신들의 산업에서 '우버 모멘트'를 만들거나 예측할 운영모델을 재창조할 수 있는 기회를 찾고 있다. 그들은 동료들 사이에서 벌어지는 사건들에 대해 새로운 방식으로 사고하고 행동하고 반응하도록 격려하면서 공통의 파괴적인 사고방식을 개발하고 있다. 그들은 지금 파괴의 순간을 찾고 있다.

우리는 지금 그 어느 때보다도 이러한 역설을 수용해서, 작업 방식과 독특한 고객경험 제공방식 그리고 생존방식을 재정립함은 물론 팀 기반의 연계된 작업 방식을 만들기 위한 필요성을 고수해야 한다. 이는 맥킨지McKinsey가 1,000개 이상의 회사를 광범위하게 연구한 결과로, 속도와 안정성을 결합할 필요가 있다는 점을 강조하고 있다. 연구에서 12퍼센트의 회사만이 두 가지 특성을 강하게 보여주는데, 맥킨지는 이렇게 결합된 회사를 애자일 회사로 묘사한다. 흥미로운 사실은 12퍼센트에 속하는 회사들은 조직적인 건실함과 성과 면에서 나머지 회사들보다 더 높은 평균점수를 보였다.

더욱 자세히 살펴보기 위해, 선동자와 파괴자라는 두 가지 접근방식의 주요 특성을 고려하는 것이 도움이 될 것이다. 애자일 리더가 되어 애자일 조직을 구축하고 유지하기 위해 두 가지 방식을 모두 수용해야 한다면, 두 방식이 실제로 어떻게 보이는지 알아야 한다. 이러한 요점들을 책 전반에 걸쳐 탐구하겠지만 약간의 맛보기를 위해 그림 1.2에 처음으로 요약해놓았다.

**그림 1.2 애자일 리더십의 역설**

| 선동자 | | 파괴자 |
|---|---|---|
| ✓ 기민성<br>✓ 방향의 명료성<br>✓ 공감과 신뢰<br>✓ 권한 부여<br>✓ 협력 | **+** | ✓ 사려 깊은 결정<br>✓ 디지털 수용능력<br>✓ 현재 상황에 의문 제기<br>✓ 새로운 사고방식 창출<br>✓ 소비자 추세에 밀접 |

선동자는 동료들에게 목적과 방향을 명확하게 제시하는 경향이 있고, 이는 조직 전반에 일치된 우선순위를 보장하는 데 도움을 준다. 선동자는 고객들과 자연스럽게 연락하면서 함께 시간을 보내고, 원하거나 원하지 않는 점을 고객들로부터 주의 깊게 듣고, 채워야 할 근본적인 경향이나 차이를 파악한다. 선동자는 고객과 동료들로부터 신뢰받는 경향이 있으며, 사람들은 선동자를 '진심어린' 혹은 '진실한' 사람으로 묘사한다. 선동자는 또한 사교적으로 능숙하고 변화하는 여정에 다른 사람들을 기꺼이 참여시키며, 자연스러운 공감을 끌어내 광범위한 그룹의 사람들과 강한 유대 관계를 형성한다. 그는 타인을 신뢰하고 사람들이 거대한 일에 참여해 성공하도록 그리고 다양한 분양의 사람들과 협업하도록 권한을 부여한다. 또한 실수를 저질러도 되는 안전한 환경을 조성함으로써 마음껏 시도하고 배울 수 있도록 격려한다.

반면에 파괴자는 점차 변화하는 고객 경험 추세를 파악하는 경향이 있으며, 고객들의 구매 패턴 시장의 흐름을 파악하기 위해 빅 데이터를 활용하는 경우가 많다. 그리고 조직에서 이것을 수용할 수 없는 경우 방출될 위험을 무릅쓰면서 현재의 상태에 기꺼이 도전한다. 나의 경우를 예를 들면, 직업 경력 초기에 회장에게 도전했던 일이 기억난다. 그 여파로 나는 그 사업을 떠나 컨설팅 업계로 옮겨가게 되었고 결과적으로 이 업계에 더 적합하다는 사실을 깨달았다. 파괴자는 관료주의를 타파하고 운영모델을 다시 구성하며 사일로를 부수고 편협한 사고방식에 도전하기를 좋아한다. 또한 창의적이고 대담하며 미래가 지닌 가능성에 대해 낙관적인 경우가 많고 동료들이 외부 환경의 변화에 빠르게 적응할 수 있기를 기대한다. 그리고 '진부한 작업 방식'으로 보이는 제약에 주춤하지 않고 당면한 임무를 달성하기 위한 돌파구를 만드는 결단을 과감하게 내리는 경우가 많다. 이렇듯 위험을 감수하고 진정한 혁신을 이루도록 다른 사람들을 고취시킬 수 있다.

   애자일 리더는 선동자와 파괴자 둘 다가 되어야 한다. 리더는 이러한 반직관적인 리더십 방식을 결합함으로써 진정한 애자일 팀과 애자일 조직이 되기 위해 필요한 힘과 행동을 창출할 수 있다. 이 부분까지 읽어오면서 여러분은 지금 어느 것이 더 효과적이라고 생각하는가? 이 장의 끝에 있는 표 1.1에는 간단한 설문지가 있다. 여러분이 선호하는 부분과 여러분의 능력치를 알아보기 위해 활용할 수 있다. 현재 강점을 자신만의 통찰력으로 직접 활용할 수 있는 정도까지 확장한다면 이 책의 나머지 부분을 읽는 데 도움을 줄 것이다. 설문조사 결과는 더 큰 강점을 개발하거나 그 특성에서 더 강한 능력을 보이는 동료들과 함께 일하면서 서로를 보완할 필요가 있는 부분을 밝히는 데 도움을 줄 수 있다. 그러나 과도한 강점 역시 문제가 될 수 있다는 사실을 명심해야 한다.

 **사례 연구**

**에어비엔비Airbnb: 연결을 가능하게 함으로써 시장 파괴하기**

에어비앤비는 대표적인 '파괴자'로 간주된다. 2008년에 창립되어 샌프란시스코에 본사를 둔 이 사업은 사람들을 서로 연결하고 거의 200여개 국가를 아울러 경험을 쌓는 커뮤니티를 구축한 '연결'이라는 개념에 바탕을 두었다. 단기 및 휴일 숙박 시장을 붕괴시키고 고객들에게 여행과 같은 경험을 제공하는 사업이다. 이른바 '공유 경제'의 선구자로, 피어 투 피어(인터넷에서 개인과 개인이 직접 연결해 파일을 공유하는 방식: 역주) 연결을 통해 온라인 커뮤니티에서 벌어지는 경제 활동을 말한다. 이 사업은 2016년에 처음으로 수익을 달성했다.

에어비앤비의 접객 및 전략 글로벌 책임자인 칩 콘리Chip Conley는 2013년에 합류했다. 그는 2016년 [에드위크Adweek]와 가진 인터뷰에서, 처음 합류할 당시에는 공유경제에 익숙하지 않았으나 에어비앤비가 서비스 산업을 민주화하고 향상하는 데 기여하는 바에는 관심을 갖고 있었다고 말했다. 서비스 산업의 전환에는 다음의 세 가지 혁신 규칙이 있다. 전조가 없는 혁신은 발생하지 않는다. 혁신자들은 아직 일어나지 않은 인간의 요구를 다룬다. 시간이 지나면 기성세대들은 한때 파괴적이었던 혁신을 수용한다.

제임스 맥클러James McClure는 에어비앤비의 북유럽 총괄이다. 그는

'누군가의 집에 머문다는 생각은 아주 오래된 아이디어지만, 실제로 오늘날 에어비앤비가 하는 일이라는 면에서 살펴보면 완전히 새로운 일이다. 모호성에 반응하고 실행에 옮기려면 유연성과 민첩성이 필요하지만 모호성을 뒷받침하려면 안정적이고 장기적인 비전이 필요하다. 민첩성을 위한 민첩성은 그다지 유용하지 않다. 전반적으로 달성하려는 것이 무엇인지 알고 있을 때 민첩성은 강력해진다.'고 말했다.

에어비앤비는 기술회사로 묘사되는 경우가 많지만, 그들의 목표는 숙박을 위한 단순한 플랫폼에서 포괄적인 여행사로 발전하는 것이다. 기술은 필수적인 조력 요인으로 간주된다. 제품 책임자인 블라드 록테프Vlad Loktev는 에어비앤비를 '커뮤니티 회사'로 묘사한다. 2017년, [이코노미스트Economist]는 에어비앤비 성공의 상당부분을 강력한 가치기반 문화 덕분으로 돌렸다. 2013년까지 설립자들은 모든 지원자를 인터뷰했으며 잠재적인 직원들은 여전히 그들의 가치에 따라 평가받는다.

에어비앤비의 또 다른 성공 요인은 지엽적인 활동과 세계적인 활동이 균형을 이뤘다는 점이다. 에어비앤비는 세계적으로 명확한 운영 원칙과 훌륭한 온라인 플랫폼을 갖추고 있다. 지엽적인 활동은 등록된 수많은 호스트들이 창출하는 다양한 개별적 경험들을 말한다. 제임스 맥클러의 말처럼, '우리는 단순한 검색 엔진으로서의 사업이 아니라 훌륭한 경험을 제공하는 사업에 종사하고 있다. 물론 좋은 웹사이트를 갖고 있긴 하지만 개별적인 차원에서 그러한 경험을 만드는 사람들은 호스트들이다. 우리는 기술 덕택에 온 세상 사람들을 서로 연결해줄 수 있다. 성장하면서 배운 것 중 하나는, 지엽적인 것을 중시하면서도 세계적인 차원에서 회사 전반에 의미 있는 일을 수행하는 방법이다.'

지엽적인 활동에 중점을 두는 방식을 유지하고 있는 한 가지 예는 부흥과 혁신 그리고 축제를 촉진하는 아이디어를 권장하는 커뮤니티 관광 프로그램Community Tourism Programme이다. 합격한 지원자들은 재정적 지원을 받는다. 에어비앤비의 핵심 철학은 커뮤니티와 연결이다. 2017년, CEO 브라이언 체스키Brian Chesky는 자신의 직업 타이틀에 '커뮤니티의 수장Head of Community'이라는 직함을 포함시키고 있다고 발표했다. 2017년 [포춘Fortune]과의 인터뷰에서는 '어느 날, 우리 제품은 무엇일까라는 생각을 해본 적이 있다. 우리 제품은 웹사이트가 아니다. 앱도 아니다. 우리 제품은 커뮤니티, 말하자면 사람이다. CEO는 제품의 최고 책임자이기도 하다. 그러나 내 제품이 커뮤니티라면 내가 제품 최고 책임자라고 말하기 위해서는 나 자신을 정말 이 커뮤니티의 수장으로 생각해야만 한다.'

에어비앤비의 리더들은 파트너로 간주되는 호스트들과 연계성을 구축하기 위해 상당한 시간과 에너지를 투자한다. 그들은 모든 호스트가 최선을 다해 이 사업에 동참하기를 바라며 다양한 방법으로 권장하고 있다. 양측의 시기선택과 상품에 대한 기대치는 분명하게 설정된다. 정기적으로 허심탄회한 소통의 장이 마련된다. 에어비앤비 리더들은 직접 호스트를 만나 숙박을 경험하기 위해 에어비앤비 숙소에 머무는 경우가 많다. 제임스 맥클러는 적어도 한 달에 한 번 에어비앤비의 여러 숙소에 머물면서 이렇게 말한다. '사업을 발전시키는 방식을 이해하는 데 매우 좋은 방법이다. 상황이 어떻게 바뀌고 있고 어떤 것을 새롭게 고려해야만 하는지 알게 된다. 호스트들은 엄청난 수의 손님들을 맞이한다. 따라서 무궁무진한 연구대상이 될 수 있으며 우리는 그들에게서 많은 것을 배운다.'

에어비앤비 오픈Airbnb Open은 여러 주요 도시에서 에어비앤비 직원들과 호스트들이 함께 모여 다양한 워크샵과 프레젠테이션 그리고 네트워킹 기회를 나누는 일련의 호스트 모임이다. 호스트들은 여기에 참가하려고 전 세계에서 몰려든다. 피드백은 널리 공유되고 활용된다. 예를 들어, 약 50명의 에어비앤비 엔지니어들은 '2016 로스엔젤레스Los Angeles' 행사에 참석해서 많은 호스트들로부터 피드백을 들은 적이 있다. 이틀 정도가 지나자, 에어비앤비 웹사이트에 올랐던 많은 개선안들이 실제로 실행되었다. 애자일 소프트웨어 개발의 좋은 예라고 할 수 있다. 에어비앤비는 협업, 지속적인 개선, 신속하고 유연한 변화 대응이라는 애자일 원칙을 취해 조직 전반에 광범위하게 적용함으로써 고객의 이익을 도모한다.

**에어비앤비로부터 배울 수 있는 점은 무엇인가?**

- 기술은 조력 요소일 뿐이다. 에어비앤비는 사람들에게 훌륭한 경험을 제공하는 사업이지 단순한 검색엔진이 아니다.
- 민첩성은 목적이 아니라 수단이다. 애자일해지면 당신이 원하는 곳에 도달하도록 돕고 신속하고 단호하게 반응하도록 돕는다.
- 광범위한 협업의 중요성이다. 에어비앤비는 호스트와 게스트 그리고 기타 업체와 혁신적인 방식으로 협력한다.
- 세계적인 동시에 지엽적으로 운용한다. 목적과 가치와 방향에 대한 명확한 기치를 중심에 두고 지엽적인 요구에 맞춰 솔루션을 조정하도록 지역 직원들과 파트너들을 격려한다.

## 민첩성

민첩성이란 무엇인가? 우리가 좋아하는 스포츠 선수나 요가 스승 혹은 무용수들을 생각해보면, 그들이 몸을 쉽게 움직여 방향을 바꿀 수 있게 만드는 몇 가지 특징을 인식할 수 있다. 그들은 대개 균형감과 속도 변환 능력, 그리고 신체를 조화롭게 움직이기 위해 팔다리와 코어 근육을 키우려고 열심히 훈련한다. 스포츠의 맥락에서 보자면 애자일한 선수들은 경쟁자의 행동에 대응해 유리한 방어 자세를 취하면서 신속하고도 쉽게 움직인다. 고된 훈련과 타고난 능력 덕분에 상대편보다 더 빠르고 정확하게 움직인다. 운동선수들의 민첩성을 연구한 셰퍼드 Sheppard 외 연구진(2006년)은 '자극에 대응해서 속도나 방향을 바꾸는 전신의 신속한 움직임'으로 민첩성을 정의했다.

이러한 정의를 조직의 리더들에게 적용하면 몇 가지 흥미로운 유사점이 보인다. 엄격한 통제와 무수히 많은 복잡한 낡은 시스템과 작업관행을 지닌 대규모 관료주의적 조직에 속한 리더들에게는 빠른 움직임은 자칫 도전적으로 비치기 쉽다. 소프트웨어 개발 팀과 같이 애자일 방식으로 수월하게 운영되는 조직의 일부가 아니라 전체 조직에 해당되는 얘기다. 민첩성은 속도나 방향의 변화를 수반하는데, 격차가 벌어짐에 따라 핵심 프로젝트를 가속하거나 둔화시키는 것 또는 새로운 시장이나 제품 범주에 속하게 되는 것을 의미할 수도 있다. 민첩성은 자극에 대한 반응이다. 경쟁자가 실수를 할 때 기회를 잡는 것과 같은 인지행동이나 가격 전쟁 같은 경쟁적 위협을 무력화하는 것을 말한다.

이러한 상황에는 필수적이고 상호보완적인 민첩성의 두 가지 측면이 있다는 사실을 알 수 있다. 한 가지는 상황을 읽고 그것이 무슨 의미인지 바로 깨닫는 인지적 행동이고 또 한 가지는 더욱 효과적으로 경쟁할 수 있도록 기업을 전환시키는 '전신 운동'이라는 물리적 행동이다. 최고 수준의 스포츠 선수들은 경쟁자보다 더 빠르고 정확하게 상황을 읽을 수 있기에 더 유리한 상황을 맞이한다. 이로 말미암아 다른 사람들(그렇지 않았다면 똑같이 대응했을)보다 더 빨리 상대방의 공격에 맞서 움직일 수도 있다. 그들은 상대방이 발을 움직이거나 몸을 기울이는 방식을 읽고 재빨리 해석해 상대방의 공격에 더 빨리 대응함으로써 공격을 무력화시킬 수 있다.

'읽고 반응하는' 이러한 능력은 애자일 리더란 무슨 의미인가를 생각하는 우리에게 도움을 준다. '읽고 반응하는' 인지적 대응은 다음의 세 단계로 구성된다.

1 인지 – 자극을 감지하거나 예상한다.
2 반응 – 자극을 해석해서 어떻게 할지 선택한다.
3 실행 – 반응 행동을 개시한다.

애자일의 정도는 처리 속도가 관건이다. 최상의 스포츠 선수들은 상대방의 움직임과 대응동작을 초반에 알아채는 데 더 많은 단서를 활용하는 능력이 남다르다. 따라서 애자일 리더가 되고자 한다면 충분한 시간이나 상세한 정보 없이도, 경쟁사들이 취하고 있는 조치를 예측하고 효과적인 대응방식을 채택할 수 있는 능력을 발전시킬 필요가 있다. [하버드 비즈니스 리뷰Harvard Business Review]에 발표된 보텔로Botelho 등의 연구(2017년)에 따르면, 참조할만한 교본이 마땅히 없는 상태에서 상황 변화에 신속하게 적응하는 데 탁월한 CEO들이 이러한 특성이 결여된 CEO들보다 성공할 가능성이 6.7배 더 높다고 한다.

민첩성의 물리적 측면은 다음의 다섯 가지 특성을 포함한다.

1 균형 – 자세를 유지하기 위해 오감과 행동을 조정하는 것.
2 강도 – 저항을 극복하는 것.
3 속도 – 신체의 모든 부분을 빠르게 움직이는 것.
4 조정 – 신체의 여러 부분을 제어하는 것.
5 인내 – 시간이 지남에 따라 움직임을 지속할 수 있는 힘.

애자일을 생각하고 있다면 애자일 방식으로 행동할 수 있지만 많이 노력해야 한다. 우리가 원하는 수준까지 민첩성을 개발하려면 광범위한 집중 훈련, 헌신, 희생, 해로운 영향에 대한 과민성 그리고 여정을 알려주는 전문적인 코칭과 데이터가 절실하다. 책을 읽으면서 이러한 것들을 함께 탐구해보자.

애자일을 생각하고 있다면 애자일 방식으로 행동할 수 있다.

이러한 물리적 특성들은 린Lin 외의 연구진이 조직 민첩성의 메타분석 연구(2006년)에서 밝힌, 조직 민첩성의 다섯 가지 특성과 같다. 그들은 변화를 식별하고 신속하게 대응하는 것으로 반응성을 묘사했다. 그들은 또한 유연성을 강조했는데, 유연성이란 기존 시설과 자원으로 새로운 목표를 달성하는 것을 말한다. 역량(목표를 달성할 수 있는 능력)과 신속함으로 가능한 가장 짧은 시간 안에 활동을 수행하는 것이다. 일관성 있는 시스템과 경쟁 능력에 이러한 원칙들을 통합시키는 조정 능력을 추가했다. 따라서 운동과 조직의 민첩성 사이에는 상당한 유사성이 존재한다고 본다.

 이 목록에서 좀 더 생각해봐야 할 것은 '역량'을 강조했다는 점이다. 어떤 면에서는 따로 설명할 필요가 없는 점이지만 언급할 가치는 있다. 애자일해지려면 목표를 달성할 수 있는 핵심 능력이 필요하다. 예를 들어 나는 대회에 몇 번 참가한 적은 있지만, 뛰어난 체조선수가 될 수 있었을 것 같지는 않다. 평행봉에서 쉽게 회전하거나, 말 위에서 공중제비를 넘거나, 링 위에서 균형을 잡고 매달리기에는 한참 부족한 역량이었다. 그래서 아무리 열심히 노력한다고 해도 최고 수준의 체조선수가 되기에는 근본적인 역량이 안 된다는 결론을 내려야만 한다. 만약 민첩성이라는 것이 부분적으로나마 목표를 더욱 빠르고 효과적으로 달성한다는 의미라면, 그러한 목표들을 일부라도 달성하기 위한 필수적인 능력이 필요하다.

 우리는 민첩성으로 인한 다양한 결과들을 이 책에서 살펴볼 것이다. 쓰리Three (영국)의 업무최고책임자COO인 그레이엄 백스터Graham Baxter는 애자일 작업 방식으로 전환했던 경험을 설명하면서 우리의 연구에서 그것을 잘 요약했다.

> 우리가 얻은 결과로 더욱 많은 직원들을 참여시키게 되고, 직원들은 자신이 뭔가 중요한 일의 일부라고 느끼기 때문에 그들이 현재 하고 있는 일과 우리가 하나의 비즈니스로서 수행하고 있는 일 사이에 일종의 기준선을 갖고 있다. 그래서 그들은 더욱 많은 권한을 부여받고 있다. 우리 역시 더 적은 비용으로 더욱 빨리 조직의 목표에 맞춰 수행할 수 있다. 또

한 장기적인 관점에서 보면, 조직을 새로운 도전에 맞게 발전시킬 수 있다는 의미이므로 시대에도 뒤떨어지지 않게 된다.

그레이엄은 한층 더한 애자일 작업법을 추구하면서 쓰리Three에서 달성했던 결과를 사람들의 개인적 이익은 물론 사업적 이익 면에서도 설명하고 있다. 둘 다 중요하며 동기부여가 증가하고 비즈니스 성과개선을 촉진함에 따라 서로를 보강하는 경향이 있다.

## 색다른 자극

그간 사용해 온 민첩성에 대한 스포츠적인 정의로 돌아가서, 민첩성은 '자극에 반응'할 때 가장 필요한 능력이다. 우리는 21세기 조직의 리더로서 다양한 유형의 자극에 직면한다. 이 자극들은 스펙트럼 양쪽을 차지하고 있는데, 한쪽 끝에는 패션에 있어서 지방 소비자 구매패턴과 같은 순간적 단기적 전술적이라고 정의되는 변화가 있고 다른 한쪽 끝에는 대개 '우버 모멘트'라 불리는 구조적이고 전략적인 변화가 있다. 우리는 스펙트럼의 양 끝에 맞는 서로 다른 유형의 애자일 대응이 필요하다. 리더로서 행한 우리의 선택에 따라 대응의 결과가 달라질 것이다. (물론 여러분도 '우버 모멘트'를 창출할 기회를 가질 수 있으며, 8장에서 그 가능성에 다가가는 방법을 살펴볼 것이다.)

핵심 강점과 효율적인 공급 상황을 유지하면서, 소비자 구매 패턴처럼 빈번하고 사소한 변화에 맞춰 지엽적으로 조정할 수 있는 조직을 구축할 필요가 있다. 인디텍스Inditex는 애자일 조직의 좋은 예다. 전 세계 93개국에서 운영되는 세계 최대 규모의 패션 그룹이며 주력 브랜드는 자라Zara다. 인디텍스는 짧은 주기로 돌아가는 시스템이며 고객 구매 패턴과 현지 수요 관리를 기반으로 계절에 맞춰 제철의 옷만을 만든다. 새로운 스타일의 시제품은 일주일도 채 안 되는 기간 내에 만들어지는데, 새로운 의상이 디자인과 생산에서 상점 진열대로 보내지기까지 15일 정도 밖에 걸리지 않는다. 덕분에 개인 상점들은 지역 소비자 수요를 바탕으로 일주일 단위로 재고를 바꿔 그때그때의 패션 유형을 따라갈 수 있게 된다.

이와 반대로 '우버 모멘트'를 얻고자 한다면, 우리는 핵심 목적과 가치와 방향을 유지하면서 새로운 운영 모델이나 상업 모델을 채택함으로써 시장의 구조적인 변화에 대응하면서 신속하고 효과적으로 새롭게 태어날 수 있는 조직을 구축해야 한다. 예를 들어 2007년, 아마존의 킨들Kindle이 출시되었을 때 워터스톤즈Waterstones(영국의 대형 서점 체인)는 거의 실패할 뻔했다. 워터스톤즈가 문을 닫았더라면 영국의 전통적인 수많은 서점들 역시 문을 닫았을 것이다. 출판사들이 공급량을 합리적으로 책정해야 하기 때문이다. 그 당시 워터스톤즈는 영국 전역에서 균일한 서점이라는 사실을 나타내는 하나의 모델을 갖고 있었다. 미들즈브러Middlesbrough나 런던London 혹은 에든버러Edinburgh에 있는 어떤 워터스톤즈 서점이든지 일단 들어가면 똑같은 책들이 진열되어 있는 것을 발견하게 된다. 아마존에 자극을 받은 워터스톤즈는 개별 서점 매니저들에게 고객을 위해 최선을 다 할 수 있는 자율권을 주어 서점 별로 가장 알맞은 선택을 할 수 있도록 하는 과감한 결단을 내렸다. 서점 매니저들과 각 팀들은 이제 인기 있는 책을 주문하고 시장에 최고로 적합한 환경을 조성한다. 그 결과 고객들은 서점으로 다시 무리지어 몰려들었다.

인디텍스와 워터스톤즈의 접근 방식은 고객 중심의 의사 결정을 하고 지역 특성에 맞춰 유연한 지원을 위해 조직의 나머지 부분을 설정한다는 점에서 유사하다. 차이라면 인디텍스는 계속 전방위적인 지속 가능한 방식으로, 변화하는 소비자 선호도에 대응할 수 있는 조직으로서 의식적으로 진화해왔다는 점이다. 인디텍스의 운영 모델은 패션 유행에 민감하다. 반면에 워터스톤즈는 획기적인 경쟁 위협에 대응해서 운영 모델을 대대적으로 개편해야 했다. CEO를 위시해서 매장 팀에 이르는 회사 전체의 매니저들이 신속하고 효과적으로 대응한 덕분에 대대적인 개편이 가능했다. 흥미롭게도 두 조직 모두 강한 목적의식을 가지고 있었는데, 그 덕분에 수월하게 업무를 추진하고 힘난한 시장에서 지속적인 성공을 거둘 수 있었다.

두 조직이 내린 선택 면에서 보면, 워터스톤즈의 선택이 좀 더 반응적인 대응이었으며 디지털 경쟁에 직면하여 생존에 더욱 결정적인 역할을 하는 것으로 밝혀졌다. 인디텍스가 한 선택은 시간이 지남에 따라 진화해 왔으며, 엄격하게 통제된 공급망 전반을 지원하는 인프라를 통해 재고관리와 매장 내 경험에 대해 고객 주도적으로 접근하는 방식을 만들었다. 여기서 배울 수 있는 교훈은 분명하다. 고객에게 신속하게 대응하는 우수한 애자일 능력을 구축할 수 있는 기회를 잘 파악한다면 승리를 거둘 가능성이 크다는 사실이다. 반면에 우버 모멘트로 인한 새로운 규칙들로 손상을 입을 처지에 놓인다면, 변화에 재빠르게 대응해 전체 조직을 이끌고 가는 것이 최상의 선택이다. 그렇지 않으면 반갑지 않은 결과를 맞게 될 것이다.

### 시니어 리더십 헌신 Senior leadership commitment

연결 리더십의 여러 요소 중 하나이자 이 책에서 중점적으로 다루는 요소는 민첩성이다. 비즈니스와 경영에서 '민첩성agility'은 애자일 작업 방식, 애자일 문화, 애자일 리더십을 설명하기 위해 다양한 맥락에서 사용된다. 우리는 이 중에서 제일 마지막에 중점을 둔다. 왜냐하면 애자일 리더십이 애자일 작업법을 번성시킬 수 있는 유형의 문화를 만드는 데 도움을 주기 때문이다. 만약 변화에 관심 있는 조직 단위의 리더와 함께 하지 않는다면, 여러분은 변화를 들여오기 위해 무진 애를 써야 할 것이다. 팀의 업무 단계에서 흔히 보이는 사실인데, 고객과의 작업 시 팀장이 팀 운영방식에 불균형적인 영향을 미치는 상황을 매달 목격할 수 있기 때문이다. 리더가 피드백과 학습에 개방적인 태도를 보인다면 그 팀도 마찬가지 태도를 보인다. 리더가 방어적이고 피드백하기 어렵게 만드는 태도를 보인다면, 팀은 곤란한 대화와 갈등을 피하는 경향이 생겨 의사 결정이 어려워지고 실적도 둔화된다. 부서나 조직 차원에서도 마찬가지다. 고위 팀의 문화가 나머지 사업장의 분위기를 결정짓기 때문이다.

조직의 고위 임원들이 가장 중요한 비즈니스 결과와 민첩성 간의 연계성을 알게 된다면 애자일 방식의 리더십을 개발하는 데 특히 유용하다. 예를 들면 쓰리Three의 CEO인 데이브 다이슨Dave Dyson은 이 연계성을 잘 이해하고 있다. 그는 다음과 같이 말했다.

> 하나의 사업으로서, 우리가 달성하고자 하는 결과는 고객과 직원에게 가장 사랑받는 존재가 되는 것이다. 이러한 목표는 결국 주주들을 위한 재정 목표를 달성할 수 있도록 우리를 도와준다. 한층 더 애자일한 비즈니스를 이룬다면 이러한 모든 목표를 달성하는 데 도움이 된다고 생각한다.

쓰리Three는 지적으로뿐만 아니라 정서적으로도 사람들을 참여시키는 능력과 공통의 결과를 위해 팀을 이끄는 능력을 통해 한층 더 애자일한 리더들을 키우고 있다. 또한 시장의 파괴자로서, 한층 더 고객 중심적인 사업을 창출함으로써 추세에 맞춰 빠르고 효과적으로 새로운 고객제안을 선보일 수 있게 되면서 최근 몇 년 동안 주목할 만한 성공을 거두었다.

우리는 어떻게 하면 진정한 애자일 리더가 되어, 어떤 상황에서든 조직 전반의 민첩성을 위한 역할 모델이 될 수 있는가 하는 문제에 역점을 두었다. 시간을 인식하고, 자신과 사업을 위해 시간을 관리할 수 있게 된다는 의미다. 빠르게 행동하려면 천천히 생각하라. 앞에서 말했듯이, 일단 애자일하게 생각하면 애자일해질 수 있다. 최고의 테니스 선수들은 각각의 샷에 더 많은 시간을 할애할 수 있는 것 같다. 최고의 리더들은 상황에 따라 생각하고 선택하고 자신과 팀의 움직임을 조정할 시간이 있는 듯하다. 이것은 초창기 엘리트 스포츠에서 강조되었던 대응적인 민첩성이다.

애자일 리더들은 그들 자신과 팀들이 주변의 기회와 위협을 감지하기 때문에 필요할 때 행동을 가속화할 수 있다. 이는 기업가적 기회주의로 이어져, 현재 또는 미래의 고객 요구를 충족시키기 위해 혁신적인 노력을 투자해야 하는 곳을 정확히 선택하고 신속하게 파악한다. 그들은 실험이 필요하다는 점을 인식하고, 실험의 결과를 빠르게 파악 즉시 보고하고 다음에는 승산을 높이는 법을 배울 필요가 있다는 사실을 인정한다. 그들은 거의 강박적으로 더 나아지려 하고, 지속적으로 개선하고자 하며, 낭비를 용납하지 않고 최대한 빨리 고객서비스를 제공하려고 애쓴다. 또한 빅 데이터 시대에 동료와 고객들이 원하는 사항과 그들의 행동에 동기를 부여하는 사항을 파악하기 위해 패턴을 분석하고 데이터를 제대로 해석하는 연습을 한다. 이렇듯 학습하고 나날이 더 나아지려 애쓰고 새로운 사고와 존재와 실적 방식을 완전히 이해하고자 노력하는 자세가 애자일 리더의 핵심적인 태도다. 훈련받고 집중하며 민첩하게 살아가기 위해 매일 어려운 선택을 할 의향이 있다면, 이러한 태도는 기본적으로 이해할만한 일이다. 애자일 운동선수와 마찬가지로 애자일 리더가 되려면 결단력과 강한 의지가 있어야 한다. 나는 2008년 뉴욕에서 처음 마라톤을 했는데 경기가 끝나자 이런 생각이 강하게 들었다. '마라톤을 하는 데 필요한 게 뭐지? 배짱과 결단력 그리고 가슴 벅찬 헌신이다.'

민첩성은 새로운 기술을 배우고 변화하는 환경에 적응하며 고객과 동료를 위한 가치를 창출하는 새로운 방법을 찾기 위해 집중되는 경우가 많다. 파괴자가 되라는 말은 부정적인 존재가 되라는 의미가 아니다. 오히려 현재의 상태에 도전하고, 서비스를 제공하거나 제품을 만드는 새로운 방식을 찾기 위해 위험을 감수하고 더욱 간단하고 빠른 프로세스와 시스템을 추구하라는 의미다.

## 연결 리더십의 나머지 요소들이 애자일 리더십에 기여하는 방법

연결 리더십의 다른 요소들도 리더나 조직의 민첩성을 지원한다. 이 부분에서는 각 요소를 차례로 살펴보고 각 요소가 리더로서 민첩성을 증가시키는 데 도움을 주는 방식을 정의해보자. 첫 번째 요소는 목적과 방향이다.

### 목적과 방향

씨러스Cirrus에서는 삶의 목적을 '더 나은 리더. 더 나은 비즈니스. 더 나은 삶'으로 규정한다. 이를 성취하기 위해 우리는 이른 아침에 침대에서 몸을 일으킨다. 이러한 목적은 우리에게 공통된 의미를 주고 현재의 노력이 일적인 세계와 우리 일의 영향을 받는 사람들에게 기여하고 있다는 느낌을 준다. 전략적 방향, 우선순위, 그리고 매일의 선택을 결정하는 데 도움을 주기도 한다. 만약 우리가 리더들의 사업이나 리더들이 이끄는 사람들의 삶을 개선하도록 돕는 준비를 갖추지 못한다면, 우리는 잘못된 것에 집중하고 있는 셈이다. 목적과 방향은 현재 이곳에 있는 이유와 성취하려는 바를 명확하게 해준다. 무엇이 중요하고 무엇이 중요하지 않은지를 함께 이해하게 해준다. 또한 우선순위를 정의하는 데 도움을 주어 각자가 매일의 선택을 잘 하도록 돕는다.

장기적인 목표를 달성하기 위해서는 집중과 동기부여가 반드시 필요한데, 이를 만들려면 분명한 목적과 전략적인 방향이 핵심요소라는 사실을 우리는 연결 리더십을 통해 알고 있다. 예를 들어 스포츠카의 상징적인 제조사인 애스턴 마틴Aston Martin은 '힘Power, 아름다움Beauty, 영혼Soul'이란 기치를 내걸고 주력하고 있으며, 이것이 제품 개발은 물론 브랜드의 고객 경험을 촉진한다. 조직 내의 모든 사람들이 당신의 존재 이유와 상위 임무 그리고 그것을 완수하고자 하는 당신의 방식을 파악하고 있다면, 일의 진행에 관해 적절한 선택을 할 수 있으며 무엇을 멈춰야 할지도 선택할 수 있다. 분명한 목적과 전략적 방향은 '해야 할 목록'의 맨 위에 무엇을 놓을지 명확하게 알기 때문에 사람들을 자유롭게 만든다.

우선순위는 민첩성의 핵심이다. 우선순위는 어려운 선택의 문제이며 가장 중요한 소수의 몇 가지를 더 잘 하는 일에 관한 문제다. 3장에서는 스크럼Scrum과 같은 애자일 제품개발 방식이 프로젝트 관리 방법에 끼친 영향과 우선순위에 관해 배울 수 있는 점을 탐구할 것이다. 문제의 핵심은 고객에게 가장 큰 가치를 부과하는 사항에 집중해야 한다는 점이다. 그 점이 조직으로서 여러분의 목적에도 가장 부합한다.

우선순위는 또한 직원들에게 기대되는 바가 무엇인지 정확히 알 수 있도록 명확하게 정의된 역할을 갖고 있는지의 여부를 확인하며, 여러분이 방향이나 초점을 빠르게 변경해야 할 때 특히 유용하게 쓰인다. 앞서 언급했던 맥킨지McKinsey 연구에서 저자들은 가장 애자일한 회사와 그렇지 않은 회사들을 구별하는 최고 경영 방식을 구체적으로 밝혔다. 목록의 상위에는 역할의 명료성 또는 '조직적 명확성, 안정성 및 구조'로 묘사되는 요소들이 있었다. 반드시 필요한 애자일 힘과 균형을 달성하기 위해 조직을 잘 정의하고 명확하게 구성하는 일이 매우 중요하다. 만약 각각의 역할이 우선순위가 분명하고 운영 프로세스 전반에 걸쳐 일관성 있게 사용된다면, 일치된 우선순위를 갖게 되어 복잡함은 줄어들고 내부 갈등 역시 감소할 것이다.

복잡함이 줄어들면 단순함은 무엇인가라는 의제에 관해 의견이 활발하게 오가면서, 한편으로는 더욱 파괴적인 측면이 발생하게 된다. 조직이 성장함에 따라 조직의 이질적인 부분을 조직화하기 위해 더 많은 절차와 시스템을 도입하는 경향이 있다. 시간이 지나면서, 더 많은 규제와 통제가 관료주의의 미로에 여분의 층을 추가하면서 이러한 일련의 규칙과 절차는 더욱 복잡해지는 경향이 있다. 결국 이것은 그 자체로 하나의 산업이 되어 규칙과 절차를 관리하고 유지할 특정 집단이 필요하게 된다. 이러한 모든 과정들이 조직성을 둔화시켜 속도와 기업가적 재능을 제한하게 된다. 단순화 작업은 분명히 필요하지만 시스템을 바꾸기는 쉽지 않으므로 매우 어려운 도전이 될 수 있다. 따라서 파괴적인 작업이 될 수 있다. 관료주의의 폐해를 줄여 단순한 절차를 보장하기 위해, 여러분이 각자의 조직을 냉정하게 바라보고 모든 규칙과 절차에 이의를 제기해서 본래의 조직으로 돌아가 조직이 사멸되기 직전까지 불필요한 부분을 가지치기 해낼 수 있는 방식을 찾아야 하기 때문이다. 이 과제는 5장에서 더욱 자세하게 탐구할 것이다.

## 진정성

연결 리더십의 두 번째 요소는 진정성으로 가치와 관계에 직결하는 요소다. 애자일 조직이 되려면, 조직은 가치 중심적인 문화를 지니고 있어야 한다. 지난 20년 동안 행해진 진정 리더십 authentic leadership에 대한 풍부한 연구를 바탕으로, 진정성에는 다음과 같은 네 개의 눈에 띄는 측면이 있다는 사실을 알 수 있다. '자각, 강력한 윤리 기준 [명확한 가치를 바탕으로 한], 균형 잡힌 정보 처리, 개방적인 [신뢰성 있는] 관계'다.

    소프트웨어 개발 부분에서 애자일 움직임은 신뢰와 상호 존중의 문화 조성을 기반으로 하며 이로써 사람들은 자율 경영 팀에서 일하며 단기적인 전력질주로 향상된 결과를 낼 수 있게 된다. 진정 리더십은 감화 리더십 inspirational leadership에서 강조하는 것보다는 훨씬 덜 개인적이고 포괄적인 유형의 리더십을 나타낸다. 감화를 주는 리더라는 점을 지나치게 강조하면 모든 리더들이 '곤경에서 구해내는' 영웅적인 인물이 되어야 한다는 생각을 조장하게 될 위험이 있다.

진정성은 사람들이 의사 결정과 같은 위험을 감수하는 일을 편안하게 느끼도록 신뢰를 쌓는 일과 관련된다. 우리는 리더로서, 다른 사람들을 무능하고 동기부여가 잘 되지 않아 세심한 감독이 필요한 사람들로 추정하지 말고, 유능하고 동기부여가 잘 되어 위업을 달성할 수 있는 사람들로 믿어야 한다. 실수를 저질러도 처벌받지 않는다고 안심할 수 있도록 사람들에게 자신감을 주면서, 긍정적인 의도를 갖고 공정하게 행동하는 리더라는 믿음을 갖게 할 수 있다면, 자연스럽게 신뢰할 만한 리더가 될 수 있다. 2장에서 신뢰의 양쪽 측면을 탐구할 것이다.

민첩성과 특히 관련이 있는 진정성의 또 다른 측면은 감성지능이다. 변화나 새로운 작업 방식에 사람들을 끌어들이고자 한다면, 사람들과 강한 유대관계를 맺는 능력이 상당히 중요하다. 이러한 능력은 팀원이나 동료와의 일대일 대화에서부터 리더들이 합심해서 일할 수 있는 지도 연합체를 형성하는 일, 그리고 사업 전반에 걸쳐 광범위한 그룹의 사람들을 대의명분이라는 합의에 이르도록 하는 운동을 벌이는 일에 이르기까지, 매우 다양한 단계에서 작용한다.

애자일 리더가 되는 것과 관련해 어려운 점들 중 하나는, 민첩성은 전체 조직이 연계해 각 부서가 애자일한 균형감과 행동으로 나아가면서 전념할 때 가장 효과가 좋다는 점이다. 조직의 일부만 참여시킨다면 진정한 애자일을 성취하기는 무척 어려울 것이다. 조직의 나머지 부서들이 어떻게 협력해야 하는지에 대해 서로 다른 가정을 하면서, 각기 다른 속도와 다른 작업 방식으로 일할 것이기 때문이다. 다른 사람들의 신뢰를 얻고, 그들의 운영 방식을 바꾸겠다고 약속하고, 더욱 애자일한 사고방식과 행동방식을 채택하기 위한 유용한 방법으로 그들에게 영향을 줄 수 있는 감성 지능을 갖고 있다면, 회사 전반에 걸쳐 애자일 작업 방식을 구축할 수 있다. 이렇게 하기 위해서는 자신은 물론 다른 사람들이 갖고 있는 손실에 대한 저항감을 극복해야 한다. 애자일 조직이라는 강력한 비전을 향해 변화하고 나아가기 위한 열정의 물결을 만들어야 한다. 이러한 일은 쉽지 않다. 애자일 여정에 전체 조직을 참여시키는 방법에 대해서 10장에서 더 자세히 알아보도록 하고 이 시점에서는, 성공하기 위해서는 여러분 스스로가 가장 적극적으로 참여할 필요가 있다고만 해두자.

## 위임된 의사 결정

연결 리더십의 세 번째 요소는 위임된 의사 결정으로, 적절한 의사 결정권을 고객에게 최대한 가깝게 밀면서도, 조직의 관점을 필요로 하는 전략적 의사 결정만 중앙 집중식으로 유지하는 방식이다. 애자일 용어로는, 권한 위임이라고 한다. 고객의 관점에서 우선순위가 명확할 경우 팀에게 자율성을 부여하여 팀이 할 수 있는 일과 수행하는 방법을 스스로 결정할 수 있도록 한다. 팀에게 효과적으로 권한을 부여하기 위해서, 우리는 팀 리더로서 팀에 명확한 틀을 제공하고 정기적인 대화를 통해 팀과 여러분의 피드백이 원활하게 오가도록 해야 한다.

내가 경험한 바로는, 자율적으로 행동하면서 그에 대한 책임을 질 수 있도록 사람들을 놓아주는 일을 어렵게 여기는 리더들이 많다. 간부급 팀들이 하위 팀들의 능력 부족을 한탄하는 경우가 너무 많은데, 이는 하위 팀들이 원하는 만큼의 권한을 부여받지 못했다는 사실을 의미하기도 한다. 나는 내부에서 리더들을 발전시키고 능력을 강화시켜 팀들의 수준을 높이도록 지도하고 성장과 성과 개선을 촉진하기 위해 비즈니스 전반의 인재를 육성하는 일들이 모두 리더의 책임이라고 상기시킨다. 그리고 이사회에서 결정할 수 있는 사항을 확인한 후 나머지는 위임하라고 이사회에 요청한다. 그들이 '하위 조직의 역량 격차' 때문에 위임할 수 없다고 말하면, 나는 가능한 빨리 격차를 해소해서 거의 항상 경영진에게 보고되는 인재들을 이사회로 끌어올리라고 요구한다.

## 공동 성취

자유롭고 빠른 동작이 가능한 이유는 물리적 민첩성의 핵심인 조정과 균형 때문이다. 신제품 개발이나 고객 관계 관리와 같은 과정이 원활하고 효율적으로 작동하려면 그리고 고객에게 가치를 제공하려면, 팀 간의 원활한 핸드오프(미식축구에서 자기 팀의 다른 선수에게 공을 주는 것: 역주)와 소통을 통한 기능 전반에 걸친 통합된 조정이 필요하다.

효과적인 교차 업무 운영을 위해서는 우선 각 팀이 자체적으로 잘 운영되고 있는지 확인해야 한다. 애자일 소프트웨어 개발에서 업무의 필수 단위는 팀이다. 각 팀은 목적, 역할, 업무방식 그리고 고품질의 관계를 명확히 할 필요가 있다.

리더십의 중요한 책임은 단기간의 폭발적인 노력으로 인상적인 결과를 낼 수 있는 다양한 능력을 지닌 팀들, 자율 경영을 하며 속도와 품질을 개선하는 방식을 헌신적으로 배우는 팀들을 만드는 일이다. 3장에서 실전 애자일 업무방식을 탐구하면서 더 자세하게 살펴볼 것이다.

일단 업무를 효과적으로 수행하는 강력한 팀을 갖게 되면, 팀과 기능 전반에 걸쳐 더 광범위한 협업을 이루고 프로세스 이행에 초점을 맞추고 통합된 고객 경험을 제공하기 위해 접근방식을 확장시킬 수 있다. 궁극적으로는 자동차 제조회사의 통합된 공급망이나 스마트폰용 앱 개발회사와 같은 소프트웨어 생태계에서, 외부조직의 파트너들과

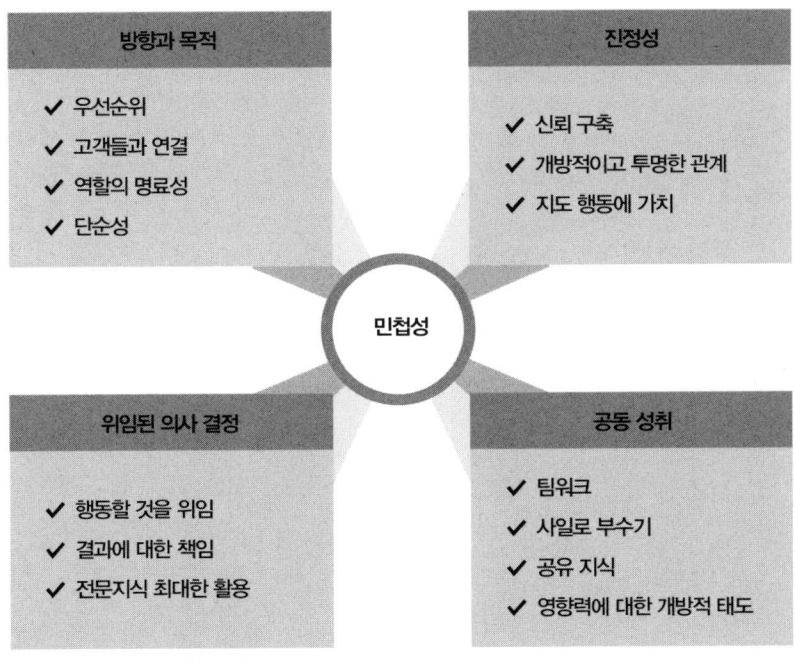

그림 1.3 연결 리더십의 다른 요소들이 민첩성에 미치는 영향

출처: 헤이워드Hayward (2016년)

효율적으로 협력하는 활동으로까지 확장해야 한다. 이 모든 관계가 그림 1.3에 요약되어 있다. 이는 연결 리더십의 각 요소가 여러분을 애자일하게 만드는 데, 그리고 리더로서 주변을 더욱 애자일하게 만드는 데 어떻게 도움을 주는지 보여준다.

## 요약

우리는 디지털 시대를 맞아 그 어느 때보다 더욱 애자일해야 한다. 애자일 리더는 연결 리더다. 연결 리더는 전례 없는 수준의 변화와 고객 기대치에 직면해서 적응하고 전환할 수 있는 조직을 만든다. 그러나 역설적으로 애자일 리더는 파괴자이기도 하다. 기꺼이 자신과 조직에 대항해, 때로는 동료들과 동떨어진 상황에서도 혁신하려는 의지를 갖기도 한다. 연결 리더십의 다섯 가지 요소를 통해 이것이 실제로 선동 요소와 파괴 요소로서 어떤 의미를 갖는지 이해할 수 있다.

여러분은 선동자에 가까운가 아니면 파괴자에 가까운가? 천성적으로 어떤 성격을 선호하는지 명심하면서 이 책의 나머지 부분을 읽는다면 도움이 될 것이다. 표 1.1에 나온 간단한 설문은 답을 찾는 데 도움이 될 수 있다. 각 줄을 읽고 어떤 서술자가 여러분이 말하려는 바를 정확하게 여러분처럼 말했는지 표시하라. 각 줄에 '확정'표시를 추가하면서 어떤 서술자가 더 높은 점수를 얻었는지 확인하라. 그런 다음 계속 읽어나가면서 여러분이 선호하는 강점은 소중히 여기되 약한 부분은 개발한다는 태도로 힘써 더욱 균형 잡힌 애자일 리더가 될 수 있도록 한다.

애자일 리더가 시간이 흐름에 따라 효율성을 유지하려면 선동하는 힘과 파괴하는 힘이 모두 필요하다.

표 1.1 진단 질문: 당신은 선동자인가 아니면 파괴자인가?

| 선동자가 하는 일 | 파괴자가 하는 일 |
|---|---|
| 1 나는 사람들에게 목적에 대해 이야기한다. 우리가 하는 일이 중요한 이유를 강하게 공감할 수 있는 유대감을 갖기 위해서다. | 1 나는 진화하는 고객 경험 환경을 파악한다. |
| 2 나는 조직 전체에 걸쳐 일관된 우선순위를 보장하기 위해 명료한 방향을 제시한다. | 2 나는 정기적으로 현재의 상황에 도전한다. |
| 3 나는 고객들과 자주 교류한다. | 3 나는 관료주의를 타파하고 효율성을 높이기 위한 운영 모델을 다시 상상한다. |
| 4 나는 진정한 성격을 지속적으로 보여준다. | 4 나는 사일로를 부수고 부족적인 사고에 도전한다. |
| 5 나는 변화가 절실하다는 사실을 다른 사람들도 공감하며 참여할 수 있게 만들 만큼 사교적으로 능숙하다. | 5 나는 창의적으로 생각한다. |
| 6 나는 다른 사람들이 역량을 강화할 수 있도록 권한을 부여하기 위해 지속적으로 위임 결정한다. | 6 나는 급진적인 일들을 과감하게 수용한다. |
| 7 나는 우리 팀이 능력을 개발하고 더 많은 책임을 지도록 지도한다. | 7 나는 미래에 대해 낙관적이고 자신감이 있다. |
| 8 나는 공유 목표를 달성하기 위해 다양한 사람들과 함께 효과적으로 협업한다. | 8 나는 돌파구를 마련하고 임무를 달성하기로 결정한다. |
| 9 나는 사람들이 실수를 통해 배우도록 격려한다. | 9 나는 외부의 변화에 빠르게 대응하고 적응한다. |
| 10 나는 다른 사람들에게서 최고의 역량을 이끌어내 육성한다. | 10 나는 다른 사람들에게 경계를 허물고 새로운 업무 방식을 찾으라고 격려한다. |

민첩성은 정신적이기도 하고 물리적이기도 하다. 우리는 현재에 한정되지 않은 사고방식으로 빠르게 변화하는 상황을 파악하고 대응해야 한다. 일단 애자일 사고를 하게 되면, 상황에 따라 연결 조직을 만들고 운영방식을 파괴하면서 애자일 방식으로 행동할 수 있다. 애자일의 역설은 항상 존재하기 수월한 곳에 있지는 않는다. 복잡하고 불연속적인 환경에 대처하면서도 여전히 안정적이고 효과적인 조직을 구축하고자 탐색하는 혼돈의 가장자리에 존재하기도 한다. 나는 책 전반에 걸쳐 이러한 주제를 되짚어 볼 것이며, 여러분이 어떻게 이러한 도전을 관리하고 다른 사람들도 그것을 관리할 수 있도록 이끌 수 있는지 탐구할 것이다. 애자일 리더가 되는 일이 쉽다면, 우리는 이미 그 일을 하고 있을 것이다.

# 02 애자일 리더 되기

## 도입

여러분은 다른 사람들의 리더로서 애자일 조직을 만들기 위해 중요한 촉매 역할을 할 수 있다. 이후에 이어지는 여러 장에서, 빠르게 변화하는 디지털 세계에서 여러분의 사업이 더욱 애자일하고 번창할 수 있도록 이끌 업무방식의 변화와 조직의 전반적인 문화 변화를 탐구할 것이다. 우리는 애자일이 여러분과 여러분의 팀 그리고 전체 비즈니스에 무엇을 의미하는지, 왜 애자일이 중요한지 그리고 애자일을 어떻게 실현시킬 수 있는지에 관해 명확하게 보여줄 것이다.

우선 여러분 자신부터 시작해야 한다. 여러분이 이끌고 있는 사람들이 애자일 업무방식을 받아들여 지능적인 학습 문화를 형성하는 데 제 역할을 다 할 것인지를 결정할 때, 여러분은 결정적인 역할을 한다. 우리는 여러분의 마음가짐과 사고방식, 행동과 의사 결정 방식 그리고 사람들에게 순간적으로 대응하는 방식을 살펴봐야 한다. 이러한 모든 것들이 사람들이 어떻게 행동하고 어떤 우선순위를 매기고 시간과 에너지를 어디에 집중시키는가에 영향을 준다. 리더인 여러분은 팀이나 조직이 더욱 애자일한 팀이나 조직으로 나아가게 하거나 가로막는 일종의 촉매제가 된다.

> ### 🖋 자신에게 하는 질문
>
> 이 장에서는 리더로서 통찰력을 얻기 위해 다음과 같은 질문을 숙고하는 것이 도움이 될 수 있다.
>
> - 다음 페이지의 4가지 특성 중 어떤 것이 당신이 집중하는 데 가장 도움이 될 것인가?
> - 당신은 매일 매 순간, 얼마나 자주 마음을 열고 배우는가?
> - 당신은 직장에서 어떤 영향력을 끼치는가? 그것은 다른 사람들로 하여금 무엇을 하도록
>   (혹은 하지 않도록) 만드는가?

## 자신부터 시작하기

그러니, 온전히 자신에게 집중하도록 하자. 여러분은 다른 사람들이 따라할 역할 모델이 되기 위해 리더로서 어떻게 민첩성을 개발할 수 있는가? 1장으로 돌아가서 선동자와 파괴자의 역설을 살펴보면, 이번 장에서는 다음의 4가지 특성에 집중하는 것이 도움이 된다.

1 민첩성 학습
2 공감
3 사려 깊은 결단력
4 디지털 사용능력

처음의 두 가지는 여러분이 선동자가 되는 특성으로, 변화를 위한 연결 방식을 만들기 위해 자신이 배우고 다른 사람들을 참여시키는 일과 관련 있다. 마지막 두 가지는 대체로 파괴자가 되는 특성으로, 과감한 결정을 내리고 기술이 무언가를 색다르게 창출하는 가능성이 있다는 사실을 이해하는 일과 관련 있다.

1장에서 만났던 애자일 선수들을 기억해보면, 재빠르고 쉽게 움직이는 그들의 능력은 인지적인 특성과 물리적인 특성 양쪽 모두를 바탕으로 한다는 사실을 알게 된다. 그들이 애자일 방식으로 빠르게 움직이는 물리적 능력은 물론, 재빨리 상황을 읽고 대응하는 인지적인 능력도 출중함을 알 수 있다. 그들은 지속적으로 배우고 있으며, 이러한 특성은 우리가 집중해서 살펴 볼 애자일 리더의 첫 번째 특성이다. 학습에 대한 강조 외에도, 자신을 관리하는 능력 그리고 타인과 효과적인 방식으로 상호작용하는 능력, 신뢰받는 능력 그리고 정서적인 지능에 기초하고 피드백에 개방적인 능력도 리더로서의 민첩성에 중요한 요소다. 두 번째 특성은 공감과 신뢰를 구축하는 능력이다. 자주 단독적인 능력으로 활약해야 하는 선수와는 달리, 리더로서 당신은 집단적인 역할로 행동하는 경우가 많다. 여러분은 리더십이라는 '어항' 안에 있기 때문에 다른 사람들이 여러분을 지켜보고 해석하고 있다. 때로는 긍정적인 관점에서 여러분의 우선순위에 맞추려고 할 때도 있지만 간혹 회의적인 시선으로 여러분을 판단하고 있기도 하다.

따라서 공감 수준과 건강한 관계를 구축하고 유지하는 능력은 애자일 리더가 되는 데 중요한 측면이다. 그래야 여러분 주위에 팀워크 정신을 형성할 수 있기 때문이다. 협업 환경을 조성하려면 신뢰도와 관계성이 특별하게 우수해야 한다. 무엇보다도 부족적인 충성심을 강조하는 사일로 환경이 그 대안이 될 수 있다. 사일로는 내 개인적인 경험은 물론이고 여러 연구에 의해도 대규모 조직에서 너무나 흔한 일이다. 2016년 PwC(다국적 회계컨설팅 기업: 역주)의 보고서에 따르면, '사일로를 줄이는 것이 수익성의 핵심이다.' 300명 이상의 소매 및 소비재 최고 책임자들을 대상으로 실시한 글로벌 설문 조사 결과 18퍼센트만이 원활한 옴니채널 쇼핑 경험을 제공하기 위해 사일로를 없앴다고 한다. '사일로를 없앤 이들은 매출 신장(모든 최고 책임자들이 평균 48퍼센트인데 비해 59퍼센트)과 이익 증가(여전히 사일로 운영 중인 사람들이 43퍼센트인데 비해 63퍼센트)

면에서 더 큰 자신감을 보였다.' 고객들은 조직의 다른 부서들과 함께 일할 때 원활한 경험을 할 것으로 기대하는 경향이 있지만, 내부 장벽과 부서 간 좋지 않은 관계 탓에 원활한 경험이 이루어지지 않는 경우가 많다. 여러분은 애자일 리더로서, 이러한 일이 일어나는 상황을 바꾸기 위해 바람직한 풍조를 만들고 역할 모델이 되어야 할 책임이 있다.

다시 성공한 선수들의 예로 돌아가면, 그들 경쟁력의 핵심은 재빠르게 득점을 올리는 능력이다. 그러므로 상황을 읽어 적절한 대처를 하기로 결정하는, 사려 깊은 결단력은 애자일 리더가 되는 세 번째 중요한 특성이다. 주변 상황을 신속하게 탐구하는 능력 그리고 모호하고 부적절한 정보 속에서 적절한 행동방침을 밝혀내는 능력인 민첩성 학습에 의해 뒷받침 되는 특성이다.

사려 깊은 결단력은 여러분이 유용한 파괴자가 되는 능력에도 중요한 역할을 한다. 변화하는 환경 속에서 운영되는 조직을 연구하고 반영하다 보면, 흐름에 거슬러 행동하고 확립된 개념에 도전하고 업무방식을 재창조하거나 돈 버는 방식내지 고객에게 서비스 제공하는 방식을 바꿀 기회들이 많이 있기 마련이다. 그들 중 많은 사람들이 막다른 골목에 처하거나, 똑같은 통찰력을 갖고 일하는 사람들로 생각이 복잡할 것이다. 무엇을 파괴하고 어디에서 새로운 가치를 창출하고 언제 커다란 위험을 감수할지를 사려 깊게 결정하는 능력은 조직의 성공 여부에 매우 중요하다.

우리가 살펴볼 네 번째 특성이자 마지막 특성은 디지털 사용능력이 어느 정도인가의 문제다. 여러분은 다양한 형태의 기술을 수용한 적이 있는가? 모바일로 비즈니스와 상호작용하는 고객들 또는 심층적인 데이터에 빠져 사는 동료들에 공감하는가? 디지털 세계에서 디지털 사용법을 배우지 않은 채 애자일하기는 어렵다. 삶의 모든 측면에서 기술 진보의 비율이 계속 증가함에 따라 최신 상태를 유지하는 일은 점점 더 어려워지고 있다. 상대적으로 무지한 상태에서 출발한다면 더욱 그렇다.

## 1 민첩성 학습

컬럼비아 대학교Columbia University의 연구는 '민첩성 학습은 리더들이 조직에서 점점 더 복잡해지는 문제들에 직면해, 그에 대처할 새로운 전략을 지속적으로 개발하고 성장시켜 활용할 수 있는 실전 대응책들의 집합이자 사고방식이다.'라고 보고한다(버크Burke 등의 연구, 2016년). 경험에서 더 빠르게 효과적으로 배울수록, 주변 환경의 변화에 더욱 애자일하게 대처할 수 있다. 따라서 우리에게 일어나고 있는 일과 우리가 경험하고 있는 일을 이해하고 반영하기 위해 그리고 가장 중요한 기회와 위협이 어디에 있는지를 파악할 통찰력을 얻기 위해 시간과 공간을 마련해야 한다.

특히 '새롭거나 처음으로 해보는 조건' 하에 학습을 하면 민첩성을 배가시킨다. 애자일은 리더로서 가장 유용한 특성이며, 오래된 방식이 작동하지 않는 조직, 규칙이 바뀌어 얼마나 빨리 적응하느냐에 생존과 성공이 달려 있는 상황에서 가장 유용하다. 민첩성을 배우는 것에는 우리의 호기심 및 경험을 이해하는 능력뿐 아니라 그 통찰력을 성과를 증대시키는 데 유용한 행동으로 전환하는 것까지 포함된다. 이제 나는 사려 깊은 단호함으로 이뤄지는 행동이라는 주제를 알아볼 것이다. 여기에는 확신을 갖고 행동하는 것도 포함된다.

그렇다면, 민첩성 학습을 어떻게 증대시킬 수 있는가? 첫 번째 단계는 경험을 통해 배울 수 있는 기회를 더욱 많이 모색해서 현재의 평범한 역할을 수행하는 일반적인 방식이 아닌, 보다 색다른 아이디어와 작업 방식에 여러분을 노출시키는 것이다. 특히 다른 분야에서 운영하는 조직에서 결정권이 없는 역할을 수행할 때 흔히 이런 방식을 사용한다. 두 번째 단계는 이러한 학습을 이해하기 위한 공간과 시간을 마련해 자신이나 조직의 성과에 관련시킬 수 있도록 하는 것이다. 다른 사람들과 공유하기 위해 발표를 하거나 메모를 하는 시간을 갖는 식으로 반영할 수 있다. 동료나 파트너 또는 코치와의 토론을 통해서도 학습은 이뤄질 수 있는데, 경험을 통해 말하면 진심으로 이해하는 데 도움이 되기 때문이다. 다른 사람들에게 여러분이 하고 있는 일과 그 일이 그들에게 어떤 영향을 끼치는지 설명하게 함으로써 더 많은 피드백을 구할 수도 있다.

내가 여러 해 동안 고위 간부들과 일하면서 분명하게 깨달은 점은, 경험에서 배우지 못하면 사람들의 신임을 잃기 쉽다는 사실이다. 예를 들어, 영국 정부 기관의 최고 책임자는 이사회의 새로운 의장자리에 효과적으로 대응하지 못한 이후 정직 처분을 받았다가 결국 자리에서 내려와야 했는데, 그의 방식은 인습에서 벗어났으며 위법하다는 혐의를 받기에 이르렀다. 소문은 커졌지만 최고 책임자는 자신과 기관에 수년 동안 도움이 되었던 견제와 균형이 사실 통탄스러울 만큼 부적합하다고 밝혀졌을 때조차도, 견제와 균형이 적절한 통치 구조로서 제 역할을 다 할 수 있다고 믿었다. 의장은 마침내 사임을 강요당했고 최고 책임자는 통치권자의 지위를 다시 확립해야만 했지만, 그의 개인적 명성은 너무 심각하게 훼손되어 있었다. 그는 의장 자리의 고압적인 스타일에 맞게 빠르게 적응하지 못했고 결국 직업을 잃고 말았다. 비록 문제의 주요 원인은 다른 곳에 있었지만, 기관을 대표하여 신속하게 배우고 적응하는 그의 능력은 충분히 강력하지 않았다고 보인다.

**피드백과 학습**

나는 사업을 하면서 개선을 추진하기 위해 피드백을 사용하는 방식에 대해 동료들과 가끔 이야기를 나눈다. 중요한 고객 회의나 프레젠테이션 또는 이벤트 후에 피드백을 자주 공유하는데, 주로 그들에게 그러한 행사들이 어떻게 진행되었는지, 우리가 특별히 무엇을 잘했는지, 다음에 무엇을 개선할 수 있는지를 물어보는 형식을 취한다. 피드백을 주고받음으로써 다음에 비슷한 행사를 벌일 때 어떻게 개선할 수 있을지 유용한 정보를 얻기 위해서다. 그러나 나는 그들 중 몇 명, 특히 회사에 처음 출근하는 사람들에게는 이와 같은 방식이 다소 위협적일 수 있다는 사실도 알고 있다. 학습과 개선을 위한 기회는 사람들이 그 순간 어떻게 느끼고 있는지에 따라 희석되기도 하며, 따라서 이에 대한 피드백을 구한 후에는 그에 따라 내 방식을 바꾸기도 한다.

나의 의도는 피드백 문화를 고취하려는 것이다. 피드백 문화 안에서, 우리가 잘 하고 있는 것은 무엇이고 어떻게 개선할 수 있는지 확인할 수 있도록 공감하면서 탐구되는 사실을 바탕으로 대화가 이루어진다. 이것이 애자일이라는 특성의 핵심이며, 이렇게 행동하고 반영하고 배우는 순환 방식을 통해 우리는 더 빠르게 움직이고 결과물의 품질을 개선하려고 끊임없이 노력하고 있다. 그러나 배우고 개선하기 위해서는 피드백이 긍정적인 방법으로 전달되어야 한다. 우리는 인간으로서 피드백에 두 가지 반응을 보인다. 피드백을 부정적으로 인식하고 위협처럼 느끼게 되면 그것에서 벗어나고 싶어지고 듣고 싶지 않게 된다. 반면에 피드백을 긍정적으로 인식하면 보상으로 여기게 된다. 뇌에서 도파민이 분비되고 우리는 자연히 피드백을 지향하게 된다.

피드백은 폭발하는 화산에서부터 서비스 제공을 개선하기 위한 잡다한 도구에 이르기까지, 디지털 시대의 일상적인 삶의 표준이 되었다. 우리는 더욱 민첩해짐에 따라, 제품에 대한 고객의 반응, 구매 패턴, 경쟁사의 활동, 동료들의 동기 부여 그리고 우리 자신의 행동(그리고 그것이 타인에 미치는 영향)을 추적할 수 있는 유사한 피드백 메커니즘을 마련할 필요가 있다. 또한 피드백을 잘 주고받기 위해서는 수용적인 태도를 지녀야 하고 개선할 만한 정보를 찾고 어떠한 방어적인 반응에도 거리를 둘 수 있어야 한다. 우리가 무엇을 하는 이유를 정당화시키기 위해서보다는 우리가 그것에서 배울 수 있는 점을 이해하고자 애쓰면서 균형 잡힌 방식으로 정보를 처리할 수 있어야 한다.

리더로서 우리의 정체성은 피드백으로부터 분리하는 것이 좋다. 여러분이 어떻게 행동하고 있는지, 혹은 여러분의 제품이 고객에게 어떻게 작용하고 있는지에 대한 피드백은 여러분이 배우고 개선할 수 있는 기회를 주는 중요한 데이터다. 데이터는 여러분 자신이나 회사의 고유한 가치가 아닌 여러분의 행동이나 제품의 성능에 대한 자료다. 여러분의 조직에서 피드백을 추구하고, 가치 있게 여기고 일상적으로 그에 준해 행동하는 문화를 형성하고 있거나 형성할 수 있다면, 여러분은 실적 향상을 추진할 강력한 도구를 갖게 되는 셈이다. '피드백은 선물이다'라는 옛말은 이미 사실이기도 하지만 디지털 시대의 피드백 흐름이 기하급수적으로 증가함에 따라 점점 더 중요해질 사항이기도 하다.

디지털 시대의 성공한 임원들에 대한 많은 연구는 모호성을 이해하고 불확실한 상황에서 현명한 결정을 내리는 능력인, 민첩성 학습에 초점을 맞추고 있다. 민첩성 학습은 불완전한 정보를 일관성 있는 상황으로 전환시켜 고품격의 결정을 내릴 수 있는 능력과 호기심에 뿌리를 두고 있다. '애자일 학습을 하고 있는 사람들, 배우기 위한 경험을 찾는 사람들, 새로운 경험과 관련된 복잡한 문제와 도전을 이해하는 데 관심을 보이고 즐기는 사람들, 새로운 기술을 자신들의 레퍼토리에 포함시켜서 더 낫게 수행하는 사람들'이다. 배우고자 하는 욕구를 자극하기 위해 피드백을 이용한다면 배움이라는 근육을 발달시켜 결과적으로 더욱 애자일해질 것이다. 피드백은 배움의 주요 원천 중 하나이므로 매일 피드백을 받아들이는 일은 개선의 비결이기도 하다.

# 2 공감

공감은 타인이 경험하는 일을 당사자의 관점에서 이해하거나 느끼는 능력이다. 리더로서 자신이 다른 사람의 입장이 되어 공감하는 수준의 이해력을 보여주는 방식으로 행동하거나 반응할 수 있는 능력이다. 결국 이것은 신뢰를 형성하는 데 도움을 준다. 다른 사람(또는 사람들)은 여러분이 의사를 결정하고 그들을 대하는 방식을 정할 때 그들의 견해와 감정을 충분히 고려하리라는 확신을 가질 수 있기 때문이다.

### 신뢰 구축하기

1장에서 언급했듯이, 애자일 리더십이 효과적으로 작용하기 위한 근본적인 요건은 리더에 대한 신뢰, 리더의 신뢰, 팀 간의 신뢰다. 신뢰란 무엇인가? 신뢰는 자신감과 관련이 있다. 우리가 누군가를 신뢰한다면, 그들의 능력(말한 대로 할 수 있다)과 그들의 행동(하겠다고 말한 것을 이행) 그리고 그들의 의사소통(그들이 여러분의 명성을 보호하고 자신감을 유지하기 위해 의지할 수 있는 사람들이라는 점)에 대해 확신할 가능성이 있다. 신뢰는 사람들이 처한 상황을 균형 잡힌 시각으로 바라보고 공정하고 따뜻하게 대할 것이라는 진실성에 대한 믿음이며, 본질적으로 그들의 수중에서 안전하리라는 누군가에 대한 믿음이다. 이것은 다른 사람으로 하여금 절벽을 뛰어내리면서 줄을 잡고 있는 사람이 줄을 그대로 잡고 있을 능력이 있고 기꺼이 잡을 것이라고 자신 있게 믿도록 만든다.

이것이 왜 그렇게 중요한가? 사람들이 실험하고 배우고 사전 경고 없이 빠르게 움직이고 필요할 때 변화하기 위해서는 민첩성이 필요하기 때문이다. 실험하고 위험을 감수해도 안전하다고 느낄 만큼 높은 수준의 신뢰를 쌓는 일은 쉽지 않다. 결코 우연히 생기지 않는다. 설사 행동의 결과가 심각하게 문제가 되는 경우라도, 자신들이 옳은 일을 하도록 동기부여가 되었다는 확신을 갖고 공정하게 행동할 것이라는 믿음을 사람들에게 주기 위해서는 노력과 시간이 필요하다. 더욱이 디지털 시대에는, 사람들과 자주 컴퓨터를 이용해 가상으로 일하는 경우도 있고 직접 만나는 일이 없을 수도 있다. 그래서 이러한 가상 세계에서 신뢰를 쌓는 일은 특히 도전적이고 훨씬 더 중요할 수 있다.

리더로서나 리더십 팀에서 신뢰도를 높일 필요가 있다고 느낄 때 도움이 되는 출발점은 더 많은 신뢰를 주는 일 외엔 없다. 내 작업에서 볼 수 있는 대규모 조직에서는, 조직의 리더십에 대한 신뢰도가 필요한 수준에 훨씬 미치지 못한다. 그들의 참여도를 조사한 결과, 사람들은 동료나 일에 고용될 수는 있지만 경영진들을 공정하다거나 훨씬 더 유능하다고 믿지는 않는다는 사실을 보여준다. 이러한 대규모 조직은 애자일 조직을 구축하기 어려운 곳이다. 타인을 신뢰하기 시작함으로써, 여러분은 그들이 대담하게 행동하고 실패를 감수하고 실험하고 배우려는 자신감을 증대시키면서 신뢰의 긍정적인 주기를 만든다. 그들은 배울수록 더 유능해지고 대담하고 효과적으로 행동하는 능력이 향상된다. 우리는 예상치 못한 성공을 거둔 사람들이, 자신에게 휴식을 준 사람, 자신을 신뢰하고 한번 해볼 기회를 준 사람들을 묘사하는 얘기를 얼마나 자주 들었는가? 사람들에게 성공할 기회를 주는 리더를 갖는 일 또는 그러한 리더가 되는 일은 대단한 명성이다. 그러니 다른 사람들에게 빛날 수 있는 기회를 가능한 자주 줄 수 있는 상황을 만들어보자.

신뢰할 수 있다는 사실은 동전의 양면과 같다. 사람들이 당신을 더 많이 믿을수록, 그들은 위험을 감수하고 당신의 지지에 의존할 가능성이 더 높아진다. 그리고 그들 입장에서 당신을 믿기 위해서는, 당신이 유능하고 일관성 있게 행동하고 항상 진실하게 그들과 의사소통을 해야 한다. 진정성이 있어야 한다. 내 입장에서 당신을 믿기 위해서는, 당신이 예측 가능하고 공정한 방식으로 여러 상황에 반응할 것이라는 확신이 필요하다. 당신의 반응을 예측할 수 없다면 나는 위험을 감수하지 않을 것이다. 절벽에서 뛰어내리는 사람처럼, 당신이 나를 붙잡을 수 있는지, 그리고 나중에 나를 존중하는 방식으로 그 사건을 묘사할 수 있는지에 대해 확신이 서지 않는다면 나는 뛰어 내리지 않을 것이다. 나는 애자일하지 않은, 정지 상태로 머물러 있을 것이다.

신뢰할 수 있다는 사실의 또 다른 중요한 측면은 일관된 이야기를 한다는 점이다. 당신이 어디서 오는지 어디로 가고 싶은지 왜 그것이 좋은 점인지를 이해하고 당신이 그 방향으로 움직이면서 중요하게 여기는 사항을 다른 사람이 이해하는 데 도움을 준다. 맨체스터Manchester 대학의 총장인 데임Dame(영국에서 남자의 경Sir에 해당하는 훈장을 받은 여성에게 붙는 직함: 역주) 낸시 로스웰Nancy Rothwell 교수는 일관된 이야기를 통해 효과적으로 신뢰를 구축하는 사람이라고 동료 교수들이 묘사한다. 그녀는 이렇게 말한다. '우린 전례 없는 외부 변화에 직면하고 있습니다. 따라서 민첩성은 대개 이러한 변화에 대응하는 능력과 관련 있습니다만, 그러한 외부적인 요인들에 관계없이 우리가 생각하기에 변화해야 한다고 믿는 것에 대응하는 능력과도 관련이 있습니다.' 1824년까지 거슬러 올라가서 현재 및 이전의 직원들과 학생들 중 25명의 노벨상 수상자를 보유하고 있는 이 대학은, 전 세계에서 몰려든 약 4만 명의 학생들과 1만 2천 명의 직원들을 보유한 영국에서 가장 큰 단일 대학이다. 이러한 역사적인 기관이 IT 시스템의 전면적인 개혁, 10억 파운드의 부동산 업그레이드, 야망의 전환과 학생 경험의 부흥 등을 겪고 있는 중이다. 낸시는 이렇게 중대한 변화와 외부적인 도전의 시기를 통해, '이익을 얻을 수 있는 부분과 기회가 될 수 있는 부분 그리고 우리가 이것을 통해 달성할 수 있는 부분을 제공하는 문제에 관해 서술적인 측면에서 매우 강력한 리더십'이 필요하다는 사실을 인식하고 있다. 사람들이 변화를 향한 명확한 방향과 목적이 있다는 자신감을 유지시키며 미래에 대한 자신감과 신뢰를 강화시키는 이야기다.

### 우수한 관계

여러분이 팀에서 그리고 더 광범위한 조직에서 높은 수준의 신뢰를 쌓았다면, 주변의 사람들과도 양질의 관계를 맺고 있을 가능성이 높다. 이러한 관계는 변화하는 환경에 따라 일관성 있는 방식으로 적응하고 움직일 수 있는 관련 조직을 만들도록 해주기 때문에 애자일 리더가 될 수 있는 일종의 생명선이다. 애자일 조직은 주변 생태계의 중요한 변화에 맞춰 쉽게 방향을 바꾸고 움직일 수 있는 유기체와 같다. 조직적인 측면에서, 이러한 변화는 고객 경험의 디지털화 또는 글로벌 공급망을 가로지르는 네트워크 시스템 생성과 같은 기술에 의해 추진되기 쉽다. 굳건한 관계가 아니라면, 신속하고 결속적인 움직임이 필요할 때 균열이 일어나기 쉽다. 그렇다면 조직을 이렇게 유연하고 지능적인 방식으로 결속시키는 관계를 맺을 수 있는 방법은 무엇인가?

우리는 지난 25년에 걸친 수많은 연구를 통해, 감성 지능이 우수한 관계를 개발하고 유지하는 리더의 능력을 나타내는 중요한 지표가 된 방법을 알 수 있다. 여러분은 근래에 평가나 개발 프로그램으로 감성 지능을 탐구해왔을 수도 있고 아니면 그러한 주제가 생소하게 들릴 수도 있다. 어느 쪽이든, 여러분이 다음의 질문들에 얼마나 자신 있게 정직한 대답을 할 수 있는지 생각해본다면 도움이 될 것이다.

- 여러분은 다양한 자극에 대한 자신의 감정을 이해하고 어떻게 반응하는지 알고 있는가?
- 여러분은 자극이 강력해지면 스스로의 감정을 다스릴 수 있는가? 감정

적으로 격앙되었을 때 침착함을 유지할 수 있는가?
- 여러분은 다른 사람들과 상호작용하는 방식과 그들을 이해하는 방식을 알고 있는가?
- 여러분은 당신들 관계의 이익을 위해 다른 사람들과 상호작용하는 방법을 관리할 수 있는가?
- 여러분은 다른 사람들에게서 긍정적인 면을 찾고 문제를 효과적으로 해결하고자 추구할 만큼 낙관적인가?

여러분이 '그렇다'라고 좀 더 쉽게 대답할 수 있는 질문들과, 다소 확신 없이 망설이게 만들었던 질문들이 각각 어떤 것들인지 살펴볼 가치가 있다.

여러분의 감성 지능을 측정하기 위해 사용할 수 있는 몇 가지 훌륭한 프로파일링 도구들이 있는데, 대개 직업적인 심리학자를 통해 구입할 수 있다. 특히 조직적인 맥락에서 리더십을 살펴보고자 할 때 관련이 있는 연구 자료로는 감성 자본 보고서Emotional Capital Report가 있다. 감성 지능에는 다양한 능력이 있으며, 대개 경영자들은 몇 가지 점에 관해서는 다른 이들보다 더 강하다. 성격별 유형으로서 감성지능의 심리적 타당성에 대한 논쟁은 여전히 진행 중이며 이것은 학문적인 연구를 통해 더욱 잘 확립되고 있다는 사실을 주목하자. 자신의 감정을 이해하고 다른 사람들과 잘 소통하는 능력을 추진시키는 것이 감성 지능이라고 생각하든 성격이라고 생각하든, 우리는 이러한 분야의 토론에서 세 가지 교훈을 얻을 수 있다.

1 여러분이 이미 개발한 훌륭한 자의식이나 관계 기술 부분을 기반으로 자신의 강점을 활용하라. 그러나 추진력이 무자비한 야망이 되거나 디테일에 관심을 기울이다가 사소한 일까지 간섭하게 되는 것처럼, 이러한 강점은 성과를 향한 길에서 벗어나게 할 수 있기때문에 지나치게 사용하지 않도록 한다.

2 상대적으로 약한 분야에서 기술을 개발하라. 이러한 약점들이 우수한 관계를 맺을 때 여러분의 발목을 잡을 수도 있기 때문이다. 예를 들어, 공감하는 능력이 약하면 때로는 상황을 냉담하게 이해하게 되어 다른 사람들의 감정이 중요하다는 점을 인식하지 못할 수 있다.

3 여러분 주변에 다양한 능력을 갖춘 팀을 구성하라. 여러분이 서로의 차이를 분명하게 받아들이고 서로를 보완하는 방법을 인식한다면 도움이 된다. 예를 들어, 여러분의 팀에 매우 낙관적인(이것이 여러분의 강점이 아니라면) 동료들이 있다면, 문제가 발생했을 때 속도를 늦추는 대신 해결책을 찾으면서 팀으로서 계속 앞을 바라볼 수 있도록 도와줄 것이다.

내가 함께 일했던 한 이사회 팀의 의장은 자신감과 자립심이 매우 높았지만 공감능력과 관계기술이 낮았다. 그는 조직의 성과를 추진시키고 선두에 서서 이끄는 경향이 있었다. 그러나 모두를 이끌고 같이 나아가는 일에는 미숙했다. 다행히, 이사회에는 감정이입에 능한 두 명의 동료들이 있었고 나는 그들에게 팀이 내린 결정이 업계의 다른 사람들에게 미칠지도 모르는 영향에 대해 이사회의 다른 동료들을 위해 설명해달라고 부탁하곤 했다. 최고경영자는 이 질문이 발전을 저해하지 않고 오히려 유용하다는 사실을 인식하게 되면, 더욱 수용적이 되어 팀 전체가 이 문제를 논의하도록 했다. 공감 능력이 강한 동료들은 더 가치 있다고 여겨졌고 팀의 성과도 향상되었으며 팀 동료들은 주요 혁신 프로그램에 관한 광범위한 사업에 더욱 효과적으로 참여했다. 최고경영자가 업계의 다른 사람들과의 토론에서 이러한 통찰력을 사용함에 따라, 여러 상황에 대해 다른 사람들이 느끼는 감정을 살피게 되면서 그의 신뢰와 명성은 상당히 높아졌다.

그러므로 감성 지능을 이해하게 되면, 우리는 직속 팀은 물론 더 광범위한 조직과 더욱 견고한 관계를 맺고 더욱 깊은 신뢰를 구축할 수 있다. 이것은 결국 실적 향상을 지원할 뿐만 아니라 더욱 애자일한 연결을 창출하게 된다.

## 3 사려 깊은 결단력

유능한 CEO들이라고 해서 항상 훌륭한 결정을 내릴 수 있는 것은 아니다. 그들의 두드러지는 점은 결단력이 강하다는 사실이다. 그들은 더 일찍, 더 빨리 그리고 더 강한 확신을 갖고 결정한다. 심지어 익숙하지 않은 영역에서 불완전한 정보를 가진 모호한 상황에서조차 지속적으로 그렇게 한다. 2000명의 CEO에 대한 평가자료 분석 결과를 설명한 보텔로Botelho 외 연구진(2017년)의 보고에 따르면, '결단력 있는'으로 묘사된 개인들이 유능한 CEO가 될 가능성이 12배나 높았다. 이것은 가장 성공적인 CEO들이 다른 사람들보다 두각을 보인 요인이 무엇인가를 나타내고 있다. 가장 성공적인 리더들은 변화무쌍한 환경과 신뢰도에 적응하면서 이해당사자들과 관계한다는 점에서 다른 행동 방식을 보여주었다. 이 연구 결과는 우리가 더욱 지능적이고 민첩하게 행동하는 데 결단력이 어떻게 도움이 되는지 설명하고, 가장 효과적인 결단력으로 이어지는 다섯 가지 단계를 제시하고 있다. 그 다섯 단계는 다음과 같다.

1 중단한다.
2 신뢰할 수 있는 조언자 및 전문가들과 상의한다.
3 결정한다.
4 확신을 갖고 그것을 수행하기 위해 빠르게 움직인다.
5 어떤 일이 벌어지고 있는지 검토하고 점검한다.

그림 2.1에서 보여주는 이러한 요소들은 사려 깊지만 신속한 방식을 설명한다. 사업이 지향하는 곳이 어디인지 정확한 방향감각을 갖고 있고, 명료한 공유 목표를 세우고 변화하는 상황에 대응해서 신속하게 행동할 능력이 있다면 확신을 가지고 진행할 수 있다. 더 빠르고 더 나은 결정을 할 수 있도록 여러분의 생각을 늦추는 이 능력은 애자일 리더들이 개발해야 할 핵심 기술로서, 순간의 열정 속에서 심사숙고할

시간과 공간을 만들어낸다. 그것은 결국 이용 가능한 정보를 균형 잡힌 시각으로 해석해서 현명한 결정을 이끌어내기도 하고, 현재의 개념을 깨뜨려야 하는 피치 못할 상황에서는 파괴적인 결정을 이끌어내기도 한다.

흥미롭게도, 연구 결과는 결단력과 높은 IQ 간에 아무런 관련이 없다는 사실을 보여준다. 실제로 이 연구에 따르면, 매우 똑똑한 리더들은 행동 방침을 결정하기 전에 완벽한 해답을 원하기 때문에 더욱 복잡한 특징들에 매달리느라 신속히 의사 결정을 못하는 경우가 많다고

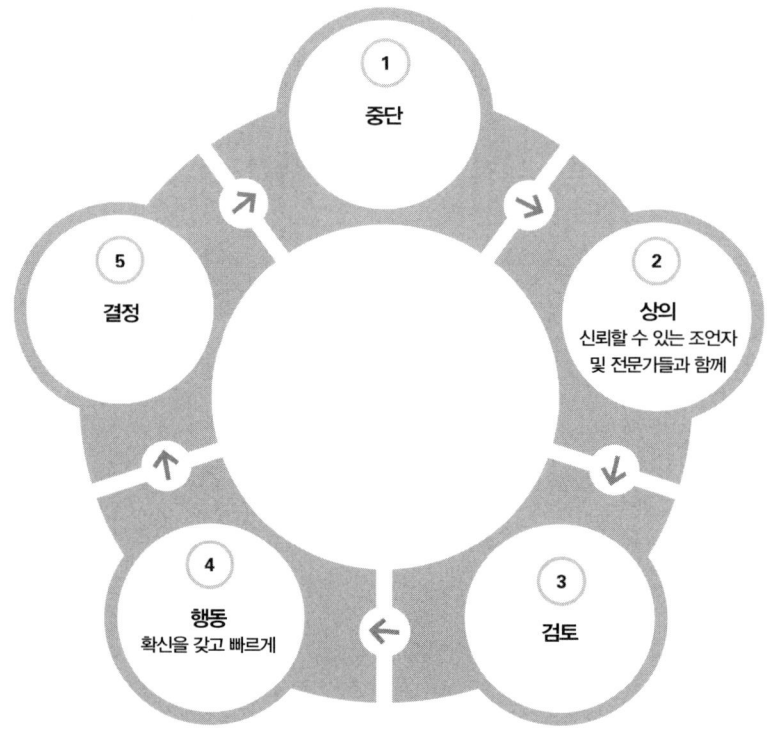

그림 2.1 사려 깊은 결단력

한다. 이러한 행위는 똑똑한 리더가 이끄는 조직에 병목현상을 일으켜, 그들 조직의 의사 결정을 늦추는 것은 물론 그들 주변 조직들의 의사 결정도 늦추게 해서 전체 조직의 속도를 저하시켜 덜 애자일한 조직이 결과를 초래한다. 결단력은 IQ에 따른 능력이 아니며 오히려 그 반대가 맞는 경우도 있다. 요컨대 결단력은 여러분의 정신적 민첩성과 관련 있는 기능으로 여러분이 처음에 의사 결정의 필요성에 어떻게 접근하는지를 보여준다.

그러나 IQ가 높으면 위의 다섯 단계를 배울 수 있고 더 결단력 있게 스스로를 훈련할 수 있으므로, 전혀 희망이 없는 것은 아니다. 숨을 깊게 들이쉬고 반성하면서 여러분 주변에서 무슨 일이 벌어지는지 감지하고 그럼으로써 자신에게 이해 할 기회를 주기 위해 잠시 멈추는 것은 애자일 리더가 소유한 핵심 기술이다. 여러분은 긴 여행이나 휴가를 끝내고 업무에 복귀할 때 주변의 기회와 위협을 더 잘 파악하고 신선한 아이디어를 가지고 온 적이 있는가? 만약 그렇다면 얼마나 자주 그랬는가? 확실히, 회사 동료들은 내가 여행에서 새로운 아이디어를 찾아 돌아왔을 때 약간 경계하게 된다고 고백하듯 얘기한다. 이때 내가 해야 하는 일은 신뢰할 수 있는 조언자들 및 내부 전문가들과 상의하여 내 생각을 다듬고 그들의 통찰력을 구하는 것이다. 그렇게 해야 더 확신을 가지고 선택사항을 골라 그림을 그려나갈 수 있다.

만약 우리가 아이디어를 단순화시켜 현재 하고 있는 사업에 대한 지식이 없는 누군가에게 잘 설명할 수 있다면, 앞으로 대처해야 하는 기회나 위협의 성격을 제대로 알고 있다고 볼 수 있다. 그러면 우리는 올바른 결정을 내리고 어떤 아이디어를 어떻게 추구할지 더 잘 결정할 수 있게 된다. 어떻게 '나의' 아이디어에서 '우리의' 결정으로 옮겨갔는지 주목하라. 결정에 앞서 다른 사람들의 의견을 구하면 실행을 합의하는 데 유용하지만 결정에 대한 궁극적인 책임은 본인 또는 의사 결정 영역을 책임지고 있는 사람에게 있다. 다른 사람들을 참여시키는 것은 네 번째 단계인 '자신감 있는 결정 실행'에 도움이 된다. 확신이 부족해서 조심스럽게 움직이다 보면 행동이 느려지고 소심해져서 효과가 떨어지게 된다. 마지막으로, 정기적으로 검토해야 하고 만약 판단이 틀렸거나 부정확하다고 판명되면 가차 없이 실패를 인정할 필요가 있다.

그렇다면 정신적 민첩성이란 무엇인가? 정신적 민첩성이 높은 사람들은 '정신적으로 빠른 만큼 새로움과 복잡함에 끌린다. 그들은 문제를 깊이 조사하고 의미를 추구하는 것을 좋아한다... 그들은 단순화에도 능숙하다'라고 묘사된다. 그들은 자신의 견해를 다른 사람에게 잘 피력하는 경향이 있고 그들의 생각과 다른 사람들의 생각을 설명할 수 있다. 정신적 민첩성이 낮은 사람들은 '모호하거나 복잡하거나 또는 정신적으로 빠른 것을 불편하게 느낀다고 묘사된다. 그들은 일반적인 통념에 의존할지도 모른다. 그들은 어떻게 그런 입장에 도달하게 되었는지 설명하는 데 어려움을 겪을 수도 있다.' 우리는 IQ를 바꿀 수는 없지만 문제를 더 깊이 파고들고 주변에서 일어나고 있는 일을 이해하고 상황을 단순화시키는 특성들을 발전시키는 데 도움이 되는 새로운 습관을 배울 수는 있다. 디지털 시대에 우리가 운용하는 뷰카(VUCA, 변동성Volatile 불확실성Uncertainty 복잡성Complexity 모호성Ambiguity의 머리글자를 조합한 신조어로, 불확실한 미래를 통틀어 말하는 단어: 역주) 세계에서, 정신적 공간과 시간을 마련하도록 도와주는 명상 수련과 같은 그런 기술을 사용하여 더욱 강한 정신적 민첩성을 구축할 수 있다.

더 깊이 사고하기 위해서는 시간이 필요하고, 위의 CEO 연구는 상당히 성공한 사람들은 덜 성공한 사람들(30 퍼센트 미만)보다 훨씬 더 많은 시간(최대 50 퍼센트)을 장기적인 사고에 소비하는 경향이 있다는 사실을 강조했다. 그들은 더 많이 생각하고 조직의 미래 모습을 파악하려고 노력한다. 그들은 조언자나 전문가들과 더 많이 상담한다. 심각한 수준의 도전을 받으면 일단 멈추고 더 잘 대처할 수 있도록 스스로에게 시간을 준다. 그들은 정상급 선수들처럼 압박을 받는 시간이 더 많은 것 같다. 이것에 시간을 할애할 의향이 있다면 여러분도 똑같이 할 수 있으며, 내가 만난 많은 고위 간부들을 괴롭히는 듯 보이는 메모의 압박에서도 벗어날 수 있다.

여러분이 탁월한 의사 결정을 하기 위한 시간을 만들기 위해 할 수 있는 한 가지 중요한 변화는 회의에 소비하는 시간의 양을 줄이는 것이다. 내 경험에 따르면, 조직의 규모와 리더가 참석하는 회의의 집중도 사이에는 직접적인 상관관계가 있다. 소규모의 좀 더 기업가적인 조직에서는, 회의 시간이 가능한 짧고 주요 주제에 초점을 맞추고 반드시 참석해야 하는 사람들만 참석한다. 좀 더 큰 조직에서는, 고위 간부들이 하루 종일 거의 연속해서 너무 자주 회의를 하기 때문에 적절하게 또는 장기적인 관점에서 생각할 시간이 거의 없다. 생각하고 배울 시간이 없이는 개선하기가 매우 어려우며, 조직을 위해 어느 지점에서 커다란 결정을 내려야 할지 일찌감치 알아보기가 매우 어렵다.

내가 소매업에서 함께 일해오던 한 CEO는 주요 비즈니스 회의를 월요일로 옮겼고, 그래서 그녀의 팀은 그날 모두 함께 하고, 그녀가 굳이 참석하지 않아도 되는 다른 회의들은 다른 사람들에게 위임했다. 그녀는 상점과 유통 센터 주변의 동료 및 고객들의 이야기를 듣기 위해 상점 밖에서 따로 시간을 마련했고, 사업이 직면하고 있는 난제들을 파악하고 해결할 방법을 토론하기 위해 광범위한 리더십 팀과 함께 한 달에 한 번씩 반나절 동안 만남을 가졌다. 그녀는 경청하고 상담하고 배우며 다른 사람들을 끌어들이고 있다.

또한 날마다 정신적 민첩성을 회복할 수 있고 중요한 문제와 다시 연결할 수 있으며 두뇌를 쉬게 하는 시간과 공간을 줄 수 있는 요소들을 염두에 둔 순간들을 만들어내기 시작했다. 아침에 일어나서 처음 몇 분 동안 호흡을 가다듬으며 하루를 시작한다. 오늘 무엇을 원하는지 어떻게 느끼고 싶은지 그리고 자신과 교류하는 다른 사람들이 어떻게 느끼길 바라는지에 집중하기 위해서다. 그녀는 천천히 심호흡을 하며 의도적으로 자신의 마음이 드러나도록 한다. 월요일 출근길마다, 그날 참석할 각 회의들과 회의에서 집중해서 다뤄야 하는 중요한 논의나 결정이 무엇인지 충분히 생각한다. 그녀는 동료들을 생산적인 토론에 적극적으로 끌어들일 수 있는 방법과 목적에 대해 분명히 알고 있다. 주제에 정확하게 초점을 맞추는 데 가장 도움이 될 한두 가지 질문을 생각하기도 한다.

그녀는 다른 사람들과 점심식사를 하거나 근처를 산책할 시간을 내서 그들과 교류한다. 항상 직접 참여하기를 원해서 대화할 때마다 최적의 질문을 던지고, 말로 표현된 생각은 물론 표현되지 않은 생각까지 파악하려 경청하고, 매일 배우고 동료들에게도 비슷한 영향을 주려고 노력하면서 중요한 것들을 고찰할 수 있다. 그래서 동료들 또한 그저 바쁘기 보다는 효과적으로 생각할 수 있는 충만한 순간들을 갖기를 바란다. 그녀는 서두르지 않고, 상황을 늦추고 자신의 생각을 늦출 수 있는 기술을 의도적으로 사용하고 있다. 속도를 늦춤으로써, 중요한 것에 속도를 낼 수 있고 사업에 가장 요긴한 몇 가지 결정에 집중할 수 있다.

그녀와 이사회는 궁극적으로 자신감을 갖고 적절한 속도로 자신들의 책임인 전략적 결정을 내리겠지만, 그녀는 이 목록을 최소한으로 줄여, 균형 잡힌 통찰력을 얻기 위해 업계 전문가들과 광범위하게 상의할 것이다. 이 CEO는 그녀와 사업이 장기적으로 생각할 수 있는 전략적 공간과 함께 목적을 성취하기 위해 필요한 리듬과 일상 사이의 유용한 균형을 찾아냈다. 그녀는 시장 동향에 개방적인 태도로 추세에 맞춰 적응하는 동안 일관성 있게 결과를 제공하면서 신뢰성과 민첩성의 균형을 맞춰야 한다는 사실을 인식한다. 이런 식으로 결과를 제공한 덕분에, 그녀와 그녀의 팀은 앞서 생각할 수 있는 공간을 마련할 수 있으며 떠오르는 기회를 포착하거나 경쟁적 위협 내지 기술 변화에 대응함에 따라 비즈니스의 방향을 조정하는 올바른 결정을 내릴 수 있다. 그런 다음 사려 깊은 접근방식으로 더욱 확고해진 자신감을 갖고 결정을 실행한다.

# 4 디지털 사용 능력

내가 여러분과 함께 탐구하고 싶은 마지막 특성은 디지털 사용능력이다. 애자일 도전을 효과적으로 수용하려면, 우리는 관찰자가 아닌 디지털 세상에서 활약하는 참여자가 되어야 한다. 우리는 모바일 중독자처럼 소비하고 디지털 원주민처럼 통신하고 조직의 운영 주기를 계속 단축시키는 방향으로 발전시킬 필요가 있다. 앤젤라 스핀들러Angela Spindler는 온라인 소매업체인 N 브라운N Brown을 변화시키면서 지난 3년 동안 웹사이트의 제품과 배치의 변경 시간을 몇 주에서 며칠로 그리고 지금은 몇 분으로, 얼마나 극적으로 단축시켰는가를 설명한다. 이를 위해서는 연결적인 방식과 파괴적인 방식, 두 가지가 모두 필요하다. 그토록 급격한 작업 방식의 변화에 대해 동료들의 합의를 얻기 위한 연결 방식과 조직 운영 프로세스에 근본적으로 도전하기 위한 파괴적인 방식이다.

2015년 러셀 레이놀즈Russell Reynolds의 연구에 따르면, 디지털 전환을 이끄는 리더들은 '더 광범위한 분포를 보이는 고위 경영자들보다 관료주의를 혁파할 가능성이 56 퍼센트 더 높다. 그들은 변화를 가로막는 케케묵은 프로세스를 거의 원하지 않기 때문에 변화를 만드는 데 부분적이나마 성공을 거둔다.' 디지털 리더는 현재의 규칙을 받아들이려 하지 않으며, 고객 경험과 조직의 운영 과정 모두에서 혁신적인 돌파구를 마련하기 위해 생각할 수 없는 것을 기꺼이 생각하려고 한다. 여러분은 정상적인 것에서 벗어나야 한다. 선입견에 도전하고 변화가 가장 중요한 분야인 생산성에서 다른 사람들이 불합리한 변화라고 여길 수 있을만한 것들을 찾아야 한다. 여러분은 또한 지금 하고 있는 일과 그것이 중요한 이유에 대한 명확한 목적의식을 구축하기 위해, 애자일 리더십의 역설과 다른 사람들을 전환에 참여시킬 필요성을 기억해야 한다. 그렇게 해야 다른 사람들이 확신을 갖고 여러분을 기꺼이 따를 수 있다.

베인Bain의 연구는 조직을 디지털 방식으로 민첩하게 전환한다는 면에서 매우 흥미로운 자료다. 그들은 그것을 'IT 조직의 리부팅'이라고 묘사한다. 이를 달성하기 위해서는 어울리지 않게 중요한 세 가지 특징이 있다고 파악했다. 즉, '조정된 우선순위'와 '애자일 IT 운영 모델' 갖기 그리고 흔히 말하는 '경제적인 여정'이다. '조정된 우선순위'는 명료한 비즈니스 전략과 의도된 고객경험이 추진하는 혁신과 우선순위에 명확히 공유된 접근방식을 적용하는 데 초점을 맞춘다. 이것은 달성하고자 하는 바와 중요한 이유를 명확히 밝힘으로써 사업 전반에 걸쳐 사람들이 협력적인 방식으로 일할 수 있도록 만드는 '연결 리더십'에 방향과 목적이 필요한 이유와 같다.

베인Bain이 언급한 '애자일 IT 운영 모델'은 적정한 용도의 개발 및 운영 프로세스와 고객 경험을 제공할 수 있는 '다량의 차세대 기술'을 지원하기 위해 조직 전반의 인재 관리를 전략적으로 조정하는 것이다. 그들은 인재들의 전문지식이 다기능 팀들에 속한 여러 사람들의 전문지식과 결합되는 자율 경영 환경에서 활동할 수 있으려면 현재의 기술력과 인재들이 필요하다고 강조한다. (이 주제에 관해서는 특별히 6장에서 다룰 것이다.)

　마지막으로 '경제적인 여정'은 강력한 관리방식과 군살을 뺀 제공능력에 의한 비용절감을 통해 전환비용을 지불하는 것이다. 제공능력 면에서 완벽한 혜택을 이루려면 고위 경영진들이 디지털 전환에 합의하고 이를 완전히 이해해야 한다. 그들은 또한 고객에게 가장 많은 혜택을 제공하는 영역이나 비용절감 영역에 투자를 집중할 수 있도록 반복적으로 초점을 맞춰야 한다. 이를 위해서는 무자비한 우선순위(5장에서 다룰 주제)가 필요한데, 앞에서 설명했던 애자일 리더의 결단력 있는 성격과 다시 연결되는 내용이다. 그러나 고위급에서 신속하고 효과적인 결정을 내리는 것만이 아닌, 조직 전반에서 일상적으로 결정을 하고 일관된 방식으로 위임을 해서 그들 역시 서비스 전략에 함께 참여하는 문화를 만드는 것이다 (7장의 내용).

　따라서 디지털 시대의 민첩성은 디지털 작업법과 불가분의 관계에 있다. 여러분은 리더로서 민첩성을 효과적으로 지원할 수 있는 기술적인 방법들을 확실히 이해하고, 고객 경험이라는 필수 분야에 자원이 집중되도록 매일 우선순위 통화를 하는 사람들을 지지할 수 있도록 고객들에게 가까이 다가가야 한다.

　시대에 뒤지지 않게 최신의 상태를 유지하면서 진화하는 디지털 세계와 접촉하는 좋은 방법은 디지털 멘토를 두는 것이다. 멘토링은 대개 경력 개발이나 학습 및 자기 개발에 관련된 것이며, 받는 사람인 멘티에게는 둘 다일 수도 있다. 클루터벅Clutterbuck은 멘티를 '생각하도록 야기되는 상황에 의해 배우는 사람'으로 묘사한다(2015년). 멘토링은 젊은이나 하급직원의 직업경력과 자기개발을 지지하기 위해 연장자나 선배가 자신의 경험과 축적된 지혜를 바탕으로 조언하는 일과 흔히 연관된다. 그러나 이러한 맥락에서, 디지털 수용능력이 뛰어난 사람들은 인터넷과 소셜 미디어 그리고 24시간 7일을 모바일 경험을 하며 성장한 사람들인 경우가 많다. 따라서 여러분이 최신 동향을 알고 유지하려면 조직에서 이른바 '역 멘토링' 관계를 맺을 수 있는 누군가를 찾아 도움을 받는 것이 좋다. 그(혹은 그녀)에게 지원과 충고 그리고 통찰력을 부탁하라. 서로를 지원할 수 있도록 양방향 관계를 제안하면 유용할 것이다. (이 경우, 조직에 당신이 참여할 수 있는 멘토링 계획이 이미 준비되어 있는지 확인할 가치가 있다.) 여기서 중요한 점은, 여러분 자신과 자신의 조직을 위해 디지털 세계와 디지털 세계가 갖고 있는 가능성과 위협에 대해 달리 생각할 수 있도록 해주는 디지털 원주민을 찾는 일이다.

## 사례 연구

### 험프리 코볼드 Humphrey Cobbold : 애자일 리더

험프리 코볼드는 애자일 리더십의 많은 특성들을 구현한다. 그는 여러 면에서 리더십 경력의 교과서 같은 사람이다. 캠브리지Cambridge 학위, 인시아드 경영학석사INSEAD MBA, 맥킨지앤컴퍼니McKinsey &

Company에서의 15년 경력, 트리니티 미러Trinity Mirror의 전략개발 책임자, 사모펀드 회사 캔도버Candover 이사, 사이클링과 트라이애슬론 소매업체 위글Wiggle의 CEO다. 그는 위글의 매출액을 3천3백만 파운드에서 1억7천만 파운드로 성장시키며 유럽과 오스트랄라시아 그리고 중국을 가로지르는 국제 사업을 인수했다. 그는 2015년에 퓨어짐PureGym CEO로 합류했는데, 퓨어짐은 영국에서 적당한 가격의 융통성 있는 고급 피트니스 클럽이라는 모델을 선도하고 있는 조직이다.

험프리가 리더로서 특히 돋보이는 점은, 성장하기 위해 적응하고 변화할 수 있는 조직을 구축하는 능력이다. 그는 '빠르게 실패하고 배워라'는 원칙을 적극적으로 활용해서 지속적인 실험과 혁신을 장려한다. 우리는 이러한 사례 연구를 통해 애자일 리더십에 대한 그의 경험과 생각을 탐구한다.

## 애자일 리더십은 당신에게 어떤 의미인가?

험프리는 전략에 대한 학습 방식과 고객가치 창출을 장려하는 실험이 중요하다는 사실을 강조한다. '나는 애자일의 비결이 뭔가를 시도하고 테스트하는 데 신속하고 능숙해지는 것이라고 생각한다. 여러분은 실패의 비용을 제한하고 그것을 합리적인 수준으로 유지하는 방식으로 시도할 수 있으며, 전략 분석을 통해 배우는 것보다 뭔가를 시도하고 테스트함으로써 배우는 것이 훨씬 더 많을 것이다. 물론 훌륭한 전략 분석이 들어맞는 곳도 분명히 있지만, 뭔가를 시도하려는 욕구를 갖는다는 점이 핵심이다. 시도하는 것마다 효과가 좋은 것은 아니다. 여러분은 그런 점에 익숙해져야 한다.'

조직의 구성원들이 위험을 감수하는 것을 편하게 여기기 위해서는, 모든 시도가 성공적인 결과를 가져오지는 않는다는 사실을 받아들이는 CEO가 필요하다. 험프리는 실패가 끝이 아니라는 사실을 위에서 정기적으로 믿을 만한 증거를 보여줄 필요가 있다고 인정한다.

'나는 전혀 효과가 없는 내 아이디어를 밀어붙인 적이 있다. 그럴 때는 본인의 실수를 인정해야 한다. 그것이면 된다. 손을 들고 이렇게 말하라. "우리는 시도했지만 효과가 없었다. 계속 진행하라고 밀어붙이지 않겠다. 우리는 시도한 자체만으로도 배운 점이 있다."'

### 작게 실패하고, 빠르게 실패하고, 빠르게 배워라

험프리에 따르면 이러한 부분은 실패의 위험을 관리하는 내용이다. '소규모로 시도하라. 효과가 없다면 즉시 멈추어라. 그것을 묻어두고 다음을 향해 계속 전진하라. 민첩성은 창조하는 일 뿐만 아니라 무언가를 죽이는 일이기도 하다.' 무자비한 우선순위와 필요한 시기에 일찍 프로젝트를 중지하는 능력에 대한 이러한 시각은 위험 관리의 핵심 부분이다.

'나는 시도하고, 사람들이 시도를 하는 것에 편안함을 느끼도록 노력하고, 시도한 것이 효과가 있는지 없는지의 여부를 우리가 알게 되리라는 사실에 편안함을 느낀다. 작은 실패에는 오명이 붙지 않는다. 시도하고 시험하는 자세가 기본이다. 우리는 효과가 없는 시장이나 기회에 대해 지나치게 걱정하지 않는다.'

그것의 좋은 예는 위글Wiggle이 국제 시장으로 사업을 확장했을 시점이다. 처음에는 프랑스 독일 일본 호주 등 네 개 시장에 집중했다. 위글은 우선 웹사이트를 프랑스어와 독일어로 번역했다. '그저 그들이 영국과 더 가까이 있기 때문이다.' 사실, 일본과 호주는 웹사이트에서 빠져 있었기 때문에 그들은 웹사이트를 일본어로 번역했고, 통화수용을 내장했고, 제품을 빠르고 싸게 이들 시장으로 선적 수송하는 방법을 알아냈고 사업을 시작했다. '우리는 웹사이트가 프랑스어와 독일어로 번역되고 있으며 그것이 그렇게 효과가 좋지 않았다는 사실로 고민하지 않았다.'고 험프리는 회상한다. '사실, 우리는 그것에 대해 오랫동안 스스로에게 많은 질문을 던지지 않았다. 왜냐하면 효과가 있는 부분에 집중하고 가능한 그것을 성공으로 이끄는 데 힘썼기 때문이다.' 이러한 접근방식은 험프리가 원했던 사고방식의 전형이다. 즉, 시도를 하고 효과가 없었던 일에 대해서는 화를 내지 않는다는 방침이다. '프랑스어와 독일어가 효과가 없었다는 이유로 그 사업에서 해고당한 사람은 아무도 없다. 우리는 모두 호주와 일본에 대해 흥분했기 때문에 호주와 일본을 공격적으로 성장시켰다.' 위글은 성장 단계에 있는 다른 시장에 집중했지만 지금은 프랑스와 독일에서도 성공적으로 교역하고 있다.

또 다른 실험의 예는 위글이 사이트에서 고객 리뷰를 시작했을 때였다. 험프리는 '단지 그 일이 사람들에게 유용하리라고 생각했기 때문에' 시작했다고 회상한다. 그러나 이러한 검토가 사이트에서 가장 중요한 내용이 될 것이라고 했다. 왜냐하면 공략 소비자층이 우수한 사이클 선수와 3종 경기 선수들이 위글에서 제품을 구매한다는 사실을 알고 있었고, 그러한 제품들에 대해 그들의 의견을 공유하기를 좋아했기 때문이다. '나는 사람들이 웹사이트에 올린 우리 제품 관련 질문들에, 우리 서비스 직원들보다 소비자들이 더 빨리 대답했을 때 약간의 변곡점을 지났다는 사실을 기억한다.' 위글은 1천만 명의 웹사이트 고객을 보유하고 있으며 리뷰는 회사에 믿을 수 없을 만큼 훌륭한 가치가 되었다. 왜냐하면 그 사이트는 사람들이 제품을 판단하는 종착지가 되었기 때문이다. 험프리가 말했듯이, '그것이 소매상으로서, 사람들에게 물건을 팔기에 꽤 좋은 출발점이다. 고객 리뷰는 예상치 못한 이점이 되었다. 그것이 매우 효과가 좋다는 사실을 알았을 때, 우리는 그것을 더 좋게 만들기 위해 시간과 노력을 투자했다.'

**현 상태에 안주하는 것의 위험**

험프리는 경쟁 시장에서 우위를 점하기 위해서는 파괴적인 사고가 중요하다고 강조한다. '나는 시장을 선도하는 두 개의 성공적인 사업의 CEO였다. 성공하게 되면 판에 박힌 생활에 안주해서 편해지고 싶은 유혹이 든다. 빠르게 변화하고 발전하고 있는 시장에 속한 사업에는 가히 재앙이라고 말할 수 있다. 여러분이 앞으로 나아가지 않고 혁신도 변화도 하지 않는다면, 여러분의 경쟁자들이 그렇게 할 것이다. 그저 앉아서 편안하게 현실에 안주하는 것은 위험하다. 만약 여러분이 현재 잘 하고 있지만, 발전하는 데 돈이나 다른 자원들을 투자하지 않는다면, 단기적으로는 돈을 더 벌 것이다. 그래서 당분간은 모든 것이 괜찮아 보인다. 하지만 결국 여러분은 스스로 몰락의 씨앗을 뿌리고 있는 셈이다. 성공을 하면 안주하게 되고, 안주는 실패의 친구다.'

험프리는 오늘의 성공이 내일의 성공이 아니라는 것을 인정함으로써 그 순서를 기꺼이 깨뜨리고자 했다. 그러니 나아지기 위해서 계속 앞으로 나아가야 한다. 위글은 매출 증대를 추진하기 위해 고객이 중요시하는 단순한 혁신을 제공하는 데 주력해 왔다. 이는 결국 추가적인 현금 흐름과 이익을 창출해 사업 성장에 투자하도록 만든다. '이것은 정말 간단한 방정식'이라고 험프리는 말한다.

### 당신은 어떻게 다른 사람들을 열광하게 만들어 참여시키는가?

위글이 진화함에 따라, 제안을 참신하게 유지하기 위해서는 외부의 생각을 도입할 필요가 있었다. 험프리는 혁신적이며 변화를 추진하려는 사람들과 '바퀴를 계속 굴러가게 만들' 안정적인 사람들이 필요하다는 사실을 인정한다. 그래서 위글은 때때로 외부에서 혁신적인 사람들을 영입한다. 험프리는 이렇게 말한다. '물론, 내부자들도 혁신할 수 있는 사람들이 많다. 그러나 방해할 사람들도 분명히 있다. 나는 외부에서 기능적인 기술을 가져오는 사람들이 새로운 경험이나 일련의 색다른 DNA도 가져와 본래 사업에 추가하거나 새로운 아이디어를 장려한다는 사실을 알았다. 이것은 매우 가치 있을 수 있다.'

위글은 사업 전반에 걸쳐 아이디어와 성공의 공유를 장려한다. 전국의 여러 시설 중 하나에서 좋은 일이 발생하면 그 일이 내부 통신 채널을 통해 방송된다. '사람들이 다른 사람들로부터 배울 수 있도록 우리는 매우 힘을 쏟고 있다. 공개적으로 성공을 축하하고 실수를 인정하면 사람들의 변화하고 발전하고자 하는 욕구를 자극하게 된다. 사람들은 새로운 아이디어를 반길 수 있고 실패에 의연할 수 있다.'고 험프리는 믿고 있다.

### 혁신의 중요성

위글은 고객 경험을 지속적으로 개선하기 위해 혁신을 강조한다. 따라서 고위 경영진들을 위해 명백한 혁신 목표를 설정하고 매 분기마다 그 설정된 목표를 검토한다. 험프리는 개인과 팀에게 명확한 목표와 기대를 설정하는 일의 효과를 상당히 신봉하는 사람이다. '민첩성은 신속하고 저렴한 비용으로 활동하는 것을 의미한다. 따라서 혁신을 추진한다는 명목으로 지나치게 번거로운 구조를 설정하고 싶지는 않다. 그렇지만 여러분은 혁신을 목표로 삼아야 한다. 우리가 변화나 발전을 하지 않는다면 시장에서 허를 찔리게 될 수도 있기 때문이다.'

험프리는 자신을 혁신을 이루기 위한 촉매제로 여긴다. '사람들은 내가 아이디어를 끝없이 내놓는다고 비난한다. 나는 그것을 칭찬으로 받아들인다. 나의 역할 중 일부는 새로운 기회를 자극하고 풍부한 아이디어 교환을 통해 주변 사람들을 격려하는 것이다. 나는 사람들에게 나가서 사물에 대해 생각해 보라고 하거나 우리가 뭔가를 색다르게 할 수 있는 방법이 무엇인지 물어본다. 지금 당장은 괜찮을 수 있지만, 내년이나 그 다음 해에는 더 잘할 수 있는 방법은 무엇일까? 무엇을 바꿔야 할까?' 이렇듯 가차 없는 질문으로 사람들의 탐구심을 유발하는 것은 획기적인 사고를 하도록 만드는 좋은 방법이다. 험프리는 사람들을 끌어들여 그들이 색다르게 생각하도록 요구하고 있다. 그는 또한 자신의 사고를 기꺼이 바꿀 의사가 있음을 보여줌으로써 이러한 방식을 지지한다.

## 애자일 소프트웨어 개발이 더 광범위한 비즈니스 영역에 미치는 영향

애자일 소프트웨어 개발의 방법론은 광범위한 비즈니스 프로세스에 높은 수준의 이전을 가져온다. 애자일 소프트웨어 개발은 혁신의 주 안점을 고객에게 두고 있는 퓨어짐PureGym에 매우 중요하다. 체육관에서는 판매를 하거나 돈을 받는 능력이 없기 때문에, 고객에게 판매되고 배달되는 것은 모두 온라인으로 이뤄져야 한다. 따라서 웹사이트에 하루 네 개에서 여덟 개의 작은 기능들을 배치한다. '우리는 아마존Amazon과 구글Google 같은 곳에서 그것을 배웠다. 아마존은 거대한 회사지만 비범할 정도로 애자일해서 매우 빠르게 시장에 새로운 것을 내놓는다. 나는 아마존과 구글이 민첩성이라는 특성을 보여주는 가장 훌륭한 사례라고 생각한다.'

퓨어짐의 개발자들은 원하는 바를 매우 명확하게 제시하라고 동료들에게 주장한다. 그들은 또한 효과가 없는 개발은 원하지 않기 때문에, 최소 실행 가능한 제품이 어떻게 보여야 하는지에 대해서는 매우 단호하게 검토한다.

험프리는 사업 전반에 걸쳐 사람들이 새로운 것을 개발할 때 어떻게 흥분을 느끼는 경향이 있는지 설명한다. '그들은 완비된 제품을 내놓길 원하지만, 그것은 일종의 재앙이다. 어떤 종류의 시도는 도달하는 데 너무 긴 시간이 걸리기 때문이다. 기술 팀은 우리가 출시할 수 있는 제품의 가장 단순한 부분에 대해 생각하도록 우리를 매우 심하게 다그친다. 그러면 우리는 고객들이 그것을 좋아하는지 아닌지를 본다. 우선 가장 간단한 부분을 가동할 수 있게 되면, 그 위에 다른 기능을 추가해 더 좋게 만든다.' 퓨어짐은 단순하고 쉬운 버전이 고객들의 관심을 끌지 못한다면, 온갖 첨단 기술을 추가한 제품을 내놓은들 그들의 관심을 끌 가능성은 거의 없다는 사실을 잘 알고 있다.

퓨어짐은 무자비하게 우선순위를 매긴 후 점진적으로 발전해야 한다는 사실을 구현한다. '대규모의 독창적인 비즈니스들이 실패하는 경우가 많다. 그러한 비즈니스들은 그저 너무나 크고 너무나 복잡해서 우리가 출시할 수 있는 가장 단순한 선발 제품이 무엇인지 아무도 파악하지 못했기 때문이다. 나에게 민첩성은 어떤 시장이나 어떤 상황에서 새로운 기회를 포착하는 속도라고 할 수 있다.'

험프리는 자신의 모든 경험과 교육을 통해 마스터플랜의 필요성을 인식하고 있지만, 디지털 세계에서는 일하면서 차츰 점진적으로 배우는 것이 현명하다는 사실도 알고 있다. '사람들이 사용하는 것을 보고, 효과가 있는 부분은 더 추가하고 효과가 없는 부분은 중단하라. 절대 가만히 서 있지 말고 쉽사리 최종단계에 이르렀다고 속단하지 말라. 사람들에게 내놓는 제품을 끊임없이 개선하려고 시도하라.'

## 요약

애자일 팀이나 애자일 조직을 만들 수 있는 애자일 리더가 되는 일은 리더로서의 자신의 능력에서 출발한다. 선동자와 파괴자의 두 가지 역할을 하는 것이 중요하다. 따라서 여러분은 이러한 역설을 명심하고 매일 일하는 방식에 적절히 맞춰 펼쳐야 한다.

민첩성은 본질적으로 급변하는 상황을 학습하고 그에 적응하는 특성이기 때문에, 리더들은 민첩성 학습을 심도 깊게 개발하겠다는 마음가짐으로 시작하는 것이 중요하다. 이렇게 하려면 여러분은 각각의 경험에서 항상 열린 마음으로 호기심을 갖고 배우며 여기서 얻은 통찰력을 이해하고 여러분의 사업 우선순위와 연결시켜야 한다. 이를 통해 여러분은 변화하는 시장 상황을 다른 사람들이 이해하고 그에 효과적으로 대처할 수 있도록 만들 수 있다.

애자일 리더의 두 번째 측면은, 사람들이 실패를 두려워하지 않고 대담하게 행동하고 실험할 수 있는 자신감을 갖도록 그들에게 신뢰감을 주는 '연결 문화'를 구축하는 능력이다. 이를 위해서 여러분은 주변 사람들과 좋은 관계를 형성하고 유지할 수 있도록 높은 수준의 감성지능을 갖춰야 한다. 또한 지속적으로 학습하고 개선할 수 있도록 언제든 피드백(개인으로서 그리고 사업으로서)을 기꺼운 마음으로 받아들여야 한다.

애자일 리더들의 또 다른 주요 특성은 단호하게 자신들의 결정을 확신을 갖고 실행에 옮긴다는 점이다. 여러분과 여러분의 팀을 위한 단기적인 우선순위에 매몰되지 않고 보다 장기적으로 사고하기 위한 시간과 정신적인 민첩성이 요구되는 특성이다. 경쟁적인 기회들이 빠르게 취해짐에 따라, 파괴하기 위해서는 여러분은 신중하면서도 빨라야 한다.

마지막으로 디지털 수용능력이 있어야 한다. 가장 복잡한 IT 플랫폼 전환부터 소셜 미디어가 고객의 구매 경험에 영향을 미치는 방식에 이르기까지, 모든 디지털 세상에 알맞은 지식을 갖춰야 한다. 여러분이 자신의 분야에서 (파괴적인 새 비즈니스 모델을 때려눕히는 것은 고사하고) 효과적으로 싸우려면, 디지털 세상 안으로 들어가 전투의 열기를 직접 느껴야 한다. 현 상태를 유지할 수 있는 한 가지 방법은 모든 디지털적인 사항을 지속적으로 배우도록 여러분을 지지하는 디지털 멘토를 찾는 것이다.

다시 운동선수 이야기로 돌아가서, 그들이 매일 훈련에 집중하는 이유는 더욱 민첩해지고 더욱 숙련되어 상황을 제대로 파악해 경쟁자보다 더욱 효과적으로 대처할 수 있기 위함이다. 애자일 리더가 되는 일은 일회성 활동이 아니라 발전하면서 성과를 개선하기 위한 평생에 걸친 헌신임을 알게 된다. 우리가 이 장에서 탐구한 특성들은 쉽게 습득되는 요소들이 아니며 용기 없는 사람들이 달성할 수 있는 것도 아니다.

표 2.1 특성 점검목록

| 특성 | 설명: 나는... | 자기 평가 ||||| 
|---|---|---|---|---|---|---|
| | | 1 | 2 | 3 | 4 | 5 |
| 민첩성 학습 | 1 성급하게 결론을 내리기보다 호기심을 갖고 질문함 | | | | | |
| | 2 항상 경험에서 배워, 결과적으로 내 행동을 개선함 | | | | | |
| | 3 개선할 수 있도록 피드백을 자주 요청함 | | | | | |
| 소계: ||||||| 
| 공감 | 4 어려운 상황에서도 나의 반응을 관리할 수 있어서 평온하고 침착함을 유지할 수 있음 | | | | | |
| | 5 다른 사람들과 균형 있게 교류해서 나를 합리적이고 공정하다고 느끼게 할 수 있음 | | | | | |
| | 6 모든 이해당사자들이 나를 리더로서 신뢰함 | | | | | |
| 소계: ||||||| 
| 사려 깊은 결단력 | 7 사려 깊음, 중요한 결정을 내릴 때 심사숙고하기 위해 잠시 멈춤 | | | | | |
| | 8 상의를 잘 함, 결론에 도달하기 전에 조언자와 전문가들에게 의견을 요청함 | | | | | |
| | 9 단호함, 일단 결정이 되면 빠르게 행동함 | | | | | |
| 소계: ||||||| 
| 디지털 사용능력 | 10 고객들의 구매 경험을 변화시키는 기술에 발맞춤 | | | | | |
| | 11 기술적으로 호기심이 많아, 항상 새로운 기술을 시도함 | | | | | |
| | 12 새로운 앱과 경험을 이해하기 위해 온라인 적극 활용 | | | | | |
| 유의점 |||||||

1 = 전혀 나와 같지 않음
2 = 약간 나와 같음
3 = 가끔 나와 같음
4 = 대체로 나와 같음
5 = 항상 나와 같음

## 점검 사항

표 2.1의 간단한 체크리스트를 사용하여 애자일 리더의 특성을 개발하기 위해 어느 부분에 노력을 집중해야 하는지 살펴보라. 나는 여러분이 자신에게 완전히 솔직해지기를 권한다. 그래서 여러분의 현재 능력치에 대한 진정한 통찰력을 얻어, 그 지점에서부터 발전하기 위한 유의미한 계획을 정의할 수 있기를 바란다.

어떤 특성에서 가장 높은 점수를 받았고, 어떤 특성에서 가장 낮은 점수를 받았는가? 이 책을 계속 읽어나가면서, 낮은 특성에서 역량을 쌓을 기회를 찾고 자신의 강점은 현명하게 사용할 방법을 숙고했으면 한다.

# 03 애자일 작업 방식

## 도입

이번 장에서는 애자일 방법론의 발전을 탐구하고 이것을 여러분의 전체 조직에 연관시킬 수 있는 방법을 알아보자. 나는 다양한 유형의 조직에서 효과를 발휘할 애자일 작업 방식을 도입하는 방법에 명확한 지침을 제공하기 위해 선도적인 연구를 이용하고 애자일 시행을 구현하려 한다. 스크럼Scrum 방식이 발전된 방법과 이러한 애자일 방법을 조직 전반에 걸쳐 적응시킬 수 있는 방법 그리고 이러한 적응을 통해 성과의 유익을 최대한 크게 미칠 수 있는 방법에 대해 설명하겠다.

> **자신에게 하는 질문**
>
> 이 장에서는 리더로서 중요한 통찰력을 스스로 이끌어내기 위해 다음과 같은 질문을 염두에 두고 책을 읽는 것이 도움이 될 것이다.
>
> - 나는 일에 대한 생각을 바꿀 준비가 되었는가?
> - 나는 일이 어떻게 진행되는지에 대한 통제력을 놓고 싶은가?
> - 나는 팀들이 간섭 없이 그들의 업무를 관리할 수 있다고 믿는가?

## 애자일 경영

1장에서 언급한 애자일 조직에 대한 2005년의 맥킨지McKinsey 연구를 통해, 우리는 애자일 조직에서 역할의 명확성과 조직적인 훈련이 둘 다 매우 높게 평가되지만, 가장 덜 애자일한 조직에서는 그렇지 않다는 사실을 알고 있다. 애자일 회사들을 특별하게 만드는 이유들 중 하나가 빠른 조치와 빠른 변화라는 한 축과 조직적인 명확성과 안정성 그리고 구조라는 다른 축을 서로 균형 있게 맞춰주는 능력이라는 사실을 보여주는 연구다. 애자일 조직들은 대개 의미 있는 가치와 영감을 주는 리더십에서 비롯되는 강한 동기부여와 함께, 혁신과 학습을 강력하게 추진하기도 한다. 이러한 민첩성을 이끌어내는 작업 방식을 더 자세하게 탐구하면 도움이 될 것이므로, 방법론이 처음 자리 잡은 소프트웨어 업계에서 지난 20년 동안 발생해온 놀라운 변화들을 끄집어내보자.

애자일 경영은 소프트웨어와 엔지니어링 및 정보 기술과 같은 영역에서 제품 및 서비스의 설계와 개발을 경영하기 위한 유연하고 점진적인 방식이며, 고객이 가장 필요로 하는 것에 초점을 맞추고 있다. 실제로 한 가지 예를 들면, 애자일 소프트웨어 개발의 본래 형태인 스크럼이다. 스크럼은 높은 수준의 프로세스 단련이 필요하지만, 팀 별로 협업하는 사람들 간의 매우 수준 높은 개방성과 정기적인 고객 피드백에 대한 개방성 그리고 관리자들의 경영방식에 대한 개방성이 필요하다는 점이 더욱 중요하다. 그것은 고객의 요구가 변화하기 때문에 기술적인 문제들이 발생할 것이라는 사실을 인정한다는 의미이며 이는 최대한 완벽하게 준비한 계획도 예상대로 진행되지 않는 경우가 많으리라는 사실을 의미한다. 엄격한 계층구조와 경영관리 없이 변화하는 상황에 적응하기 위해서는 애자일 대응과 자유가 필요하다.

애자일 경영을 발전시키는 데 중요한 단계는 유타Utah주에 있는 스노버드Snowbird 스키 리조트에 모였던 소프트웨어 개발자들이 출간한 〈애자일 성명서The Agile Manifesto〉이다. 그들은 대개 지연되고 예산을 초과하기 일쑤인 장기 계획을 포함하는 전통적인 순차적 방식보다는 소프트웨어를 개발할 수 있는 더 나은 방법이 있다고 믿었기 때문에 함께 모였다. 〈애자일 성명서The Agile manifesto〉에서 밝혀낸 방법론은 다음의 네 가지 가치를 토대로 만들어진다.

1 프로세스 및 도구에 대한 개인 및 상호 작용

2 포괄적인 문서에 대한 작동 소프트웨어

3 계약 협상에 대한 고객 협업

4 계획 이행 도중 생기는 변화에 대응

이러한 가치들의 밑바탕에는 참석한 17명의 개발자들의 믿음이 있었다. 그들은 협업, 신뢰, 존중을 기본으로 하는 문화 창조가 위대한 발전을 이루는 근본이라고 믿었다.

## 스크럼 Scrum

이에 앞서 1986년에 히로타카 타케우치Hirotaka Takuchi와 이쿠지로 노나카Ikujiro Nonaka는 [하버드 비즈니스 리뷰Harvard Business Review]의 '참신한 신제품 개발 게임New new product development game'이라는 기사에서 상품 개발과 관련해 '스크럼'이라는 용어를 도입했다. 그들은 속도와 유연성을 높일 수 있는 제품 개발에 대해 새로운 방식을 개괄적으로 설명했는데, 오늘날에도 여전히 관련 있는 도요타 생산 시스템Toyota Production System에서 얻은 교훈들을 활용했다. 그들은 이것을 '전체론적' 또는 '럭비' 방식으로 불렀다. 하나의 복합기능 팀이 다각적으로 겹치는 단계를 가로지르며 전체과정을 수행하기 때문이다. 그 과정에서 팀은 하나의 유닛으로서 '공을 앞뒤로 패스하면서' 트라이(상대편의 골라인 안에 공을 찍어 득점을 올리는 것: 역주) 라인을 향해 움직인다. '스크럼'이라는 비유는 럭비 스크럼에서 서로 맞물리는 팀워크를 암시하는데, 이는 경기를 다시 시작하거나 선수들이 상대편 라인에 '트라이' 득점을 하기 위해 다운필드 방향(공격 측이 달려가는 방향)으로 공을 이동시키려고 유연하게 상호작용한 후에 사용된다. 럭비는 승리하기 위한 전투를 벌이면서, 높은 수준의 팀워크와 명확한 목표 그리고 유연한 역할 간의 상호 운용 등에 의존하는 경기다. 강한 개인기를 강조하거나 찬양하는 스포츠가 아니다.

1990년대 초에 스크럼 작업 방식은 미국의 주요 인사들에 의해 개발되었는데, 이들 중 다수가 2001년 스노버드 스키 리조트 회의에 참석했다. 여기에는 켄 슈와버Ken Schwaber, 제프 서더랜드Jeff Sutherland, 존 스컴니어탈레스John Scumniotales 및 제프 맥케너Jeff McKenna가 포함되었으며, 의사 결정 권한을 운영 업무 수준으로 넘기는 것을 포함하는 제품 개발 계획과 관리를 강조하는 방식이다. 우리는 이러한 내용을 7장에서 더 자세히 탐구할 것이다.

2001년에 창립된 스크럼 연맹Scrum Alliance은 애자일 커뮤니티에서 가장 큰 규모의 회원 조직들 중 하나다. 스크럼 연맹은 다음과 같이 언명한다.

**스크럼은 복잡한 프로젝트를 완성하기 위한 애자일 프레임워크다. 스크럼은 원래 소프트웨어 개발 프로젝트를 위해 공식화되었지만 복잡하고**

혁신적인 범위의 어떠한 작업에도 효과가 좋다. 가능성은 무한하다. 스크럼 프레임워크는 믿을 수 없을 정도로 간단하다.

스크럼에 대한 서더랜드의 설명을 인용하면, 우리가 이러한 철학과 방식을 받아들여 더욱 광범위한 조직적 맥락에서 선도하는 것과 그것을 관련시키는 방법을 탐구할 수 있다. 그는 2015년 자신의 저서 〈스크럼Scrum〉에서 스크럼의 작업 과정을 다음과 같이 펼쳐놓는다.

1 '제품 소유자Product owner' – 결과를 소유할 사람을 선정하라. '이 사람은 여러분이 무엇을 할지, 무엇을 만들거나 성취할지에 대한 비전을 가진 사람'이며 팀을 위한 행동에서 전반적인 우선순위를 정할 수 있는 사람이다.

2 팀Team – 비전을 활용 가능한 결과로 전환하는 데 필요한 다기능 기술을 갖춘 사람들(세 명에서 아홉 명)로 이루어진 소규모 팀을 구성하라.

3 '스크럼 마스터Scrum Master' – 팀을 코치할 수 있고 스프린트(전력질주)하는 동안 팀의 속도에 방해가 되는 장벽을 제거하도록 도울 수 있는 사람을 선정하라.

4 백로그Backlog – '제품 백로그의 생성 및 우선순위 결정 (비전을 실현하기 위해 구축하거나 수행해야 하는 모든 항목의 목록).' 프로그램을 진행하는 동안 계속 진화한다. 우선순위는 비즈니스뿐 아니라 고객에 대한 가치를 기반으로 한다.

5 범위Scope – 작업을 수행하는 사람들은 백로그에서 각 항목을 수행하

기 위해 필요한 상대적인 노력을 추산한다. 모든 사람이 동의하는 활동이 '완료'되는 시점에 대한 정의를 내리는 것이 중요하다.

6 계획Planning – 팀은 스프린트를 계획하기 위해 소유주와 코치(마스터)를 만난다. '스프린트는 항상 한 달 미만으로 고정된 기간이다.' 팀은 스프린트 기간 동안에는 바꿀 수 없는 스프린트 목표에 동의한다. 그들은 다음 스프린트에서 얼마나 많은 과제를 완수할 수 있는지 말하기 위해 최근의 성과에 기초하여 팀 속도를 계산한다. 팀은 스프린트 기간 동안 목표를 달성하기 위해 자율적으로 일한다.

7 시각화 작업Visualize work – 일반적으로 '스크럼 보드'와 세 개의 세로 줄 (해야 할 일, 하고 있는 일, 완료한 일) 그리고 작업 진행상태에 따라 움직이기 위한 포스트잇을 사용한다. 이렇게 하면 팀과 다른 사람들이 진행 상황을 쉽게 알아볼 수 있다.

8 '매일의 스탠드업Daily stand-up' – '이것이 스크럼의 심장박동이다.' 매일, 같은 시간, 15분 이내에 몇 가지 간단한 질문들로 진행 상황을 검토하고 하루 동안 집중할 문제를 합의 한다.

9 '스프린트 검토Sprint review' – 스프린트 기간 동안 달성된 성과를 보여주는 회의다. 모두가 볼 수 있으며, 그 성과들은 '완료한 일'의 정의를 충족시키는 것이 무엇인지를 보여줄 뿐이다.

10 '스프린트 회고Sprint retro' – 팀은 검토한 후 둘러 앉아 '잘 진행된 일, 더 잘할 수 있었던 일, 다음 스프린트에서 더 잘 하게 만들 수 있는 일' 등을 논의한다. 이 과정에는 공개 토론과 솔직한 피드백이 필요하다. 그런 다음 그들은 다음 스프린트 동안 실행에 옮길 한 가지 개선

점을 프로세스에 넣기로 합의한다. 이것은 다음 스프린트에서 하나의 우선순위로서 백로그에 추가된다.

11 **다시 시작하기**Start again – 다음 스프린트로 바로 진행하라.

이러한 프로세스 흐름은 소프트웨어 개발에서 활용하기 위해 정의되었지만, 이제는 조직 전반에 걸친 애자일 작업법으로 더욱 광범위하게 사용되고 있다. 리더로서 우리의 주요 과제 중 하나는, 프로세스 흐름을 고객 우선순위에 따라 생산의 효율성을 개선하기 위해 어떤 형태로, 어디에 사용할 수 있는가를 실험을 통해 알아내는 것이다. 이 장의 나머지 부분에서, 나는 스크럼을 가지고 많은 사업 분야에 걸쳐 실용적인 방식으로 사용하는 방법에 대한 몇 가지 지침을 제공할 것이다. 예를 들어, 마케팅이나 인적 자원 같은 기능에서 그리고 신제품 개발이나 유지 보수와 같은 사업 분야에서 잘 작동할 수 있다. 프로젝트 기반 작업에도 적합하다. 또한 4장에 실린 세 가지 사례 연구에서 볼 수 있듯이, 일종의 사고방식이나 작업 방식으로서 조직 전반에 걸쳐 효과를 낼 수도 있다. 조직의 모든 부분에 걸쳐 일반화하는 것은 쉬운 방식이 아니다. 그래서 나는 이번 장과 후속 장들에서 몇 가지 난제를 탐구할 것이다.

## 변화가 필요한 리더십

실전에서 성공을 거두는 이러한 작업 유형의 비결은 실무자들의 리더십 방식이다. 위에서 약술한 스크럼 과정을 통해, 여러분은 더 높은 품질의 결과를 더 빠르게 얻기 위해 필요한 훈련과 집중 그리고 협업 방식의 수준을 볼 수 있다. 우리는 리더로서 이런 일이 실제로 일어날 수 있는 환경을 만들어야 하며, 이러한 환경에서 실패에 대한 두려움은 폭발적인 에너지를 단기간에 집중시킴으로써 생기는 생산성의 이득으로 대체된다.

스크럼식 사고는 '불확실성과 창의성을 포함한다. 이것은 팀이 무엇을 만들었는지 그리고 똑같이 중요한 문제인, 어떻게 그것을 만들었는지 평가할 수 있도록 학습 과정에 구조를 제공한다.' 팀은 고객의 우선순위와 그에 따라 비즈니스에 가장 큰 가치가 되는 제품이나 서비스 기능을 생산하는 데 주력하고 있다. 제품이나 서비스 가치 등 결과의 80퍼센트가 20퍼센트의 원인이나 특성에서 나온다는 파레토의 법칙Pareto Law을 적용해서, 스크럼은 팀들에게 우선 20퍼센트에 집중하도록 강요한다. 고객 기대치가 빠르게 변화하는 세상에서, 이것은 더 이상 필요하지 않거나 빠르게 쓸모없어질 특성에 투자하지 않도록 하는 데 도움을 준다.

분명한 것은, 짧은 주기와 고객 주도 우선순위 그리고 생산 과정에서 팀 자율성을 갖고 이러한 방식으로 운영하려면 통제도 불신도 없는 리더십 유형이 필요하다. 내 경험으로 볼 때, 고위 관리자들이 완전히 이해하지 못한다면 조직의 나머지 구성원들은 '애자일' 작업을 실제로 하는 것이 매우 어렵다는 사실을 알게 될 것이다. 리더의 역할은 이러한 방식을 적극적으로 지원하고 생산성 향상을 방해하는 장벽을 제거하고 팀들이 자유롭게 일을 잘할 수 있는 환경을 조성하는 것이다. 각 팀은 각각의 스프린트 동안 얼마나 많은 업무를 수행할 수 있는지를 결정할 권한이 필요할 뿐, 감독 책임자를 필요로 하지는 않는다. 계획은 변화하는 환경에 직면해 유동적이어야 한다. '계획은 유용하다. 그러나 맹목적으로 계획을 따르는 행위는 어리석다.' 진심으로, 관리자들은 실수를 미래에 더 빨리 배우고 발전할 수 있는 기회로 보아야 한다. '빨리 실패하고 배워라.'를 만트라(기도나 명상 때 외는 주문: 역주)로 삼아라.

리더의 역할은 사람들이 자유롭게 결정을 내리고 직면한 상황에 적응하고, 실수를 두려워하지 않고 경험으로부터 배우는 환경을 조성하는 일이다. 여러분이 팀이나 조직의 구성원들을 신뢰하지 않고 그들이 옳은 일을 한다고 믿지 않는다면, 다른 사람들이 결정을 내릴 수 있도록 힘을 부여할 수 없다고 느낀다면, 일이 순조롭게 진행되도록 하기 위해 다른 사람들을 자주 방해하고 점검할 필요를 느낀다면, 여러분은 애자일 작업 방식을 붙잡고 힘겹게 씨름할 것이다.

애자일 작업법으로의 전환은 또한 특히 조직의 수행 방식을 책임지고 있는 고위 관리자들에게 어려운 문제일 수 있다. 우리는 복잡한 이론을 알고 있다. 복잡한 적응 시스템이 처음 등장하고 시간이 지남에 따라 차차 안정되며, 그러는 동안 발생하는 혼란과 흐름이 당황스러울 수 있다는 사실을 말이다. 리더로서 애자일 작업 방식을 수용하는 일은 대부분 이러한 혼란스러운 과도기에도 고통을 무릅쓸 만큼 그 결과가 가치 있을 것이라는 믿음을 유지해야 한다는 의미다.

그러나 조직이 분명한 전략적 방향감각과 행동을 제시하는 명확한 가치를 지닌 목표의식을 갖도록 만든다면, 여러분은 사람들에게 책임감을 갖고 팀과 협력하며 더욱 효과적으로 협업하도록 만드는 프레임워크를 제공할 수 있다. 그리고 고객이 진정 가치 있게 여기는 것을 경쟁자들보다 더 빨리 더욱 효과적으로 제공할 수 있게 된다. 이것이 애자일이다. 새롭게 기회가 나타날 때마다 기회를 잡고자 변화하고 신속하게 조치를 취할 정도로 가볍고 유연한 연결 조직을 보유하는 것. 그것은 규칙을 바꾸고 획기적인 성공을 이루기 위해 최고의 운동선수가 자신감을 갖고 움직이는, 우버 모멘트를 만들어낼 수 있는 능력과도 관련 있다. 또한 리더로서 어느 정도 통제력을 손에서 놓고, 지적이고 효과적으로 함께 행동하기 위해 주변의 팀을 신뢰하는 행위이기도 하다.

## 팀이 중요하다

여러분은 이제 팀들이 애자일 작업 방식의 중심에 있다는 사실을 깨달았을 것이다. 1970년대와 1980년대 메레디스 벨빈Meredith Belbin의 고전적인 실험에서 반복적으로 나타났듯이, 자율적인 팀이 재능 있는 개인을 항상 이기게 마련이다. 여러 기술과 유형을 광범위하게 균형을 잡으면 지극히 개인 지향적인 불균형한 팀들보다 더 훌륭한 팀 성과를 이끌어냈다. 이것은 1986년 다케우치Takeuchi 교수와 노나카Nonaka 교수의 고전적인 연구에서 강화된 이론이다. 그들은 세계 최고의 기업들에서 자신들이 본 팀들의 특성을 '초월적' (더 높은 목적의식을 소유), '자율적' (자체 구성과 자체 관리) 그리고 '다기능' (과제를 달성하기 위해 필요한 모든 기술)으로 묘사했다. 그들은 이 세 가지가 모두 중요하다고 주장했으며 나는 그에 동의한다. 이에 관해 6장에서 더 탐구할 것이다.

연결 리더십의 다섯 가지 요소 중 하나는 (그 자체가 보다 애자일하게 전환하기 위한 연구의 결과였음) 뛰어난 팀워크에 뿌리를 둔 협력적 성취다. 조직이나 고용 결정, 보상 및 보너스, 리더십 개발, 승계 계획 및 성과 관리에서 팀워크를 끊임없이 강조하지 않는다면, 진정한 애자일 비즈니스가 되겠다는 성배를 차지하기는 매우 어렵다. 팀워크는 팀 구성원에 대한 개인적인 성취라는 긍정적인 주기를 만들어내고, 생산성의 향상과 각 프로세스 전반에 걸쳐 더 많은 결집된 결과들을 만들어낸다. 내 경험으로 볼 때, 일에 대한 결정을 내릴 수 있는 자율권을 가진 팀들과 정기적으로 개선되는 능력은 조직의 변화를 가져오는 강력한 힘이 된다. 그래서 그토록 많은 대학들이 미래의 상업 가치를 위해 새로운 사업 아이디어를 개척할 때 새로운 팀들에게 생명 유지 장치를 주는 혁신 인큐베이터를 설립하는 이유다. 스크럼 동맹Scrum Alliance (2001년)은 이렇게 묘사한다. '애자일 프레임워크는 최종 사용자가 원하고 필요로 하는 바를 받을 수 있도록, 팀 구성원들이 작업을 완료하기 위한 가장 효과적이고 효율적인 방식을 협력해서 정하도록 만든다. 프로세스와 도구가 아닌, 사람과 상호 작용에 초점을 맞춘다.'

스크럼 원칙들 중 하나는 팀의 속도를 안다는 사실이다. 자신의 팀이 각 기간에 얼마나 많은 작업을 소모할 수 있는지 안다면, 여러분은 팀으로서 다음 스프린트를 위해 효과적으로 계획할 수 있고 장차 다가올 스프린트들에서 가속화하는 방법을 연구할 수 있다. 팀 리더들의 중요 임무들 중 하나는 시간과 노력을 낭비하게 해서 팀의 업무 속도를 느리게 만드는 장벽을 제거하는 일이다. 스프린트 회고 기간 동안, 팀은 속도를 더욱 올리기 위해 장애물이나 장벽을 발견하도록 권장된다. 조정과 같은 스포츠에서도 마찬가지다. 각 훈련 과정을 마친 후에, 선수들은 자신들의 성과를 검토하고 다음번에 배가 더 빨리 달릴 수 있는 방식을 알아낸다. 이를 위해, 선수들은 서로 직접적인 피드백을 해주는 경우가 자주 있는데, 선수들이 상호 존중하고 그러한 피드백을 개인적 비난이 아닌 통찰력으로 받아들이도록 공통 목표에 집중하도록 한다. 제2장에서 논의한 바와 같이, '보트가 더 빨리 가도록 만들기' 위한 통찰력의 원천으로서 정기적인 직접 피드백에 커다란 가치를 둔다. 이러한 피드백을 통해 문제나 장벽을 명확하게 구체적으로 표현하는 것이 중요하다. 그래야 효과적으로 문제를 해결할 수 있다.

   비즈니스 맥락에서, 조직 전체에 걸쳐 업무를 더 빠르게 해소하기 위해 문제 해결에 책임을 질 수 있는 윗사람을 지정해 두면 유용한 경우가 많다. 예를 들어, 통신을 사용하는 한 고객 측면에서, 고위 경영진은 사업 전반에 걸쳐 팀들과의 심도 있는 논의를 통해, 사업 전반에 걸쳐 고객 통찰력을 공유하는 문화가 없었기 때문에 서로 다른 부서의 서비스를 대기업 고객에게 판매하는 데 문제가 있음을 확인했다. 이사회의 한 임원이 이 문제를 해결하고자 자신과 함께 다기능 팀을 꾸렸다. 팀은 문제의 근본적인 원인을 몇 가지 밝혀냈고, 최우선 과제가 경영 마인드를 바꾸는 것이라는 여러 동료들의 의견에 동의했다. 기업의 전반적인 성과보다 지엽적 성공과 내부 경쟁에 더 높은 우선순위를 두는 것이 그들의 경영 마인드였다. 그래서 이 팀은 지식과 고객 통찰력의 공유를 장려하기 위해 온라인 지원 시스템과 함께 협업 작업에 초점을 맞춘 경영 훈련 프로그램을 시행했다. 그 결과 탐색 중이었던 교차 판매 기회들에 대대적인 전환이 일어났고, 그러한 기회들에 공을 들이고 있던 팀들 사이의 협업이 개선되어 고객과 비즈니스 전체 양쪽에 이익이 되었다.

### 시간 – 스프린트

100미터 달리기는 올림픽 경기에서 항상 가장 인기 있고 극적인 경기 중 하나다. 선수들은 가장 유명한 사람들 중 일부이고 승리의 차이도 가장 근소하다. 선수들이 결승선을 향해 달리면서 단기간 동안 엄청난 힘을 폭발시키는, 스프린트는 강렬한 광경이다. 스크럼의 필수적인 부분은 미리 결정한 '스프린트sprint'나 '타임 박스time box(프로젝트나 과제 수행에 쓰이는 고정된 기간: 역주)' 동안 집중적인 노력을 쏟아 부으면서 짧은 시간에 폭발하듯이 사고하고 행동하는 과정이다. 이를 통해 고객에게 피드백을 받을 수 있는 신속한 결과나 프로토타입(시제품)을 볼 수 있는 기회를 창출한다. 그들은 시제품을 좋아할까, 돈을 지불할 만큼 가치 있게 여길까, 가장 추가하고 싶은 기능은 무엇일까?

여러분이 막 시작하기 전에 적어도 한 번 스프린트를 계획한다면 도움이 된다. 스프린트를 위해 자세하게 계획하기 시작하면, 정확한 작업 범위를 정의하기 전에 협의나 추가적인 사고가 필요한, 그야말로 답이 없는 질문들이 쏟아져 나온다는 사실을 깨닫게 된다. 만약 팀 내에서 협의를 이룬다면 완료하기는 비교적 쉽지만, 다른 팀에서 답이 나와야 한다면 시간이 걸려 일을 늦출 수도 있다.

## 시간

스크럼의 역할은 여러분이 시간에 대해 생각하는 방식을 바꾸는 일이다.

스크럼의 가장 강력한 부분 중 하나는 프로토타입 즉 시제품이 시장에 출시되는 시기다. 한 팀이 수시로 내놓을 제품을 향해 함께 나아가는 일은 매우 흥미로운 과정이다. 그들은 자신들의 목표를 분명하게 볼 수 있고, 유용한 방식으로 열심히 노력한 결과들을 볼 수 있다. 럭비의 비유로 다시 돌아가서, 팀은 한 시즌 동안 일련의 경기를 치르면서, 최종 결과에 이르기 위해 각각의 경기에 집중한다. 이는 그들의 즉각적인 목표를 구체적이고 실질적인 목표 즉, 다음 경기에서 이기는 것을 목표로 만들면서 노력에 집중하게 된다. 팀이 정기적인 경기 후 리뷰를 통해 배우고 다음 경기를 위해 함께 훈련하면서 같이 경기하는 방법을 조정할 수 있도록 하기 때문에, 동기부여도 되고 실용적이기도 한 방식이다.

따라서 시제품은 팀이 단기적으로 집중하기에 유용한 사항이며, 다음 스프린트에 적용할 수 있는 피드백과 학습을 제공한다. 팀은 고객이 가장 소중하게 여기는 가치와 다음 주기에서 결과를 내는 속도를 가속화할 수 있는 방법을 학습한다. 또한 점진적으로 비전을 실현시켜 제공하고 있으므로 그들은 진행하는 과정에서 시제품을 계속 테스트하고 다듬을 수 있다. 따라서 이런 식으로 협업과 프로세스 개선을 통해 생산성을 늘리고, 팀이 고객을 위해 최상의 가치를 지닌 결과를 내도록 집중하게 만든다. 여러분이 고객들에게 새로운 결과를 더 빨리 내보일수록, 고객들은 여러분이 고객이 원하는 제품을 만들고 있는지의 여부를 더 빨리 말해줄 수 있다. 예를 들어 페이스북Facebook은 실질적으로 2004년에 하나의 프로토타입으로 세상에 나왔다. 한 무리의 하버드 학생들이 미국 학생들에게 종종 주어지는 '얼굴 사진첩' 안내 책자를 흉내 내서, 자신들의 사진을 다른 학생들과 공유하도록 쉽게 소개하기 위해 페이스북을 설정했다. 그것은 효과가 좋았고 피드백을 통해 창안자들은 페이스북을 다른 대학으로 확장시켜 오늘날 우리가 알고 있는 세계적인 소셜 미디어 플랫폼으로 발전시켰다.

시간과 연계된 애자일 업무의 또 다른 측면은 매일의 스탠드업이다. 더 빨리 진행하는 데 초점을 맞춘 과정이다. 팀은 매일 세 가지 질문을 토론하기 위해 짧게 만난다. 순수한 스크럼 작업에서는, 어제와 오늘 그리고 우리의 길에 놓인 장애물에 대한 질문이다. 보다 광범위한 사업적인 맥락에서, 다음은 검토와 주제 확인의 리듬을 유지하는 데 유용한 질문들이다.

- **무슨 일이 일어날까?** (다음 24시간 동안의 주요 행사나 활동)

- **우리는 어떻게 지내는가?** (핵심 성능 지표 업데이트)
- **우리는 어디에 갇혔는가?** (진행 상황을 방해하거나 방해할 수 있는 문제)

모든 사람들이 참석한 가운데 매일 같은 시간에 회의를 연다는 사실이 중요하다. 예를 들어, 우리는 씨러스Cirrus에서 한 주 동안 정기적으로 검토할 기회와 리듬을 갖기 위해 이틀에 한 번씩 관리팀 모임을 가졌다. 함께 생각하고 제휴행동을 하는 것이 중요하다는 핵심정서를 발전시켜왔고, 지속적인 개선이라는 안건을 추진해왔다. 고객에게 더 나은 서비스를 더 빨리 제공할 수 있도록 성장과 효율성 그리고 조직의 건재함을 검토한다. 우리는 자주 해결할 수 있는 문제들을 파악하여 사업 전반에 걸쳐 전진하기 위해 장벽들을 제거한다. 이러한 내용은 나중에 적절한 수준의 세부 사항으로 논의할 수 있도록 스탠드업에서 오프라인으로 다루는 것이 더 좋다. 비록 우리들 중 일부는 대부분의 시간을 같은 장소에 머무르지는 않지만, 우리가 한 팀으로 더 가까워지면서 규칙적인 연결에서 비롯되는 이익을 받으면서 개인적인 혜택들을 본다.

이러한 빈번한 의사소통은 한 팀으로서의 우리와 더 넓게는 조직 전반에 걸친 우리에게 모두 중요하다. 서더랜드는 이에 대해 확실히 밝혔다. '의사소통의 포화도가 클수록 모든 사람이 더 많은 사항을 알 수 있게 되어, 팀의 활동이 더 빨라진다.' 이를 위해서는 리더로서의 여러분과 조직의 관리 인구 전반에 걸쳐 높은 수준의 투명성이 필요하다. 여러 팀과 지역 관리자들이 현명한 결정을 내리는 데 필요한 모든 정보에 접근할 수 있도록 하는 것은, 의사 결정의 권한을 효과적으로 위임하기 위한 전제조건이다. 이에 대해서는 7장에서 탐구할 것이다. 팀에게 가능한 한 많은 정보를 주는 일은, 변화하는 우선순위에 적응하고 전체 그림의 일부가 되어 지능적으로 일할 기회를 더 많이 제공하는 일과 같다. 내 경험상, 정보를 숨기고 밝히지 않는 행동은 '리더'라는 칭호를 받을 만큼 자신의 사람들을 충분히 신뢰하지 않는 불안한 관리자라는 사실을 나타낸다.

## 한 번에 한 가지씩 하기

나는 30년 이상 관리자로 일해 왔고, 그중 많은 세월 동안 여러 가지 일을 동시에 다루는 나의 능력을 소중히 여겼다. 내게 있어 그러한 능력은 광범위한 기능 전반에 대한 책임을 질 수 있고 고객의 요구사항을 다룰 수 있는 훌륭한 총괄 책임자라는 표시였다. 그러나 상당히 비효율적인 일이기도 했다.

한 번에 한 가지 일을 한다는 방침이 생산성에 미치는 영향은 극적일 수 있다. 다른 일에 집중할 때마다 우리는 상황에 맞게 조정하고 현재 하고 있는 일을 새롭게 이해할 필요가 있다. 만약 다른 일로 전환하는 상황을 줄이고 하나의 활동이 끝날 때까지 그것에만 집중한다면, 사용 가능한 시간 안에서 더 많은 결과를 성취할 수 있다. 서더랜드는 '이중 작업 수행시의 간섭효과dual task interference'를 밝혀낸 1990년대 패슬러Pashler의 연구를 인용한다. 이 이론은 우리가 두뇌 활동을 할 때 두 개의 다른 업무를 매끄럽게 전환할 수 없다는 사실을 밝혔다. 뇌가 활동하는 동시에 유지하려고 시도하면서 우리를 주춤하게 만들기 때문이다. '새로운 일로 넘어가기 전에 하던 일을 배타시키는 것만으로도, 본래 작업 시간의 절반 남짓한 정도의 시간이 걸린다.' 이러한 이중 작업 수행 시 간섭효과 때문에 한 번에 하나씩 작업에 집중하는 것보다 작업을 혼합하는 것이 더 비효율적이다. 상황을 전환할 때 시간 낭비를 야기하고 해결할 프로젝트를 더 많이 도입하면 상황이 더욱 나빠진다. 그래서 다섯 가지 활동을 동시에 실행하는 경우 시간의 75퍼센트를 손실하게 된다. 이러한 사실은 여러분이 리더로서 일할 때나 여러분 팀이 특정한 프로젝트를 맡아 일할 때 그대로 적용된다. 한 가지 활동이 완료될 때까지 계속 진행하면 민첩성이 증가할 뿐만 아니라, 뭔가를 구체적으로 달성하거나 혹은 '완수'했다는 느낌으로 만족도가 높아질 것이다.

여러분이 나처럼 동시에 여러 가지 일을 진행하는 도전을 즐기는 사람이라면, 단일 활동 작업으로 전환하기 위해서는 의식적이고 지속적인 노력을 해야만 한다. 여러분이 집중하고 있는 일과 관련이 있고 그 일에 도움이 되는 환경으로 바꾼다면 도움이 될 수 있다. 이렇게 하면 주의 산만함을 없애고 여러 가지 일에 대한 유혹을 줄인다. 나는 최근에 다른 사무실의 동료와 함께 주요 고객을 위한 디자인 작업을 하고 있었다. 보통 내 책상에서 일하면서 동료와 비디오를 통해 연결하곤 했었다. 그런데 이번에는 다른 회의실로 가서, 우리는 비디오를 통해 플립차트를 보며 2시간 동안 같이 작업했다. 디자인을 완수하기에 충분한 시간이었고, 나는 이메일이나 내가 참석해야만 하는 회의를 준비하는 일로 방해받지 않았다. 간단하게 상황을 변화시킴으로써 우리는 그 일을 완성하는 데 도움을 받아, 몇 통의 전화를 받거나 이메일 교환을 하면서 일을 했을 때보다 훨씬 더 적은 시간을 들여 무사히 일을 '완수'할 수 있었다. 우리는 훈련 받았고 생산성이 높았으며 당면한 단 한 가지 과제에 집중했다. 나무랄 데 없는 경기를 끝마친 운동선수처럼 상쾌한 기분을 느꼈다.

**반복적인 계획**

앞서 살펴본 스크럼 과정의 한 가지 중요한 측면은 계획에 대한 강조다. 2001년 애자일 개척자들이 그들의 선언에서 강조했던 네 가지 가치 중 하나는 '계획에 따른 변화에 대응하는 것'이었다. 그들은 주요 소프트웨어 개발 프로그램에 대한 대규모 '워터폴waterfall' 방식의 계획을 강조하는 당시 만연하던 풍토에 도전하고 있었다. 워터폴 방식은 장기적인 결과가 엄격하게 정의되고 결과를 제공하기 위해 해야 할 일들이 세부적으로 전달되며, 한 팀에서 다른 팀들로 결과물들이 쏟아지며 분명한 활동 계획을 제공하는 방식이다.

문제는 이러한 계획들이 실전에서는 거의 효과가 없었다는 점인데, 작업이 계획했던 시간보다 더 오래 걸리고 상황이 바뀌는 경우가 잦기 때문이다. 이는 워터폴 방식이 정한 범위가 고객이 진정으로 원하는 가치와 더 이상 관련이 없다는 사실을 의미한다. 결과적으로 비용과 시간이 크게 초과했다. 애자일 선언Agile Manifesto 개발자들이 장려하고 있던 아이디어는 주요 우선순위를 명확하게 파악하는 반복적인 계획이었다. 가장 가치 있는 기능을 추가하는 과정을 기본으로 이러한 가치를 짧은 스프린트 안에 제공하기 위해 노력을 집중하는 방법이다. 정기적인 검토를 통해 고객들의 피드백과 재우선권부여를 가능하게 하면서 말이다. 계획 자체가 잘못되었을 수 있다는, 유연한 계획이라고 생각한다면 도움이 된다. 따라서 정기적으로 검토하고 고객의 피드백을 경청하면 계획을 가다듬고 올바른 방향을 유지하는 데 도움이 된다. 이를 위해서는 우리가 2장에서 살펴본 민첩성 학습이 필요하다. 민첩성 학습은 현재의 상황과 미래의 기회에서 배우기 위한, 유연성을 발휘하는 능력이다.

더욱 광범위한 리더십이라는 맥락에서, 우리는 고객과의 친밀감을 높이고 비즈니스 가치를 최대화하기 위해 계획하는 일에 이러한 반복적인 방식을 활용할 수 있다. 무슨 일이 일어나도 계획을 고수하고 모든 과정을 미리 정해놓는 방식이 아닌, 스프린트 주도의 개발 프로젝트로 일을 진행하면서 일 년 내내 계획을 수정하며 개선시킬 수 있다. 장기적인 활동을 덜 세부적으로 유지해 진행 중 조정이 가능하도록 하면서, 작업과 결과를 규정하기 위해 충분히 세밀하게 계획할 수 있다. 각 스프린트가 끝날 때마다, 우리는 무엇이 제공되었는지, 제공된 결과가 신제품인지 또는 구매 경험의 변화인지를 고객과 검토하고 올바른 방향으로 가고 있는지의 여부를 탐구할 수 있다. 피드백에 기초해서 그에 따라 항상 올바른 방향에 가능한 가깝게 있도록 우리의 집중력과 활동을 조정할 수 있다.

나는 소형 돛단배 타기를 즐기는데, 바람이 불어오는 방향으로 나아가려면 약 45도로 돛에 바람을 받으며 지그재그로 항해하면서 침로를 바꿔야 한다. 내가 13세쯤 되었을 때 롭Rob과 함께 요트 경기에 나간 적이 있다. 그는 요트를 타는 데 특별한 재능이 있는 십 대로 나보다 나이가 위였다. 약 50척의 다른 배들과 함께 바람을 안고 항해를 하는데, 모두 돛을 팽팽하게 잡아당겨 몸을 기울이고 있었다. 그때 롭이 재빨리 방향을 틀어서 갑자기 다른 배들로부터 멀어져 강어귀의 반대편 둑을 향해 나아갔던 상황이 기억난다. 내가 쳐다보자 그는 미소를 지으며 말했다. '항상, 다음 목표에 가능한 가깝게 향하고 있어라.' 그의 말은 바람 부는 쪽으로 달릴 때는 코스의 다음 부표에 기하학적으로 가장 가깝게 직선 방향으로 있는 것이 최선이라는 뜻이었다. 그는 바람의 방향 변화를 다른 사람들보다 더 빨리 감지했었고, 우리가 있는 방향은 다음 표시로 더욱 곧장 나갈 수 있었다. 곧이어 다른 배들도 바람의 변화를 감지해서 방향을 돌렸지만, 이미 롭이 유리한 상황이었다. 우리는 가장 먼저 목표에 도달했고, 그 교훈은 내 기억 속에 박혔다. 항상 정확하게 올바른 방향으로만 움직일 수는 없다. 그러나 할 수 있는 한 올바른 방향에 가깝게 유지하도록 우리가 가는 과정을 분명히 조정할 수 있어야 한다.

일반적으로 애자일 작업법들이 그렇긴 하지만, 스크럼의 강력한 면이랄까 하는 점은 가장 중요한 활동에 집중해야만 하는 방식이라는 점이다. 너무나 많은 우선순위를 동시에 해결하려고 애쓰다가 교착상태에 빠지면 안 된다. 백로그는 완수되어야 하는 활동들을 나타내는 긴 목록이 맞지만, 대개 그것들 중 20퍼센트만이 앞으로 나아가 실질적으로 경쟁력 있는 결과를 내는 데 중요한 역할을 한다. 여러분이 분명한 비전을 갖고 가장 중요한 활동에 우선순위를 둔다면, 가능한 곧장 다음 목표를 향해 움직이고 있을 가능성이 크다. 일단 비전을 갖게 되면, 비전을 실현하기 위해 할 필요가 있는 모든 것들의 목록을 작성해야 한다. 고객에게 가장 가치 있는 항목에 집중하게 되므로 반드시 그 모든 항목들을 다 할 수는 없다. 이를 위한 유용한 방법은 '최소 실행 가능한 제품'을 만드는 것이다. 개발하거나 구축할 수 있고 고객에게 어느 정도의 가치를 제공할 수 있는 절대적 최소치는 무엇인가? 일단 최소제품을 실현하게 되면 그에 대한 피드백을 받을 수 있고, 피드백에 따라 조정한 후 다음에 우선시해야 하는 기능이 무엇인지 이해할 수 있다.

가장 먼저 무엇을 할지 결정하는 행동은 절차상 분명히 중요한 단계이고, 스크럼은 여러분과 팀이 '가장 큰 비즈니스 영향력을 가진 항목은 무엇인지, 즉 고객에게 가장 중요하며 가장 많은 돈을 벌 수 있으며 가장 하기 쉬운 것이 무엇인지' 평가해야 한다고 제안한다. 한 스프린트 기간 동안 만들어서 고객에게 선보일 수 있도록, 항목은 구체적인 수준에서 정의되어야 한다. '최소한의 노력으로 가장 많은 가치를 제공할 수 있는 지점을 찾아 즉시 실행하라.'

스크럼에서, 제품 소유자들은 무슨 일이 완수되어야 하는지 결정하는 사람들이기 때문에 이 일에 있어 중요하다. 그들은 내용과 순서별로 백로그를 갖고 있다. 제품 소유자들은 그 제품을 사는 사람들에게 자주 말을 걸면서, 고객들과 긴밀하게 연결해야 한다. 제품 소유자들은 제품과 기술을 이해할 필요가 있다. 또한 결정을 내릴 수 있는 권한이 있어야 하고 팀과 함께 시간을 보내야 하며 상업적인 환경에서의 수입이나 병원에서의 환자 결과와 같이, 제품에서 창출되는 가치에 책임을 져야 한다. 이를 더 넓은 비즈니스 맥락으로 바꿔본다면, 리더는 물건을 제공할 권한을 팀에게 부여해야 할 뿐만 아니라 우선순위를 결정하도록 제품 소유자에게도 권한을 부여해야 하기 때문에 어려움을 겪는다는 사실을 알 수 있다.

내가 고위급 경영진들과 일을 하면서 목격했던 고전적인 문제들 중 하나는 경영진들은 그들을 위해 일하는 전문가들에 대한 확신이 부족하다는 점이었다. 그들은 불확실한 영역을 이해하기 위해, 자신들이 고용한 기술 전문가나 마케팅 전문가 또는 인적자원 전문가와 같은 전문가들이 내린, 실제로 더 나은 결정을 받아들일 준비가 되어 있지 않았다. 리더들이 애자일 업무방식을 효과적으로 수용하려면, 이렇듯 통제에서 손을 떼는 것이 필수적인 첫 번째 단계다. 전문가들을 믿어라. 그리고 전문가들이 올바른 결정을 내릴 만큼의 경험이 없다는 생각이 들면, 그렇게 할 능력을 갖추도록 그들을 지도하는 것이 더 높은 관리자로서 여러분이 해야 할 책임이다.

## 스토리의 시각화

리더들이 더욱 폭넓게 사용하는 애자일 업무의 유용한 측면은, 팀이 목표에 집중하도록 더욱 실감나는 방식으로 목표를 설명하는 이야기를 활용하는 것이다. 우리는 각 팀들이 소프트웨어 개발 업무를 하든 소매운영이나 본사에서의 지원 업무를 하든, 자신들의 업무에서 비롯되는 결과인 고객 경험에 대해 명확하게 알고 있기를 바란다. 따라서 결과에 따라 고객들이 다르게 피드백할 수 있는 점이라는 면에서, 업무 결과에 대한 이야기를 만드는 것이 도움이 된다. 고객들은 누구인가? 그들이 좋아하는 것은 무엇이며 특히 소중하게 생각하는 것이 무엇인가? 왜 고객들은 이러한 생산품을 원하는가? 생산품이 '완료'되는 시기를 우리는 어떻게 아는가? 그들이 결과적으로 경험하게 될 혜택은 무엇인가? 스프린트 계획에는 이러한 이야기들을 보고 다음 우선순위를 이해하는 활동이 포함된다. 만약 여러분이 이야기를 실감나게 만들 수 있다면, 다른 사람들이 실제로 결과를 시각화할 수 있도록 여러분이 도움을 주고 있는 셈이다.

이러한 접근은 팀별 활동계획이라는 미시적 수준 그리고 조직 전반에 걸친 거시적 수준 둘 다에서 효과가 있다. 원칙은 동일하다. 고객 경험에 대한 생생한 이야기를 하면 동료들이 결과와 관련지어 결과적으로 어떻게 일을 해나갈 것인지에 관해 더욱 현명한 판단을 할 수 있도록 돕는다. 궁극적으로 조직들이 목적을 설명하기 위해 이야기를 만드는 방식으로 보일 수 있다. 이러한 방식은 동료들이 목적을 파악하고 실제로 무슨 의미인지 이해하도록 한다. 예를 들어 월마트Walmart는 이렇게 말한다. '우리는 사람들이 더 잘 살 수 있도록 돈을 절약하게 만든다.' 우리는 부엌에서 식료품 보따리를 풀어 냉장고를 가득 채우며, 비용 효율적인 쇼핑으로 구입한 작은 사치품들을 즐기는 가족들을 볼 수 있다. 월마트의 창립자인 샘 월튼Sam Walton은 죽기 바로 직전인 1992년에, 미국 자유훈장(미국에서 공이 뛰어난 민간인에게 주는 최고의 훈장: 역주)을 수상했다. 그는 상을 받으면서 말했다. '우리가 함께 노력한다면, 모든 사람들이 생활비를 줄일 수 있을 것이다... 우리는 절약해서 더 나은 삶을 사는 것이 어떤 의미인지 볼 수 있는 기회를 줄 수 있다.'

팀의 성과에 대한 이야기를 더 강력하게 만드는 중요한 방법은 스크럼 보드와 같은 기술을 사용하여 이야기를 눈에 보이도록 뚜렷하게 만들면 된다. 모든 상황을 볼 수 있게 함으로써, 업무와 절차와 속도 향상에 대해 토론할 기회를 더 많이 창출한다. 스크럼 보드는 포스트잇을 사용해 일의 진행 상태에 따라 항목이 보드 전체를 가로질러 움직이는 상황을 표시하면서, 팀의 현재 작업량을 요약한다. 그래서 팀의 스프린트 상태를 즉시 뚜렷하고 선명하게 보이도록 만든다. 표 3.1은 스크럼 보드의 예로서, 각 업무가 전달할 특징을 설명하는 몇 가지 사용자 이야기를 포함하고 있다. 물리적인 보드는 여러 팀이 함께 배치된 곳에서 널리 사용되지만, 팀들이 여러 위치에 분산되어 있을 때는 소프트웨어 등가물들이 더 유용하다.

표 3.1 스크럼 보드

| | 프로젝트 / 팀 이름 | | | | |
|---|---|---|---|---|---|
| | 백로그 | 해야 할 업무 | 진행 중인 업무 | 검토/품질 관리 | 완료! |
| 사용자 스토리1 | | | | | |
| 사용자 스토리2 | | | | | |
| 사용자 스토리3 | | | | | |
| 사용자 스토리4 | | | | | |

내가 자랄 때 영국에서 인기 있는 아동용 텔레비전 프로그램은 '블루 피터Blue Peter'였다. 1958년 BBC에서 처음 방영되어 세계에서 가장 오래 방영되고 있는 어린이 TV 쇼로, 글을 쓰고 있을 당시에도 여전히 인기였다. 매년 그 쇼는 크리스마스 때 자선단체에 호소했다. 제작자들은 과정을 시각화하는 것의 힘을 알고 있었다. 매년, 참석자들은 기금 모금 목표를 향한 최신 과정을 매주 전하곤 했다. 전국의 어린이들에 의해 모금되는 기금이 늘어남에 따라, 눈금을 매긴 튜브 위로 빨간 색 레벨이 천천히 올라가면서 수은 온도계와 같은 큰 시각적 척도가 기금 모금 목표를 향해 나아간다. 우리 모두는 수은주가 상승했을 때는 흥분을, 수은주가 거의 움직이지 않을 때는 좌절감을 공유하면서 팀의 일원이 되었다. 결국 우리는 목표를 명중시켰다. 영국 전역의 아이들이 경험을 공유하고 자선 도전을 지지하는 데 각자의 역할을 했다고 느꼈다. 오늘날까지 나는 마음속에서 그 온도계를 선명하게 볼 수 있다. 그 온도계는 한 세대를 통합했다!

스크럼 보드가 조직의 모든 활동에 적용되지는 않는다. 예를 들어, 프로젝트 팀 업무에서는 우선순위와 절차를 관리하는 데 상당히 유용할 것이다. 그러나 다른 분야에서는, 공정관리를 위한 다른 기술이 더욱 관련이 있을 수 있다. 그러나 우선순위를 시각화하고 빠듯한 시간대에 팀에서의 업무를 관리한다는 원칙은 더욱 광범위하게 적용된다.

나는 여러분이 애자일 발전에 매우 효과가 좋았던 훈련과 집중력을 가져오는 방식으로 실험하고, 이번 장에서 우리가 관찰한 모든 관련 작업 방식과 보드를 사용하기를 권한다. 예를 들면, 비즈니스 계획 프로세스를 선택하라. 여러분이 나와 같다면 여러분은 계획에 너무 많은 우선순위를 포함시키는 경향이 있을지도 모르겠다. 우선순위들이 모두 중요하기 때문이다. 애자일 방식은 향후 비즈니스에 가장 큰 변화를 가져올 몇 가지 사항에 비즈니스 자원을 집중시킬 수 있도록, 이러한 목록을 백로그로 보고 계획 단계에서 우선순위를 매긴다. 이러한 우선순위 활동들을 시각화해서, 가능한 빨리 완료되도록 최대의 노력을 기울여라. 소매 환경에서 우선순위 활동들은, 소비자에게 모든 채널에서 원활한 반품 경험을 제공하거나 폐기물을 1퍼센트로 줄이는 것을 포함할 수 있다. 사용자 경험을 정의하고 우선순위 활동들을 제공할 수 있는 다기능 팀을 설정하라. 그런 다음 물러서서, 자원과 조직적인 헌신으로 팀들을 지원하라.

 **사례 연구**

## CDL에서의 애자일 작업

CDL은 다량의 소매 보험영업을 위한 소프트웨어 솔루션 분야에서 영국 시장의 선두 주자다. 여러분이 영국에서 자동차나 가정 보험을 구입한 적이 있다면, 여러분의 요청이 처리된 후 아마 견적서는 CDL 소프트웨어에 의해 발행되었을 것이다. 회사의 스트라타Strata 플랫폼은 확장 가능하고 유연한 다채널 솔루션을 제공한다. 웹, 모바일, 가격 비교 사이트, 소비자 셀프 서비스 및 컴퓨터 통신 기반의 보험 상품들을 아우른다.

마이클 램버트Michael Lambert는 CDL의 개발부 책임자다. 그는 자신을 '애자일 전도사'라고 표현하고 소프트웨어 개발에 대한 회사의 애자일 방식을 옹호했다. 애자일 원칙에 따라, CDL의 제품은 자기조직과 다기능 팀들 그리고 소비자와의 협업에 의한 반복적인 개발과 조정 가능한 계획을 통해 진화한다. 마이클은 지속적인 개선과 변화에 대한 신속하고 유연한 대응을 옹호한다. 그는 '블루스카이 씽킹blue-sky thinking(비현실적이지만 매우 창의적인 아이디어: 역주)' 문화를 장려한다. 회사는 정기적으로 빈번한 출시 주기를 갖고 있으며 개발자들은 고객의 요구에 따라 작업 소프트웨어에 새로운 기능을 제공하기 위해 신속하게 행동할 것을 권장 받는다.

'우리는 시장 동향을 예측하고 시장 동향을 이용할 수 있는 기술 개발을 우리의 사업으로 삼았다. 고객들 중 많은 수가 변화의 선봉에 서 있다. 우리는 하는 일에 최선을 다하기로 약속하고 매년 연구개발에 총 매출액의 약15퍼센트를 투자한다.'라고 마이클Michael은 말한다.

마이클은 1990년대 중반부터 애자일 소프트웨어 개발에 관심을 가져왔다. '나는 대규모의 소프트웨어 프로젝트가 실패하는 경우를 많이 보았다. 대부분의 조직들은 대개 입찰을 하려는 공급업자들을 초청할 때 자신들이 무엇을 원하는지 정확히 알지 못했다. 그들은 입찰에 부쳤는데, 실제로 필요로 하지 않을 수도 있는 것들을 포함해서 생각할 수 있는 모든 사항을 입찰에 채웠다. 대부분의 이러한 조직들은 어떤 공급업체가 최저 비용이라는 기준에 부합할 수 있을지에 관심이 있을 뿐이다. 여러분은 공급자로서 많은 추측을 하면서 입찰 과정을 겪게 될 것이다. 솔직히 말해서 입찰은 일종의 게임이었다. 나는 패널 중에 아주 유명한 사람들이 있던 회의에 참석했던 일을 기억한다. 대형 은행에서 온 한 남자는 기본적으로 대부분의 큰 프로젝트들이 실패하며 모두가 그러한 사실을 알고 있다고 말하고 있었다. 그런데도 왜 그렇게 많은 사람들이 여전히 같은 방법으로 프로젝트를 하는지 정말 궁금했다. 이제 더 많은 사람들이 의문을 제기하고 있다. 그들은 애자일 방식의 가치를 깨닫고 있는 중이다.'

### 고객과의 협업

CDL은 고객들에게 애자일 계약을 체결하고 깨달음의 여정을 위해 협업하라고 권장한다. 회사가 처음 지속적인 제공을 하겠다며 고객들에게 9개월마다가 아니라 6주마다 CDL의 소프트웨어 업데이트를 하라고 요청했을 때, 많은 고객들은 커다란 변화를 실감했다. CDL은 일련의 순회 홍보행사를 통해 혜택을 전달했다.

'우리와 고객들 둘 다를 위해, 아이디어를 시장에 내놓는 데 걸리는 시간을 가능한 한 짧게 하는 것이 중요하다. 빠르게 굴어야 한다. 그렇지 않으면 오늘날의 경쟁적이고 예측할 수 없는 세상에서 살아남지 못한다. 여러분은 뭔가를 생산해 내자마자 피드백을 받을 수 있고, 그 제품이 정말 좋은 아이디어였는지 확인할 수 있다. 우리는 가능한 이러한 순환 시간을 단축해야 한다. 애자일 작업은 CDL에 깊숙이 박혀 있기 때문에 이러한 작업 방식의 이점을 보여줄 수 있다. 오늘날 우리가 얻은 명성은 매우 훌륭하다. 그래서 고객들은 애자일 개발에 기꺼이 투자한다. 우리가 좋은 성적을 거두었기 때문에 그들은 덜 위험한 투자로 여긴다.'라고 마이클은 말한다.

### 애자일 리더십 개발

CDL이 처음 더욱 애자일 방식을 향해 나아갔을 때, 많은 직원들은 기꺼이 수용하고자 했다. 애자일 작업 운용은 참여에 관심을 보이는 직원들은 누구든 동참할 수 있었기에 매우 유기적으로 움직이기 시작했다. 이러한 초기 그룹은 비즈니스 전반에 걸친 애자일 작업 운용을 옹호하는 데 도움이 되었다. 따라서 마이클과 다른 지도자들은 통제권을 포기하고 팀들이 자가 구성하도록 허락했는데, 이는 일부 리더들이 매우 두렵게 여기는 일이다. 초기의 혼란스러운 국면 이후, 애자일 작업 운용이 형태를 갖추고 결과를 내기 시작하는 것을 보자 두려움은 완화되었다.

'애자일 작업 방식은 내게 꽤 놀라운 일이었다. 미리 세부적으로 계획을 세우는 것보다 일을 하는 더 좋은 방법이 있다는 확신이 강하게 들었다. 오늘날 계획하는 일도 가치가 있지만 협업이 더 가치 있다는 사실을 알 수 있다. 애자일 조직을 이끌기 위해서는 신뢰를 구축해야 한다. 신뢰를 쌓는 일은 꾸준히 계속해야 하는 일이다. 돌아다니면서 사람들에게 말을 거는 행위도 중요하다.'라고 마이클이 말한다.

애자일 작업 운용을 더욱 지지하기 위해서는 CDL의 리더십 문화와 유형을 바꿔야만 한다. '내 통제력을 벗어났다고 느꼈던 일부 프로젝트들이 가장 성공적인 프로젝트들에 속했다. 때로는 리더로서 내가 개입해서 세부적으로 관여하지 않는 게 여전히 어렵긴 했지만, 개입하는 일이 옳지 않다는 사실은 알고 있었다. 예를 들어, 나는 엑셀을 잘 다루고 스스로 엑셀 기술을 자랑스러워했다. 그런데 누군가가 엑셀 스프레드시트를 상세하게 작성하는 일은 비효율적이고 비생산적인 대응방식의 한 예라며, 전혀 귀감이 되지 않는다고 지적했다. 나는 어느 정도 맞는 말이라는 생각이 들었다.'라고 마이클이 말한다.

### 스크럼과 스쿼드

2015년 CDL은 '방법론보다는 어떤 프레임워크에 가까운' 스크럼으로 전환했다. 마이클은 말한다. '스크럼 방식에는 많은 자유가 내재되어 있다. 매우 단순한 과정이지만 숙달하기가 어렵다. 스크럼은 프로세스와 관리구조에 있는 장애를 강조하기 위해 고안되었고, 그런 점이 관리자로서는 꽤 성가신 일일 수 있다. 우리는 부족과 집단 Tribes and Squads 모형으로도 전환했다. 말하자면 자가 구성 팀의 한 부분으로서 특정 제품에 대한 소유권을 사람들에게 부여하는 곳이다. 따라서 여러분이 회계 집단에 속해 있다면 그 코드 기반을 소유하게 될 것이고, 여러분의 일은 계정을 멋지게 만드는 일이다. 그것이 여러분의 목적이다.'

전형적인 집단은 일곱에서 아홉 명 사이다. '우리는 그보다는 약간 크게 구성하지만 10에서 12명 정도에 가까워지면 그룹을 둘로 나눈다. 유기적인 분할이라서, 두 집단은 백로그의 절반을 가져가거나 업무의 절반을 가져간다. 집단은 이미 스크럼으로 일하는 방법을 알기 때문에 전혀 새로운 팀을 구성해 시작하는 상황과는 다르다. 그래서 한 팀을 둘로 나누는 경험이 충격이 될지언정, 구성원들이 많은 업무를 다시 배울 필요는 없다. 한 팀이 두 팀으로 나뉘어 둘 다 빨리 진행하는 모습을 보는 일은 멋지다. 힘차게 전진하는 모습을 보는 일은 멋진 일이다. 진행은 그렇게 되어야 한다.'

**애자일의 혜택**

'품질이 향상된다. 우리는 더욱 유연하다. 누구도 시스템이 다운되었다고 새벽 2시에 일어나기를 원하지는 않는다. 우리와 같은 조직들이 위임된 책임과 소유권을 받아들이기 시작하면, 시스템 팀들은 자연스럽게 더 탄력적으로 되고 품질은 처음 구성부터 보장되기 마련이다. 실패에 대한 피드백은 다른 조직 그룹들과 마찰을 일으키는 것이 아니라 그 팀이 전적으로 직접 느끼기 때문에, 팀을 제대로 구축하는 것이 그들의 이익에 부합한다. 전체 라이프사이클에 걸쳐 소유의식을 장려하고 보다 역동적인 팀을 구성함으로써 우리는 고객들에게 지속적으로 이익을 제공하고 있다.'

# 요약

비전을 정의하고 백로그 목록을 만들고 여러 분야를 아우르는 팀을 짜서 시작하라. 매주 가치 있는 결과를 제공하고 계속 배워라. 우리는

CDL 사례 연구에서 애자일 업무방식을 기반으로 고객과 일하는 방식을 극적으로 바꾼 성공적인 소프트웨어 회사를 보았다. 용감한 사업이고 여전히 좋은 결과를 보여주고 있다. 나는 애자일 업무방식이 실제 비즈니스 상황에서 모든 목표를 현실화시키는 데 도움이 되기를 바란다.

나는 17명의 개발자들이 2001년 유타 주의 스노버드 스키 리조트에서 애자일 선언Agile Manifesto을 정의했을 때 동의했던 원칙으로 끝을 맺을까 한다. 그것들을 읽고 지금 처한 상황에서 여러분에게 어떻게 관련지을 수 있는지 확인하기 바란다. 소프트웨어 자체에 대한 참고는 그만두더라도, 이러한 질문들 중 여러분이 '그래, 이게 지금 우리가 일하는 방식이야.'라고 대답하기 가장 어려운 질문은 무엇인가?

우리는 다음 장에서 애자일 비즈니스 구축을 위한 계획을 개발할 작정이다. 이러한 원칙들은 여전히, 진정한 애자일 조직을 구축하기 위해 반드시 창출해야 하는 문화와 사고방식에 대한 중요한 통찰력을 준다. 수년이 지난 후, 이러한 원칙들은 엄밀히 연결되어 있으면서 동시에 파괴적인 사고방식을 요약한다.

### 애자일 선언의 숨은 원칙
- 여러분의 애자일 여정과 가장 관련이 있는 원칙은 무엇인가?

1 우리의 최고 우선순위는 가치 있는 소프트웨어를 빠르고 지속적으로 제공하여 고객을 만족시키는 것이다.

2 개발 후반부라 할지라도 요구사항의 변화는 언제든 환영한다. 애자일 프로세스는 고객의 경쟁 우위를 위한 변화를 활용한다.

3 시간 단축을 선호하여, 몇 주에서 몇 달까지 작업 소프트웨어를 빈번하게 제공한다.

4 사업가와 개발자들은 프로젝트 내내 매일 협력해야 한다.

5 동기 부여된 개인들을 중심으로 프로젝트를 만든다.

6 그들에게 필요한 환경과 지원을 제공하고, 그들이 일을 완수할 것이라고 신뢰한다.

7 개발팀 내에서 그리고 개발팀에게 정보를 전달하는 가장 효율적이고 효과적인 방법은 직접 대화하는 것이다.

8 운용 소프트웨어가 과정을 측정하는 주요수단이다.

9 애자일 프로세스는 지속 가능한 개발을 촉진한다.

10 스폰서와 개발자 그리고 사용자들은 무기한 일정한 속도를 유지할 수 있어야 한다.

11 기술적인 탁월함과 우수한 디자인에 지속적으로 관심을 기울이면 민첩성이 향상된다.

12 끝내지 않은 작업의 양을 극대화하는 기술인 단순성이 필수적이다.

13 최고의 구성과 요구사항 그리고 디자인은 자체 구성한 팀에서 나온다.

14 팀은 일정한 간격을 두고, 더욱 효과적인 팀이 될 수 있는 방법을 생각하고 그에 따라 행동을 조정하고 적응한다.

# 04 애자일 비즈니스 구축하기

**도입**

우리는 이번 장에서, 애자일 비즈니스 구축과 이를 달성하는 데 방해가 되는 장벽을 살펴보고 극복하기 위한 전략을 모색한 후, 지속 가능한 애자일 조직을 만들 책임이 있는 리더십을 정의할 것이다. 우리는 앞 장에서 설명한 애자일 선언은 물론 1장의 애자일 리더십 역설에서 얻은 몇 가지 통찰력을 활용하고자 한다.

> **🖊 자신에게 하는 질문**
>
> 이 장에서 여러분은 다음의 질문들을 고려하며 책을 읽으면, 리더로서 자신을 위한 핵심 통찰력을 추출하는 데 도움이 될 것이다.
>
> - 조직의 문화가 위험을 감수하도록 장려하는가 아니면 위험을 회피하도록 조장하는가?
> - 동료들이 지금 함께 집중하고 있는 몇 가지 우선순위를 일관되게 정의할 수 있는가?
> - 고객이 매일 우리와 함께 작업하면서 경험하는 방식을 나는 어떻게 이해하고 있는가?

## 전환

나의 2015년 박사 과정 연구는 이러한 민첩성 향상으로의 전환이, 일반적으로 관료주의나 노령화된 시스템 그리고 전혀 애자일 친화적이지 않은 사일로 작업 운용이라는 중대한 유산이 있는 대규모 조직에 얼마나 성공적으로 영향을 미치는 요인인가를 파고든 것이다. 그러나 우리가 운용하는 디지털 세계는, 우리에게 조직을 새로운 시장으로 빠르게 유도해 새로운 '우버 모멘트' 위협들에 신속하게 대응하라고 요구한다. 내가 연구한 내용도 마찬가지지만 다른 훌륭한 자료들 또한,

사람들이 목적과 방향의 안정적인 틀 안에서 적응하고 배울 수 있도록 우리가 더욱 연결된 환경을 만들어야 한다고 제시한다. 강하면서도 빠르게 변화할 수 있으려면 적응성과 안정성 사이의 균형을 잘 유지해야 한다.

이는 조직의 운영 방식에 있어 비교적 온건한 조정 정도로 들릴 수 있지만 대부분 전환에 가깝다. 내가 방문한 수많은 대규모 조직들의 과거 유산은 거대해서 조직의 전환 속도를 더디게 한다. 20년 동안 운동을 별로 하지 않았던 중년의 남자가 '몸을 건강하게 만들기'를 원한다고 상상해보라. 그는 골고루 잘 먹고 좋아하는 음식이나 음료수를 피하기 위해 자신의 식습관을 바꿔야 하고, 운동을 시작해서 끝까지 갈 수 있도록 특별한 헌신을 기울여야 한다. 새로운 습관을 형성하기 위해 자신의 우선순위를 수정하고 낡은 습관을 과감하게 버려야 하는데, 이는 믿을 수 없을 정도의 끈기와 마음속에 품고 있는 결과에 대한 뿌리 깊은 헌신이 필요하다. 많은 사람들은 이러한 결과를 시각화하고 건강이 자신에게 왜 그토록 중요한지 친구나 가족에게 뚜렷하게 밝히는 것이 도움이 된다는 사실을 알았다. 올바른 방식을 수립해 향후 몇 개월이나 몇 년에 걸쳐 이를 실행에 옮기면서 건강을 유지하기 위해 개인 코치나 의사의 조언을 받는다면 유용할 것이다. 무엇보다도, 훌륭한 의도가 현실이 되기 위해서는 새로운 사고방식이 절실하다.

나는 2004년에 달리기를 시작하면서 이러한 경험을 했다. 달리기는 고통스러웠다. 아이들이 아직 자고 있는 새벽에 달리기 위해 일찍 일어나려면 자기 훈련이 필요했다. 나는 조직적인 달리기 공공 행사에

등록하는 일과 같은 단기적인 목표뿐만 아니라 달리기가 내 삶을 향상시키리라는 장기적인 감각이 필요했다. 또한 초콜릿과 적포도주를 선호하는 내 취향에도 저항하는 법을 배워야 했다. 나는 여전히 그 여정에 있다. 매일 무엇을 먹을지 그리고 빗속으로 달리기를 하러 나갈지(또는 따뜻한 침대에 누워 있을지)를 결정해야 하고, 이러한 결정들을 좀 더 수월하게 내리기 위해 훈련할 목표를 확실히 갖고 있는지 확인하는 중이다. 항상 올바른 결정을 내리는 것은 아니지만 그 여정을 유익하게 만들기 위해 충분한 시간을 들이고 있다. '건강한' 상태는 사실 마음가짐이지만 구축하고 유지하기 위해 헌신하는 일이 필요한 일련의 신체적 특성이기도 하다. 애자일 조직을 만드는 것도 이와 비슷하다.

## 애자일 비즈니스 구축에 대한 장벽

애자일 조직 구축에는 최근의 많은 연구 결과를 요약하는 네 가지 주요 장벽이 있다.

1. 문화 – 위험에 대한 두려움을 일으키는 조직 문화 보유
2. 명확성 – 개인에서 조직 전체에 이르기까지 우선순위에 대한 명확성 결여.
3. 고객과의 친밀감 – 고객과 충분히 가까워지지 않으므로 고객의 니즈

가 그날그날의 우선 순위를 추진하지 않는다.
4 협업 - 강력한 사일로를 가로질러 협업이 취약함

가장 근본적인 것은 조직문화이므로 다소 상세하게 탐구할 필요가 있고, 나머지 세 가지 장벽은 만연해 있는 문화를 반영하고 있다. 각 요소를 차례로 살펴보고 각각의 장벽을 제거하는 방법을 모색하여 진정한 애자일 조직이 되는 방향으로 신속하게 나아갈 수 있다.

조직문화의 단점은 디지털 시대에 회사의 성공을 가로막는 주요 장벽들 중 하나다. 최근 맥킨지가 글로벌 임원들을 대상으로 실시한 설문조사에서 나온 핵심적인 발견으로, 세 가지 디지털 문화 결함이 있다. 즉, 기능 및 부서별 사일로의 존재, 위험을 감수하는 것을 두려워 함, 그리고 고객에 대한 단일한 시각에 따른 조치다.

# 1 문화

경기에서 최고 기량을 발휘하는 축구선수는 자신의 달리기에 특별한 속도를 더하는 재능을 표현하기 위해 자신감을 갖고 자유롭게 경기한다. 그는 다른 선수들이 미처 보지 못하는 기회를 보고, 성공하기 위한 속도와 결단력을 갖고 행동한다. 그는 '흐름을 타고' 경기를 즐기고 있다. 이렇듯 자기 신념을 공유하고 자신들의 능력을 함께 표현하고자 하는 선수들로 이루어진 팀을 갖게 되면, 막을 수 없는 강력한 힘을 낼 수 있다. 여러분이 그 배후를 살펴본다면, 공유된 자신감의 문화와 훈련을 바탕으로 하는 팀워크 육성에 헌신하는 팀 코치를 볼 수 있다. 경기장 위의 결과는 보기에 아름다울 수 있다. 음악가들의 개인적인 재능을 아름다운 음악으로 조화롭게 결합할 수 있는 오케스트라도 똑같다고 말할 수 있다. 지휘자는 음악가들이 자신들의 개인적인 기술을 공동 노력의 일환으로서 사용할 수 있게 하고, 그들의 능력이 절정에 이르도록 만든다.

앞 장에서 살펴본 애자일 선언의 14가지 애자일 원칙 중 여섯 번째는 '그들에게 필요한 환경과 지원을 제공하고, 그들이 일을 완수할 수 있도록 신뢰하는 것'이다. 이 말은 애자일 성과를 달성하기 위해 필요한 문화 유형을 암시한다. 리더로서 여러분은 코치나 지휘자가 하는 것처럼 신뢰와 자신감을 바탕으로 하는 지원 환경을 만들어, 조직 내 사람들에게 그들의 재능을 자신 있게 표현할 기회를 주어야 한다.

문화는 '특정 시기에 특정 집단 사람들의 생활 방식, 특히 일반적인 관습과 신념'으로 정의된다(캠브리지 영어사전Cambridge English Dictionary). 그것은 정체성을 설명할 때, 사회 집단의 만연한 행동과 규범 그리고 그 집단에게 중요한 의미의 상징을 설명한다. 다시 말해서, '우리가 이곳에서 어떻게 일을 하느냐'라는 의미다. 축구팀의 문화는 모든 사람들이 훈련 받기 위해 제시간에 나타나는 것, 기술을 다듬는 기간 동안 서로 돕는 선수들, 보다 나은 내일을 위한 방법들을 알아내기 위해 매일 성과를 검토하는 팀 등과 같은 관습들을 바탕으로 할지도 모른다. 코치는 매 경기 후 팀에게 최고의 순간을 묘사해 달라고 요청하고, 팀 위에 있는 선수는 없다고 주장한다. 그 팀의 삶의 방식은 우아하게 경기하고, 이기기 위해 경기하고, 서로를 위해 경기하는 공유된 믿음에 초점을 맞춘다.

그렇다면 여러분 조직에서의 삶의 방식은 어떠한가? 사람들이 날마다 어떻게 행동하는지를 형성하는 관습과 믿음은 무엇인가? 사람들이 애자일하게 되는 것을 막는 사람들의 행동에는 어떤 제약이 있는가? 내가 얼마 전에 방문했던 한 대형 국제 여행 조직에서 사업 전반에 걸쳐 몇몇 선배들을 만난 후, 강한 공포 문화가 존재한다는 사실이 분명해졌다. 그 때문에 사람들은 위험을 피하고, 결정을 더디게 하고 자신을 보호하기 위해 항상 더 높은 곳의 승인을 얻어야 했다. 그래서 모든 과정이 느려졌고 재능 있는 사람들은 절차와 신뢰의 부족으로 절망하게 되었다. CEO 역시 속도 부족과 느린 의사 결정 그리고 끝없는 회의에 좌절했다. 그는 좀 더 속도를 높이려고 노력했는데, 더 빨리 행동하지만 뭔가 잘못된 결과를 얻게 될까 봐 두려워했던 사람들의 미묘한 저항의 벽에 부딪히곤 했다.

CEO를 제외한 모든 사람들에게는 아이러니한 점이 분명했는데, CEO와 고위 임원 동료들은 실패에 대한 반응과 실수를 저지른 사람들을 비난하려는 의지 때문에 사업을 쇠약하게 하는 공포를 만들어 내고 있다는 사실을 인식하지 못했다. 조직의 생활 방식은 그들의 태도와 방식에 의해 그늘이 드리워져 있었다. 그들에게 필요한 것은 좀 더 애자일한 작업법을 개발하기 위한 기초로서 기존 문화를 바꾸는 일이었다. 문화를 바꾸는 일은 상위 팀에서 시작해야 한다. 그들은 자신들이 문제의 핵심이라는 사실을 인식하고, 신뢰를 얻고자 기다리기 보다는 신뢰를 줌으로써 사람들 사이의 자신감을 다시 구축하기 위한 지속적인 방법으로 방식을 바꿔야 한다. 쉬운 일이 아니지만, 경쟁이 치열하면서도 원인을 예측할 수 없는 경우가 빈번한 디지털 세상에서는 선택사항이 아니다. 애자일 문화 없이는 애자일 조직을 구축할 수 없다.

2017년에 우리는 카트리오나 마셜Catriona Marshall이 영국의 성공적인 취미 소매업인 하비크래프트Hobbycraft의 CEO였을 때 인터뷰를 했다. 카트리오나Catriona는 아스다앤펫츠엣홈Asda and Pets at Home에서 고위 임원으로 승승장구하며 경력을 쌓은 후 CEO가 되었다. 그녀에게 고위 임원의 어떤 종류의 행동이 진정한 민첩성을 기르는 데 가장 도움이 되는지 물었을 때 그녀는 간단하게 대답했다.

**믿어라. 여러분은 사람들을 신뢰하게 되면 정말 끝까지 지켜보아야 한다. 그래서 여러분이 동의한 목표와 여러분이 생각하기에 중요한, 그것이 시간이든 기술이든 예산이든 동의한 대로 믿고, 그런 다음 그들이 잘 해나갈 수 있도록 신뢰하고 그들이 필요로 할 때 지원과 조언을 적절한 균형을 이루며 주어야 한다.**

카트리오나Catriona는 다른 사람을 신뢰하고 일이 잘못되었을 때에도 그것을 끝까지 보는 것이 리더로서 재능이라고 강조한다. 나는 많은 관리자들을 만난다. 관리자들은 사람들이 신뢰를 얻기 위해 노력해야 하며, 관리자들의 개인적인 재량에 따라 지원이 주어지거나 철회될 수 있다고 믿었다. 그러나 이런 것은 신뢰가 아니며 조건부 지원이고 건강한 애자일 문화를 손상시키는 부식적인 방식이다.

애자일 문화는 무엇인가? 우리가 1장에서 배웠듯이, 균형과 힘과 속도 그리고 조정과 지구력이 있는 연결 문화다. 1장에 서술되었던 연결 리더십에 대한 연구는 애자일 문화의 6가지 주요 요소를 보여준다.

1. 리더십 헌신: 사람들은 애자일 방식으로 일하면서 고위 임원들의 지원을 받고 있다고 진심으로 느낀다.
2. 공유된 목적과 명료한 방향: 임무가 명확하고 우선순위가 합의되며, 사람들이 조직이 의도한 결과와 일치한다는 사실을 알고 있는 상태에서 신속하고 안전하게 행동할 수 있도록 한다.
3. 진정한 리더십: 리더들은 진정으로 조직의 가치를 보여주는 역할 모델이며 그들 주변에 신뢰를 심어준다. 우리가 리더를 믿고 결국 그들이 우리를 믿는다고 느낄 때, 우리는 더 큰 심리적 안정감을 갖고 위험을 감수하여 과감하게 행동할 가능성이 더 높다.
4. 위임된 의사 결정: 결정은 고객과 가능한 가깝게 일관되게 이루어진다. 중앙에서 이루어져야 하는 전략적인 결정이 있기는 하지만, 대부분의 결정은 전문가에 의해 또는 고객들과 더 가까운 사람들에 의해 더 잘 이루어진다.
5. 팀과 기능 그리고 전문 분야를 아우르는 협업: 팀워크와 업무의 상호

교차 기능이 회사 문화의 일부라는 분명한 합의가 있다. 그러한 방식으로 주변에서 일이 성사된다.

6 실험과 지속적인 피드백에 집중하고 장려함: 고객으로부터의 학습과 새로운 시제품을 시험하는 것이 지속적이고 널리 공유되며 고객에 대한 제안을 차별화하는 데 큰 영향을 미친다.

이러한 요소들이 결합되면, 승리하는 축구팀과 고무적인 오케스트라와 같이 사람들이 빠르고 자신 있게 움직이도록 장려하는 문화를 만들어낸다. 그러나 점점 더 복잡해지는 디지털 세계에서 강력한 연결 문화를 구축하고 유지하는 일은 늘 어렵다. 그러므로 복잡성 이론이 리더십과 어떤 관련이 있는지 탐구하면, 조직 문화에 힘과 유연성을 어떻게 결합하는지 이해할 수 있게 된다.

## 복합 리더십

복합 리더십 이론Complexity leadership theory(CLT)은 위의 여섯 가지 요소를 알려준 리더십 연구의 핵심 분야 중 하나다. 우리는 뷰카(VUCA) 디지털 세계에서, 구조적인 변화가 빠르게 일어나는 경향이 증가하는 점점 더 복잡하고 혼란스러운 환경에 살고 있다. 선동자인 동시에 파괴자이기도 한 애자일 리더십의 역설은 이러한 혼란의 가장자리에 존재하며, 불확실성을 뚫고 안정적이고 효과적인 조직을 만들기 위해 노력하고 있다. 맥킨지McKinsey의 연구는 이러한 견해를 분명하게 해준다. '우리 경험상, 진정한 애자일 조직은 역설적이게도 안정적인(회복력 있고 신뢰할 수 있으며 효율적인) 그리고 역동적인(빠르고 민첩하며 적응력이 뛰어난) 양쪽의 방법을 모두 배운다.'

CLT는 유동적 상황에서는 적응적 시스템이 정적인 시스템보다 더 효과가 좋다고 서술한 코베니Coveney의 복합 시스템 이론에서 발전했다. 우리는 살아남기 위해 적응해야 하고, 변화를 가속화하는 디지털 세계에서 끊임없이 배우고 주변에서 일어나고 있는 일을 이해할 필요가 있다. 1995년 스테이시Stacey는 부정적인 피드백과 긍정적인 피드백이 행동의 변화를 이끌고 혁신과 창의성을 증가시키는 '평형상태와는 거리가 먼' 상황에서 운영하는 조직에 대해 이야기한다. 스테이시는 불확실성을 최소화하려고 애쓰기보다는, 조직의 변화를 촉진하는 촉매제가 되는 불확실성의 이점에 초점을 맞추어 바라보았다. 우리는 주변의 불확실성을 받아들이고 변화하는 고객 기대와 경쟁사의 활동에 맞춰 진화할 수 있는 역량을 갖춘 조직 전반에 걸친 팀을 만들어야 한다.

이러한 팀들이 자신감 있게 행동하려면 고위 간부들의 든든한 지지를 받고 있다는 사실을 알아야 한다. 팀들은 조직이 어디를 향해 가고 있는지, 왜 중요한지, 그래서 이러한 목표와 목적에 맞게 노력을 조정할 수 있도록 명확히 알 필요가 있다. 그래서 변화하는 환경에 적절하게 행동할 수 있는 신뢰와 힘을 느낄 필요가 있고, 그들이 결정을 내리기에 안전한 변수를 알아야 한다. 또한 무엇이 효과가 있고 무엇이 효과가 없는지 실험하고 배울 수 있어야 하며, 혁신과 개선을 추진하기 위해 배운 것을 모두 다른 팀과 공유할 수 있어야 한다. 다시 말해서 그들은 연결되어야 한다. 그렇지 않으면 우리 모두 주변에서 일어나는 변화의 피해자가 되기 쉽다.

우리가 알고 있듯이, 어떤 개인이나 조직이 실제로 애자일해지기 위해서는 균형이 중요하다. 선동하는 것과 파괴하는 것 사이의 균형이 하나의 예다. 또 다른 하나는 위에서 언급했던 안정성과 역동성 사이의 균형이다. CLT는 변화하는 외부 환경에 대응하고 진화하는 동시에 일관된 방식으로 운영할 수 있으려면, 이러한 조직에 균형이 필요하다는 점을 역설한다. CLT에는 관리상의, 적응할 수 있는, 선동하는 세 가지의 리더십 기능이 있다. 이러한 기능들은 예측할 수 없고 지속적으로 변화하는 환경에서 성공할 수 있도록 서로 단결하여 균형을 창출한다.

관리상의 기능은 '조직의 관료적인 요소와 관련되어 있다. 관리 기능은 공식적인 경영 역할에서 발생하며, 사업 결과 추진을 겨냥한 전통적인 경영 과정과 기능을 반영한다.' 2001년 울비엔Uhl-Bien에 따르면, 이러한 기능은 '비록 조직이 관료적이긴 하지만 반드시 관료적이어야 할 필요는 없다는 것을 인정한다.' 조직의 척추이며, 맥도날드의 효율적인 운영모델과 공급체인처럼 부품을 연결하고 목표를 일관적인 힘으로 조정하는 구성이다.

조직에 이 강력한 관리 핵심의 균형을 맞추려면, 여러분은 또한 조직이 환경의 급격한 변화에 대응할 수 있도록 돕는 강력한 적응 기능이 필요하다. 적응 리더십의 역할은 주로 조직의 언저리에서 사람들이 끊임없이 변화하는 환경에서 생존할 수 있는 새로운 방법을 창출하면서, 고객이나 경쟁사 또는 다른 영향력을 끼치는 것들로부터 배우고 서로 상호작용할 수 있는 환경을 조성한다. 상점 팀들이 소비자들의 일상적인 쇼핑 습관에 대한 면밀한 분석을 통해 현지 고객의 요구를 파악하는, 자라Zara의 소매 판매점들처럼 외부와 접촉하여 감지하고 적응하는 조직의 역동적인 외피라고 할 수 있다. 군사적인 맥락에서, 적응 기능은 폰 클라우제비츠von Clausewitz가 '마찰'이라고 불렀던 것의 결과인데, 전쟁에서의 인간 상호작용은 엉망이고 예측할 수 없고 상황에 따라 달라진다는 의미다. 현장에 있는 장교들은 사전에 장군들이 정한 체계 내에서, 임무의 명확성과 허용 가능한 유연한 매개변수에 기초해 그들 앞에 닥친 상황에 대응하여 주도적으로 행동할 자유가 필요하다.

관리 리더십 기능과 적응 리더십 기능은 역동적인 긴장 속에서 서로 작용한다. 이 문제를 해결하려면 세 번째 기능인 선동적인 기능이 필요하다. 선동자 기능은 관리 기능과 적응 기능 사이의 접점인 역동적인 긴장에서 작용한다. 선동자 기능은 '전략적 초점을 잃지 않은 채 혁신과 창의성과 반응성을 자극하고, 변화에 지속적으로 적응하도록 관리하는, 즉 조직의 긴장을 풀어주기' 위해 작용한다. 말하자면 신체가 민첩해질 수 있도록 몸의 동작과 제어를 조정하는 신경과 근육 사이의 균형을 잡는 힘이다.

리더십의 역할은 가치관과 공유된 행동강령이 예상되고 리더들이 공통적으로 특정한 속성을 갖는 일관성 있는 문화를 창조하는 것이다. 특정한 속성은 자기 인식, 강한 도덕적 잣대, 균형 잡힌 정보 처리 그리고 개방적이고 정직한 관계다. 이러한 (진정한 리더십 속성으로 알려진) 네 가지 특성은 리더들이 신뢰도를 높이는 데 도움이 되며, 이는 결과적

그림 4.1 복합 리더십 이론(CLT)

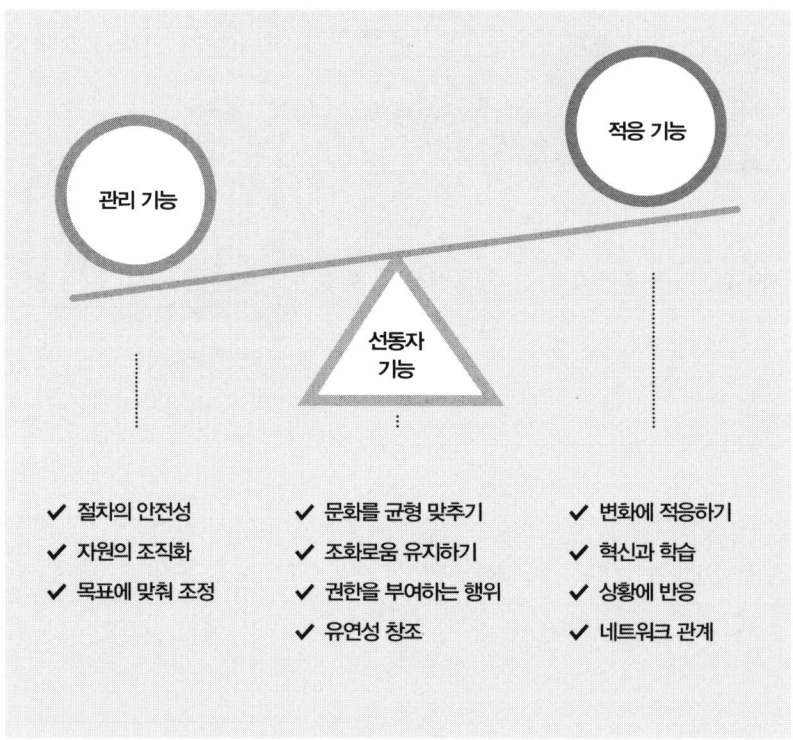

출처: 울비엔Uhl-Bien과 마리온Marion, 2011년.

으로 관리 기능과 적응 기능 사이의 조화로움을 지원하게 된다. 우리는 그림 4.1에서 선동자 기능이 제어와 적응, 정렬과 학습의 균형을 어떻게 맞추는지를 볼 수 있다.

그림 4.1은 리더로서 세 가지 기능이 서로 조화를 이루며 얼마나 잘 작동하고 있는지를 정의하는 것이 도움이 된다는 사실을 암시한다. 여러분은 통합을 유지하기 위한 강력한 가치와 시스템 그리고 프로세스를 가졌는가, 새로운 가치와 경쟁 방법을 창출하는 혁신적 팀을 가졌

는가, 조직의 방향과 목적에 따라 자신 있게 행동하도록 만들 수 있는 강력한 문화를 가졌는가? 중앙집권적 조직과 분권적 조직 리더십 사이의 균형 그리고 구조 및 감성적 지능과 도덕성 사이의 개인적 차원에서의 균형 등, 균형은 자주 반복되는 주제다. CLT는 우리에게 민첩성을 번성시킬 수 있는 환경을 조성하는 문화적 틀을 제공한다. CLT는 강력한 핵심집단의 필요성에 혁신과 변화를 추진하는 힘 있는 팀의 혜택을 결합한다.

## 2 명확성

애자일 조직을 만드는 데 있어 두 번째 장벽은 목표와 역할 그리고 기대에 대한 명확성이 부족하다는 점이다. 이것은 CLT에서 관리 기능과 관련이 있는데, 명확성이 효과적인 통치의 한 부분이기 때문이다. 나는 복잡한 관료주의의 유산이라는 부담에 짓눌려 있는 대규모 조직들을 많이 보는데, 주로 위험을 관리하려는(대부분 규제된 환경에서) 욕구 때문에 관료주의에 머무는 경우가 많다. 관료주의는 의사 결정과 행동을 늦춰, 이러한 조직들을 디지털 경쟁자들에 비교했을 때 느리고 경쟁력 없는 조직으로 만드는 역할을 한다. 관료주의를 벗겨내는 일은 정말 어려운 일이다. 관료주의는 따뜻함과 안전함을 보장하는 애착 담요 같은 행세를 해서, 그 한복판에 있는 사람들이 관료주의를 매우 좋아하기 때문이다.

여러분이 사람들에게 적응하고 실험할 수 있는 자유를 줄 때, 여러분 또한 스스로 어디로 가고 있는지, 각 사람과 팀이 어떤 역할을 하기를 원하는지, 생산과 행동기준 측면에서 여러분의 기대치가 무엇인지에 대해 실질적이고 단순 명료한 표현을 해야 한다. 애자일 작업이 혁신적인 결과를 가져오는 데 도움이 된, 온라인 의류 소매업체 N브라운N Brown의 CEO, 앤젤라 스핀들러Angela Spindler의 말을 인용해보자.

> **정말 분명한 틀을 세우는 일은 조직의 지도력에 책임이 있다. 만약 여러분이 분명한 틀을 갖추지 않은 채 애자일 작업 방식으로 옮겨간다면, 기본적으로 무정부 상태를 부추기고 있는 셈이다. 왜냐하면 여러분은 그룹에 권한을 부여하고 있지만, 매개 변수가 무엇인지 그리고 이러한 애자일 작업 프로세스를 적용해 그들에게 달성하기를 기대하는 것이 무엇인지 명확하게 모르기 때문이다. 그러나 여러분이 프레임워크가 제대로 운영되고 있다고 확신한다면, 이들 그룹에게 특히 제품 소유자들에게 계속 진행해서 목표를 실현하도록 권한을 부여하는 것은 근사한 일이며 사업에서 작업 그룹을 이동시키는 일이다.**

앤젤라의 리더십 아래, N 브라운N Brown은 최근 몇 년 동안 눈에 띄는 성장을 이뤄 시장 점유율을 늘인 유연한 온라인 소매업체로 변모했다.

한 주요 부동산 회사에서, 우리는 모든 고위급 경영진들이 끊임없이 일했던 다양한 프로젝트와 작업 흐름을 비교하고 토론하는 곳에서 새로운 계획을 추진하기 위한 모닥불을 피웠다. 고위급 경영진들은 몇 가지를 추진하기로 선택했는데, 그들이 모두 동의한 사항들은 기업과 고객들에게 가장 큰 가치를 가져오는 사항들이었다. 나머지는 그들 모두가 동의한 것에 대해 아무도 의심하지 않았다. 그들은 함께 성취하고자 하는 명확한 비전을 가지고 있었다. 그래서 어떤 계획이 그들을 가장 효과적으로 그 비전을 향해 이끌었는지 곧 명확해졌다. 우리는 5장에서 무자비한 우선순위의 중요성을 탐구할 것이다.

## 3 고객과의 친밀함

애자일 작업의 기본 원칙은 고객과 친밀함을 유지하고, 제품이 출시되자마자 고객들과 제품을 시험하고, 고객들이 어디에 있든 그들로부터 정기적인 피드백을 받는 것이다. 이로써 여러분은 고객들이 가치 있게 여기는 기능을 더 빠르고 경제적으로 제공할 수 있으며, 고객과 단절된 상태가 야기하는 혁신에 위협적인 부분을 많이 제거해 고객들의 요구를 충족시킬 수도 있고 아닐 수도 있다. 애자일 제품 및 서비스 개발은 고객을 개입시키기 위한 반복적인 방식을 사용함으로써, 소프트웨어 개발이나 항공우주 및 의류 소매업과 같은 다양한 산업에서 제품 출시 속도를 높이면서 위험은 줄이고 있다.

서비스 제공의 세계에서는 고객과 긴밀히 협력하는 것 또한 도움이 된다. 예를 들어, 여러분이 문제를 신속하고 지능적으로 해결하기 위해 고객과 함께 일하도록 우수한 동료들을 교육한다면, 고객 충성도는 증가하고 서비스 비용은 감소한다. 고객 센터 직원에게 고객 구매 패턴과 선호 및 수익성에 대한 정확한 정보를 제공하고, 직원들에게 합의된 매개 변수 내에서 의사 결정을 내릴 수 있는 권한을 부여한다면, 그들은 고객 문제를 더 신속하게 해결하거나 각 거래에서 평균 주문 가치를 증가시킬 수 있다. 영국의 한 통신사를 예를 들면, 회사의 순추천 고객 지수가 이 방식을 바탕으로 한 지난 2년 동안 0에서 20으로 계속해서 극적인 상승 추세를 보이고 있다. 한 챌린저 뱅크(소매금융과 중소기업금융 시장을 주 타깃으로 하는, 대형은행에 대항하는 소규모 신생은행 그룹을 뜻함: 역주)에서, 보험 상품의 매출전환 비율이 이 방식을 채택함으로써 40퍼센트에서 48퍼센트로 개선되었다. 고객은 향상된 경험을 얻고 있으며 회사는 비용을 절감하거나 더 많은 돈을 벌고 있다.

만약 여러분이 연결 문화와 각자의 역할을 맡은 사람들에게 무엇이 중요한지 명확하게 알고 있다면, 고객들과 디지털 방식으로 권한을 위임받은 우수한 사람들 사이의 모든 상호작용을 통해 경쟁적 우위를 창출할 수 있다. 많은 유산과 분산된 국제적인 노동력을 가진 대규모 조직들에게 이와 같은 일은 도전일 수 있다. 이러한 조직들의 내부적인 초점과 관료주의적 경향을 파괴하기 위해 효과적으로 작동할 수 있는 한 가지 기법은 고객 중심의 촉매제를 도입하는 것이다. 즉, 새로운 아이디어가 꽃 피울 시간과 공간과 자원을 제공하는 내부적인 '착수'인큐베이터를 만들거나 또는 고객 중심의 조직을 습득해 삼투현상을 통해 원래 조직의 문화를 보호하면서도 영향을 끼치도록 만들 수도 있다.

나는 혁신과 민첩성을 위한 허브(중심지)를 만들어온 글로벌 서비스 회사에서 인큐베이터 루트의 훌륭한 예를 본 적이 있다. 이 허브는 유럽의 본사 위치 옆에 특별히 설계된 공간으로 다른 나라 출신의 직원들을 한데 모은다. 허브의 목적은 특히 디지털화에 초점을 맞춰 전반적인 고객 경험을 다시 논의하고 개선하려는 취지다. 허브는 미래의 고객 경험을 함께 만들기 위해 의도적으로 별도의 작업 환경으로 설정되었으며, 사업의 나머지 부분들과는 문화적으로 상당히 다르다. 아이디어 생성 및 테스트에 참여하는 고객들과의 긴밀한 협력이 있다.

이 회사는 허브 설계 성공의 많은 부분을 혁신의 속도를 높이는 고정된 타임프레임 활용에 돌리고 있다. 직원들은 개념을 아이디어 형태에서 시제품(프로토타입)으로 바꾸며 8주간의 집중기간 동안 열심히 참여한다. 그런 다음, 조직에서 차지하는 자신들의 영구적인 역할로 돌아와, 그동안 배운 것을 동료들과 공유하고 더욱 애자일한 작업 방식을 퍼뜨린다.

다국적 은행 및 금융 서비스 회사인 스탠다드차타드Standard Charted에서는 애자일 작업 관행이 조직 전반에 걸친 집단에서 채택되고 있다. 리더십 유효성과 조직 개발Leadership Effectiveness & Organizational Development의 글로벌 책임자인 이완 클락Ewan Clark은 다음과 같이 말한다.

**은행들은 통제와 지배가 몹시 필요하다. 우리는 규제된 금융 서비스 조**

직이다. 따라서 애자일 작업에 장애가 될 수 있다. 어떻게 우리와 같은 커다란 조직이 빠른 외부 변화에 보조를 맞추는가? 우리가 이 문제를 극복하고 있는 한 가지 방법은 조직을 분할하는 것이다. 조직에서 필요한 통치 및 제어 수준을 유지하면서, 애자일 팀들을 구성할 수 있는 영역들을 식별해왔다. 일부 프로젝트들은 애자일 작업에 도움이 되고 다른 프로젝트들은 도움이 되지 않는다. 하나의 방법이 모든 영역에 적용되지는 않는다.

스탠다드차타드는 싱가포르에서 애자일 작업을 장려하기 위해 목적에 부합하는 물리적 환경을 조성해왔다. 이완Ewan은 다음과 같이 말한다.

우리는 또한 엑셀러레이터 팀eXellerator Team이라고 불리는 한 그룹을 조직 내에 구성하기도 했다. 그 팀은 본질적으로 사내 혁신 실험실이다. 그들은 우리가 어떻게 더욱 창의적이고 기업가적인 방법으로 문제를 해결할 수 있는지 살펴보고, 다른 여러 작업 방식도 제시한다. 매우 성공적인 방법이었다. 게다가 우리에게는 사용자 경험User Experience 팀이 있다. 팀의 대부분은 스타트업 조직에서 왔으며 새로운 능력과 사고방식을 가져왔다. 다른 산업들과의 상호교류는 우리가 다른 방식으로 일을 하는 데 도움을 준다. 애자일은 조직 전반에 걸쳐 문화적으로 내재되기 시작하는 전염성이 있는 작업 방식이다. 우리는 그렇게 느끼고 있다.

 **사례 연구**

## 성공적인 스타트업에게 배우기

성공적인 스타트업은 애자일 작업 방식으로 칭송받는 경우가 많다. 스타트업은 자신들이 무엇을 배울 수 있는지 대기업을 자주 들여다보기는 하지만 대기업의 관료주의에 의해 방해받지 않는다. 대기업과 스타트업들을 하나로 모으는 데 도움을 주는 한 조직은 로즈 루이스Rose Lewis가 설립한 콜라이더Collider다. 콜라이더는 창업자와 투자자를 하나로 묶어 스타트업이 기업에 혁신을 가져오도록 돕고 궁극적으로 투자 수익을 제공하는 일종의 가속기와 같다.

'대부분의 대기업들은 보다 민첩하게 대응하기를 원하며 전통적으로 내부 혁신에 의존해 왔다. 스타트업과 일하는 것은 조직에 애자일 사고방식을 가져와 내부적으로 강력한 혁신을 일으킬 수 있는 참신한 아이디어를 활용하는 일과 비슷하다. 구글Google 같은 거대 기술 회사들을 보면, 끊임없이 외부세계를 안으로 가져오고 있다. 이제 더 많은 대기업들이 그러한 사고방식으로 다가가고 있다.'라고 로즈는 말한다.

로즈는 스타트업과 가장 성공적으로 협력했던 대기업들이 고위 리더십을 받아들인 사실을 관찰했다. 리더들은 계속해서 외부에서 들여오는 것의 가치를 강화하고 사람들이 애자일하도록, 새로운 것을 배우도록, 다른 방식으로 일을 하도록 그리고 도중에 실수를 하도록 '허용'한다. 그렇지 않으면, 조직들은 항상 해왔던 본래의 방식으로 돌아가는 경우가 많다.

앤젤라 스핀들러는 소매업체 N 브라운N Brown에 제이디워크JD Works라고 불리는 혁신 허브를 도입한다. 기술 스타트업들은 N 브라운N Brown과 협력하여 조직의 가장 큰 고객 과제 중 일부를 해결하기 위해 기술 주도 솔루션 개발에 열을 올리고 있다. 앤젤라는 이러한 해결책들 중 일부를 이행시키는 활동이 N 브라운을 경쟁에서 차별화하는 데 도움이 되었다고 믿는다. '나는 우리가 대기업의 커다랗고 잘 정립된 사업적 유산과 전형적인 스타트업에서 비롯된 '할 수 있다'는 일종의 혁신적인 태도와 속도를 잘 조화시켰다고 생각한다. 우리는 지금 괜찮은 경로를 밟고 있다.'고 앤젤라는 말한다.

제이디워크JD Works라는 혁신 허브는 N 브라운을 더욱 애자일한 조직으로 만드는 데 도움을 준, 앤젤라가 도입한 변화들 중 하나에 불과하다. '우리는 활동 계획과 조직 설계 및 주식 관리 측면에서 꽤 효율적이고 고정된 모델로부터 시즌 동안 우리가 변화를 만들 수 있도록 훨씬 더 유연한 모델로 전환했다. 고객들은 더 이상 예전처럼 미리 계획을 세우지 않기 때문에 우리도 그럴 수 없다. 고객들은 순간적으로 충동적으로 행동하며 즉각적인 만족을 기대한다. 여러분이

> 고객들의 변화를 빠르게 알아채지 못한다면 영원히 잃어버리게 된다. 훨씬 덜 관대한 소매 환경이 되었기 때문에 고객의 기대를 훨씬 더 빨리 충족시킬 수 있는 변화를 만드는 유연성이 필요하다. 내 경험으로 볼 때, 고객의 입장에서 고객에게 옳은 일을 한다면 상업적 이득은 저절로 따라올 것이다.'라고 그녀는 말한다.

기업 인수 경로의 한 예로는 2016년 영국 최대 이동통신사 EE를 인수했던 BT그룹을 들 수 있다. BT는 EE를 자신들의 구조에 빠르게 흡수하는 대신, EE를 계속 분리한 상태로 두고 일련의 협조된 교체를 통해 두 회사의 사람들을 옮기도록 했다. 기업가적인 문화를 EE에 이전하고 학습을 장려하기 위해서였다. 의사 결정을 가속화하는 BT로 옮긴 고위 간부들 그리고 고객과 더욱 많이 연결하려는 회사 전반의 추진력 등이 그 결과라고 볼 수 있다. 중요한 점은 BT의 고위 지도자들이 EE로부터 배울 수 있다는 사실을 인식하고, 지속 가능한 방식으로 학습을 할 수 있도록 장려하기 위해 구체적인 조치를 취했다는 점이다.

# 4 협업

팀과 기능 그리고 조직 간에 서로 협력적으로 일하는 방식은 디지털 세계에서 혁신을 주도하는 사람들에게 새로운 표준이 되고 있다. PwC에 의한 최근 연구는 이러한 경향을 확인하였다.

개방형 혁신, 디자인적인 사고, 파트너와 고객 및 공급업체와의 협업과 같은 보다 포괄적인 운영 모델이 이제 전통적인 R&D보다 먼저 채택되었으며, 넉넉잡아 거의 두 배에 가까운 많은 기업들이 이러한 모델을 선호한다.

그러나 내가 대기업과 중견 기업에서 듣는 가장 일반적인 문제들 중 하나는 사일로가 혁신과 애자일 작업에 방해가 된다는 사실이다. 사일로가 비즈니스 성과에 영향을 미치는 핵심 영역은, 이제는 고객 경험이 여러 가지 다른 접촉 지점에 걸쳐 있는 소매업이다. 2017년 JDA/PwC에서 소매업 CEO들을 대상으로 실시한 설문조사에 따르면 CEO의 대다수가 디지털 전환에 투자하고 있으며, 이 투자 업무를 수행하는 데 있어 우선순위는 원활한 고객 경험을 가로막는 사일로를 제거하는 일이라고 한다. 300명 이상의 소매 및 소비재 최고 경영자들을 대상으로 한 글로벌 설문조사는 '사일로를 줄이는 것이 수익성의 핵심이다'라고 말했다. 그러나 이 조사에서는 '18퍼센트만이 매끄러운 옴니채널(고객이 온라인과 오프라인의 다양한 경로를 통해 상품이나 서비스를 탐색하고 구매

할 수 있게 하는 소매업 방식: 역주) 쇼핑 경험을 제공하기 위해 운영 사일로를 제거했다'고 밝혔다. 앞에서 본 대로, 사일로 제거는 수익과 수익성의 예상 성장에 중요한 영향을 미치므로, 조직의 재무성과에도 지대한 영향을 미치고 있다. 사일로를 방치하는 일은 더 이상 허용하지 말아야 한다.

디지털 세계에서 팀이 상호작용하는 방식은 비즈니스에 대단히 중대한 문제가 되었다. 리더로서 여러분은 이에 대한 역할 모델이 될 수 있다. 여러분의 팀이 매우 협력적이라는 점을 보장함으로써 그리고 여러분의 기술이 상호 보완적이거나 함께 일하면 더 많은 가치를 창출할 수 있는 다른 팀 및 조직과 협업할 기회를 창출함으로써 역할 모델이 되는 일이 가능하다. 펫츠엣홈베트 그룹Pets at Home Vet Group의 CEO인 샐리 홉슨Sally Hopson은 빠른 성공을 추진하는 데 있어 다양한 팀을 구성하는 일의 중요성을 이렇게 말한다. '다양성은 애자일 세상에서 중요하다. 다른 관점을 공유할 수 있는 다양한 팀들이 필요하다. 다양한 기능을 두루 거친 리더들 역시 다양한 이해력을 갖고 있으며, 이는 심도 깊은 협업을 장려하는 데 도움이 된다.' 협업이 애자일 작업의 핵심에 어떻게 영향을 끼치는지 6장에서 자세히 살펴볼 것이다.

여러분은 또한 애자일 작업 방식을 도입하여 유연한 작업 패턴을 지원함으로써 협업 수준을 높일 수 있다. 우리는 다섯 세대가 존재하면서 노동력에 인구 통계의 변화가 보이는 시대를 살고 있다. 은퇴 관행이 변화하고 글로벌 업무를 만족시키기 위해 연중무휴로 7일 24시간을 일해야 하는 필요성이 증가하고 있다. 영국의 애자일 미래 포럼Agile

Future Forum의 연구는 예를 들어, 더욱 애자일한 업무 관행이 이미 이를 효과적으로 채택하는 고용주에게 3내지 13퍼센트의 인건비에 상당하는 가치를 제공하고 있다는 사실을 밝혔다. 이러한 예들은 변화하는 수요를 충족시키기 위해 보다 유연한 프로젝트 작업을 장려하고자 노동 풀을 공유하는 일 그리고 사람들이 보다 원활한 방법으로 팀 간에 이동할 수 있도록 여러 기술을 사용하는 일 등을 포함한다. 우리는 9장에서 이러한 예들을 좀 더 탐구할 것이다.

 **사례 연구**

### 쓰리Three(UK)에서 애자일 비즈니스 구축하기

#### #제대로 해라makeitright

대부분의 조직들이 더욱 애자일하기를 열망하는 것처럼, 쓰리Three UK는 끊임없이 여행 중이라고 믿는다. 이 회사의 목표는, 회사의 핵심 목적인 '제대로 해라Make It Right'(여러분이 모바일을 더 공정하고 더 좋게 만드는 것이라는 쓰리Three의 광범위한 소셜 미디어 활동을 경험했다면, #makeitright이 더 적당할 것이다)라는 지침에 따라, 통신 업계에서 동료들과 고객 양측에서 가장 사랑받는 브랜드가 되는 것이다.

쓰리Three는 고객 중심적이고 협력적이며 애자일 방식으로 작업한다는 '쓰리로 존재하기Being Three'라는 중심 철학을 갖고 있다. 연결은 쓰리Three가 추구하는 매우 중요한 가치다. 연결은 '사람과 사람, 사람과 사물, 사물과 사물을 연결하면서' 행해지는 상황을 묘사한다.

쓰리Three는 영국 정부가 이동통신 산업의 경쟁부진을 해결하기 위해 열심이었던 2003년에 설립되었다. 비록 회사는 빠르게 시장을 혁신하고 파괴하는 것으로 명성을 얻었지만, 성장 촉진을 위한 할인과 고객 서비스에 대한 투자 부족이라는 점이 겹쳐 초기 목표의 성과는 저조하게 되었다.

데이브 다이슨Dave Dyson이 2011년에 CEO로 임명되었을 때, 사업이 '모바일 개선'이라는 창립 목표에서 너무 멀어졌다는 사실을 알게 되었다. 데이브는 전임자기 시작했던 작업을 계속하는 동시에, 다시 한 번 모바일 규칙에 도전하기 위한 사업으로 초점을 맞추었다(해외 로밍 요금을 없앤 최초의 영국 이동 통신사로 유명함). 데이브는 좋은 아이디어를 내는 것만으로는 충분하지 않다는 점을 분명히 밝힌다. 즉, 조직은 이러한 아이디어를 시장에 내놓기 위해 민첩성이 필요하다. 그는 쓰리Three의 목적과 목표에 따라 기술과 행동을 구축하기 위해 지속적인 리더십 개발에 투자한다. 이는 변화하는 시장 기회와 고객 요구에 대응할 수 있도록 비즈니스를 더욱 잘 자리 잡게 함으로써 의사 결정하는 속도를 높였다. 그가 CEO가 된 이후, 고객 만족도는

극적으로 개선되었고 수익성이 증가했다.

데이브가 관찰한 대로, 인간의 행동은 매우 빠른 속도로 변하고 기술은 훨씬 더 빠르게 변하고 있다. 쓰리Three는 매우 역동적이고 빠르게 변화하며 경쟁적인 시장 상황에 처해있다. 통신 분야의 혁신은 빠르고, 모바일과 광대역과 텔레비전 그리고 다른 매체들 사이에는 엄청난 융합이 있어왔다. 그는 미래의 많은 사업이 새로운 고객 부문과 새로운 수익원으로부터 올 것이라고 예상한다.

데이브Dave는 '전체 조직을 대표하는 하나의 명확한 계획 수립이 중요하다. 이는 사후 대응방식이 아닌 매우 사전적인 방식으로 비즈니스를 관리할 수 있는 중요한 기반을 제공한다.'고 믿는다. 비즈니스가 성장하고 더 복잡한 활동 포트폴리오를 개발함에 따라 무자비한 우선순위는 점점 더 중요해지고 있다. 우선순위를 정하지 않으면 비즈니스가 지나치게 반응하고 애자일 능력이 떨어질 수 있다고 데이브Dave는 실감한다.

### 중심 행위

쓰리Three는 민첩성과 고객 중심 및 협업을 중심 철학에 따른 중심 행동으로서 정의하고 조직 내에 철학으로 간직하고 있다. 데이브는 또한 '이러한 행동들이 쓰리Three에게 경쟁 우위를 준다.'고 믿고 있다. 조직은 고객 중심의 업무 방식을 더욱 지원하기 위해 더 평평하고 덜 계층적인 구조를 채택했다. 따라서 모든 사람들은 고객을 향한 명확한 시선을 갖게 된다. 이는 또한 가장 큰 영향을 주는 고객들 입장에 더 가깝게 의사 결정을 할 수 있다는 사실을 의미한다.

데이브는 명확하고 지속적인 의사소통을 옹호한다. '우리는 달성하고자 하는 결과에 대해 매우 솔직하게 행동함으로써 회의를 더욱 효과적으로 만들었다. 결정을 빨리 내릴 수 있도록 일정한 기간 내에 상황을 "타임박스time box(시간을 정해 놓고 결정함: 역주)" 한다. 타임박스는 조직이 더 날렵해지고 더 민첩해지는 데 기여한다. 우리는 또한 사업 전반에 걸친 의사소통의 빈도와 폭을 늘렸기 때문에 사람들이 일을 할 수 있는 올바른 정보를 갖고 있다는 점을 더 확신할 수 있다.'

사업이 점점 복잡해지면서 '빠르게 실패하고 배워라'는 원칙도 점점 중요해지고 있다. '더 많은 목표를 달성하고자 하는 우리의 바람은 모든 사람의 시간을 요구한다. 우리가 지속적으로 능력을 높이고 있다 하더라도, 실제로 서비스할 수 있는 범위를 넘어서는 일들이 항상 많이 생기게 마련이다. 어떤 활동이 효과가 없거나 효과가 없을 것처럼 보일 때, 그 활동에 대한 투자를 중단하고 다른 활동에 투자하기로 빨리 결정할수록, 우리는 더 나은 조직이 될 것이다.'라고 데이브는 말한다.

리더십 개발 프로그램에서 사용된 프로파일링에 따르면, 쓰리Three

에 있는 대부분의 리더들은 완벽한 결과를 달성하려는 열망이 있다. 이는 속도를 높이고 결과를 제공하는 데 장애가 되고 있었다. 그래서 조직은 이러한 상황을 바꾸려는 고의적인 시도를 했다. 데이브가 말했듯이, '완벽한 계획을 세우려고 하면 출발점이 늦춰진다. 균형을 잡기는 까다롭다. 왜냐하면 합리적인 계획이나 합리적인 수준이라는 확신을 갖기 전에 어떤 일에 무작정 뛰어들고 싶지는 않기 때문이다. 완벽주의자들이 많은 조직에서 이와 같은 일은 도전이며, 우리는 고객 경험을 해치는 일은 절대로 하고 싶지 않다. 따라서 브랜드를 확실히 보호하기 위해서는 자연스러운 수준의 보수주의가 필요하지만, 어느 시점에서는 확실히 결단을 내리겠다는 생각을 가져야 한다. 나는 "완벽이 아닌 진전"이라는 구호가 매우 실현 가능성이 높다고 생각한다.'

쓰리Three의 개인들은 자신들이 하는 일과 조직이 달성하고자 하는 목표 사이의 연관성을 분명하게 알고 있다. 최고 운영 책임자인, 그레이엄 백스터Graham Baxter는 다음과 같은 의견을 말한다. '여러분이 더 애자일하면, 더 많은 직원들이 참여하게 된다. 왜냐하면 직원들은 자신이 하고 있는 일과 사업 결과를 제공하는 일 사이의 관련성을 알고 있기 때문이다. 참여자들은 전략을 실행할 수 있는 더 많은 자신감을 가지고 있다. 여러분은 더 낮은 비용으로 더 빠르게 결과를 제공받고 조직의 목표에 더 잘 부합될 수 있다. 장기적인 관점에서 볼 때 여러분이 새로운 도전에 맞서도록 조직을 발전시킬 수도 있다는 사실을 의미하며, 결국 시대에 뒤떨어지지 않게 된다. 실적은 매월 향상된다. 사람들이 성과를 얻었기 때문이다. 고객 센터에서 일하든 상점에서 일하든 직원들은 성과를 얻는다. 그리고 우리는 개개인의 노력을 보상하기 보다는 공동의 결과를 보상하고 싶다. 팀들이 사고하도록 장려하고 사람들을 공유된 목적에 따라 한데 모으고 싶다.'

**애자일 작업 방식**

쓰리Three는 소프트웨어 개발 측면에서 매우 애자일하며, 조직 전반에 걸쳐 보다 광범위하게 다기능 업무를 수행하는 것과 같은 많은 애자일 원칙들을 채택해왔다. 그레이엄은 이렇게 말한다. '많은 사람들은 애자일을 규칙이 없는 것으로 생각하지만, 그렇지 않다. 사실 애자일은 모든 과정에 적용된다. 애자일은 훈련을 받아야 효과가 있는 방식이다. 우리는 점차 비즈니스 문제를 많이 겪게 되고 문제를 해결하기 위해 필요한 능력이 요구될 것이다. 사업 전반에 걸친 해결 능력이 필요하다. 우리는 명확한 결과를 내는 용도 지정 팀을 구성한다. 스크럼 마스터 같은 역할을 하는 누군가가 그 팀을 운영한다. 또한 장기적인 목표 보다는 스프린트에 효과가 있다. 팀원들은 자신이 무엇을 제공해야 하는지, 그리고 자신들이 의거해 평가받기

로 합의한 일련의 KPI(핵심 성과 지표)를 명확히 이해하고 있다.'

많은 사람들이 장기적이고 포괄적인 프로젝트 계획에 익숙하기 때문에 이러한 유형의 작업을 도입하는 것은 일종의 도전이다. 사람들은 6개월 후에 무엇을 얻게 될 지 정확하게 알고 싶어 한다. 그러나 '그대로 놔둬야 한다.'고 그레이엄이 말한다. '이렇게 더욱 애자일한 방식으로, 무엇을 얻을지 그리고 언제 얻을지 반드시 알 필요는 없다. 그것이 요점이다. 여러분은 끊임없이 다시 적응하고 있다. 만약 2주간의 스프린트를 기초로 무언가를 할 계획이라면, 2주 내에 최소의 실행 가능한 제품이 무엇이든 얻을 수 있다. 여러분은 어느 시점에 완전체를 제공하는가? 모른다, 일단 완성해야 완성하는 것이다. 사고방식의 상당한 변화라고 할 수 있다. 열에 아홉은 더 빨리 완성한다. 하지만 제공받을 날짜와 제공될 제품의 모든 면모를 정확하게 알 수는 없다. 2주 후에야 받아보고 연구해야 하기 때문이다. 우리는 그러한 사고방식에 적응하고 있다. 전통적으로 사업체들이 세워진 방식하고는 다르다. 정해진 시간에 어떤 결과물을 얻을 수 있는 프로젝트에 전념하기 위해 준비하고 있다. 여러분은 애자일 팀을 진정으로 설정할 수도 없고, 이렇게 말하기 쉽다. "그런데, 나는 무엇을 얻고 언제 얻는지 정확하게 알려주는 포괄적인 프로젝트 계획을 원한다." 두 가지는 같이 작용하지 않는다. 여러분은 이것 아니면 저것을 선택해야만 한다.'

기존의 많은 조직들처럼, 쓰리Three는 애자일 방식으로 일하는 사람들 무리와 전통적인 방식으로 일하는 사람들 무리가 있다. 이슈가 될 만한 일이다. 그레이엄은 이렇게 말한다. '애자일 팀을 효과적으로 만들기 위해서는, 그들이 공통적으로 접하는 다른 부분들 역시 애자일 해야 한다. 예를 들어, 애자일 개발팀을 가지고 있다면, 전통적인 워터폴 방법론에 더 부합하는 상당히 구조적인 방식으로 일하도록 요구하는 금융팀의 엄격한 관리를 받을 필요는 없다. 만약 3개월간의 금융 관리 프로세스를 받는다면 애자일하다는 것이 아무런 소용이 없다. 그건 말도 안 된다. 처음부터 애자일 비즈니스로 설정하지도 않은 채 전통적인 기능적 프로젝트 주도의 워터폴 비즈니스에서 애자일 비즈니스로 바꾸려 한다고 해서, 하룻밤 사이에 스위치 한 번으로 모든 것을 애자일로 바꿀 수는 없다. 애자일 팀은 작은 집단으로 시작해, 여전히 옛날 방식으로 일하고 있는 나머지 사업과 연계되어 있어 좌절감을 느낀 채 끝날 수도 있다. 그런 경우가 많다. 애자일 팀과 다른 사업 사이의 경계는 긴장과 마찰을 일으킬 수 있다. 통과하기 어려운 과도기다.'

쓰리Three는 더욱 애자일한 작업법을 개발하기 위한 필수 요소의 하나로 권한 위임을 꼽는다. 리더들은 의사 결정에 대한 책임을 양도하도록 권장 받는다. 방향을 제시하고 다른 사람들과 기대와 경계를 명확하게 합의하지만, 해결책을 추진하지는 않는다. 리더들은 또한

> 각 팀이 기대에 부응하기 위해 필요한 범위의 능력을 갖추도록 할 책임이 있다. 정기적으로 하는 팀 체크인이 있지만, 리더들은 '인수' 하지 않음으로써 자신들의 신뢰를 보여주는 것이 중요하다. 리더십 개발에 관한 지속적인 프로그램들은, 리더들이 쓰리Three의 전반적인 목적과 목표에 맞는 적절한 결론에 이를 수 있도록 사람들을 능숙하게 코치하고 조언하도록 보장한다. 권한 위임과 리더십 프로그램들은 쓰리Three가 통신업계에서 가장 사랑받는 브랜드가 되겠다는 목표달성을 위해, 진정한 애자일을 향해 가는 여정에 가속도를 유지하도록 돕는다.

## 요약

애자일 조직은 빠르게 변화하는 디지털 세계에 더 잘 적응할 수 있으므로, 조직의 민첩성을 최적화하는 데 어떤 장벽이 있는지 생각해 본다면 도움이 된다. 연구할 때 특히 주의해야 할 4가지 장벽이 있다. 문화, 명확성, 고객 친밀감, 협업이다. 여러분이 적절한 관리 구조와 혁신에 대한 건전한 적응방식을 갖추는 일과 조직에 통합된 목적의식을 가져오는 문화 지원 사이에서 균형을 이룬다면, 애자일 비즈니스를 잘 구축하게 될 것이다.

잠시 멈춰서, 조직이 이러한 장벽들에 관해 현재 어떤 상태에 있는지를 평가해본다면 도움이 될 수 있다.

- 문화는 사람들이 자신 있게 행동하도록 한다.
- 비전과 역할 그리고 기대의 명확성.
- 고객과의 친밀함이 조직에 깊숙이 박혀 있다.
- 협업과 팀워크는 여러분의 운영 방식에 가장 중요한 요소다.

여러분이 가장 어렵게 느끼는 도전은 어느 것인가? 장애를 줄이고 민첩성을 향한 과정을 가속화하기 위해 가장 먼저 어디에 주의를 집중해야 하는가? 1에서 4까지 장벽의 순위를 매겨라. 1이 가장 큰 도전이고 4가 가장 작은 도전이다. 1을 해결하기 위해서는, 이 도전과 관련된 이 장의 내용을 되짚어 보고 실제로 구현할 수 있는 한 가지 핵심 통찰력을 선택하라. 다음 섹션에서는 이러한 장벽을 제거하고 실제로 민첩성을 구축하기 위한 더 많은 방법을 탐구해보자.

THE AGIL

2부

# 실전 애자일

# 무자비한 우선순위

## 도입

애자일 작업의 핵심 측면은 무자비한 우선순위를 정하는 것이다. 어려운 결정을 내리는 일은 보다 애자일한 조직을 만드는 데 핵심을 차지하며, 여러분이 올바른 우선순위를 알아보고 그것에 따라 행동하고 그것들을 검토하도록 해야 한다는 사실을 의미한다. 일단 집중할 우선순위 항목을 선택하면 나머지 항목은 신경 쓰지 않아도 된다. 엘리트 운동선수가 훈련하기 위해 매일 날씨가 어떻든 일찍 일어나는 것처럼, 애자일 리더는 어떤 것에 자원을 집중해야 하는지에 대해 매일 어려운 결정을 내린다. 최고의 운동선수는 외곬수인 경향이 있고 할 수 있는 한 최선을 다해 헌신하며, 이러한 집중 방식을 방해할만한 외부의 영향이나 산만한 요소에 대해서는 무자비하다. 따라서 '무자비한'이란 말은 결과를 얻기 위한 변함없는 결의를 나타낸다. 우선순위는 명확성을 불러온다.

이번 장에서는 여러분이 리더로서 이 방식을 조직 내에서 활용할 수 있는 유용한 기술을 탐구할 것이다. 조직에서 명확성을 더 잘 확립할 수 있는 능력을 뒷받침할 무자비한 우선순위 수준을 달성할 수 있는 세 가지 방법을 설명하겠다.

1. 제품의 소유자 되기
2. 중요한 것 고수하기
3. 단순함에 대한 강박관념 만들기

고객과 조직에 가장 중요한 몇 가지 사항에 초점을 맞추면 이익을 극대화하고 비용을 최소화할 수 있다. 기회를 빠르고 효과적으로 창출하거나 포착하는 능력을 가속화하는 방식으로 스타트업이 주로 활용한다. 무자비한 우선순위의 진행 없이는 이 책의 나머지 부분은 실행하기가 매우 어렵다.

> **✏️ 자신에게 하는 질문**
>
> 여러분은 이번 장에서 리더로서의 자신을 위한 주요 통찰력을 추출하기 위해, 이 책을 읽으면서 다음과 같은 질문을 고려하는 것이 도

> 움이 될 수 있다.
> - 고객이 가장 가치 있게 여기는 것이 무엇인지 아는가?
> - 지금 당장 여러분이 가장 중요하게 여기는 과제는 무엇인가?
> - 여러분은 하던 일 중 무엇을 멈출 수 있는가?

## 당신은 제품의 소유자다

단일 개발 팀이 아닌 보다 광범위한 조직적인 맥락에서 3장에서 살펴본 스크럼Scrum 방식을 적용한다면, 리더로서 여러분의 역할과 프로세스와의 관련성을 생각해보는 일이 유용하다. 여러분이 최고 책임자라면 전체 기업의 생산물을 소유하면서, 사실상 그 기업의 '제품 소유자'다. 여러분이 팀 리더라면, 여러분은 그 팀의 제품 소유자다. 최고 책임자는 궁극적으로 변화하는 고객의 요구와 기대에 따라 비즈니스의 전반적인 우선순위를 결정할 책임이 있으며, 조직 전체에 걸쳐 리더십 역할을 통해 단계적으로 확대된다. 여러분이 어느 자리에 있든지, 그 일을 할 사람들에게 여러분이 성취하고자 하는 비전에 대해 명확하게 잘 전달해야 한다. 만약 여러분이 명확하게 밝히지 않으면 팀에 혼동을 야기할 위험이 있다. 명확하게 밝히고 고객들과 정말로 조화를 잘 이룬다면, 여러분은 사람들이 빠르고 효과적이고 협력적으로 행동할 수 있도록 우선순위를 제공할 수 있다.

연결 리더십에서 알 수 있듯이 위임된 의사 결정은 민첩성을 높이는 데 매우 도움이 되며, 그 중심에는 조직 전반의 결과에 대한 책임을 의식적으로 위임하는 일에 관한 일관성 있는 방식이 있다. 이로써 사람들은 기업 전체의 전반적인 비전과 목적에 부합하는 방식으로 올바른 결정을 내리기 위해 고객에게 더 가까이 다가갈 수 있다. 이러한 일관성이 유지되고, 우선순위와 행동이 조직의 전반적인 우선순위에 기여하고 있는지 확인하는 일은 각 관리자의 책임이다.

## 가장 중요한 것

여러분이 매주, 매달, 매년 무엇을 성취해야 하는지에 대한 명확한 비전을 가지고 있다면, 여러분은 다른 사람들이 그것을 정열적으로 제공할 수 있도록 힘을 실어줄 수 있다. 다음은 스티븐 코비Stephen Covey의 유명한 말이다. '중요한 것을 주된 것으로 유지하는 일이 핵심이다.' 애자일한 조직을 만들기 위한 설정에서 여러분의 핵심적인 역할은 '중요한 것'을 명확히 파악해서 모든 사람이 중요한 것을 성취하는 데 집중하도록 만드는 일이다. 지난 장에서 논의한 대로 명확성은 민첩성을 여는 열쇠다. 나는 여러분이 장단기적으로 중요하다고 여기는 것을 분명히 밝히기를 권한다. 내일 중요한 것은 무엇인가? 그 일에 집중하고,

그 일을 완수할 때까지 다른 업무로 넘어가지 마라. 여러분의 조직을 위해 장기적인 측면에서 중요한 것은 무엇인가? 그것을 성취하는 데 여러분의 자원과 노력을 집중하고, 그 밖의 것에 대해서는 최대한 많은 활동을 중단하라. 아래의 사례 연구에서, 우리는 헤이마켓Hay Market이 이 교훈을 적용함으로써 어떻게 인쇄 기반 출판사에서 디지털로 가능한 글로벌 콘텐츠 회사로 변모했는지 알아볼 것이다

 **사례 연구**

### 헤이마켓 미디어 그룹Haymarket Media Group: 명확한 우선순위로 변화하는 환경에 적응하기

헤이마켓 미디어 그룹은 1957년 영국에서 설립되었다. 그 후 수십 년 동안, 회사는 매니지먼트 투데이Management Today, 캠페인Camaign, 포포투앤왓카?FourFour Two and What Car?를 포함해서 시장을 선도하는 비즈니스 및 소비자 출판물을 기반으로 국제적인 명성을 쌓았다. 오늘날의 헤이마켓Haymarket은 1957년에는 상상도 할 수 없었던 방식으로 바뀌었다. 회사는 현재 유럽과 아시아 그리고 미국에서 70개 이상의 브랜드를 운영하고 있다. 전 세계 고부가가치 및 고액 출연

자를 위한 전문 콘텐츠와 서비스를 창출하는 데이터 주도 전략에 초점을 맞추고 있다. 출판업은 여전히 그 회사에서 중요한 부분을 차지하지만, 독자들이 그것을 확실히 선호하는 경우에만 그렇다. 이러한 시청자 우선 전략은 헤이마켓Hay Market이 서비스를 제공하는 시장에 적합한 플랫폼 솔루션을 개발하고, 기존 브랜드를 재발명하며, 데스크톱과 모바일 및 라이브 이벤트에 걸쳐 새로운 제품을 만들어 내면서 빠르게 진화할 수 있도록 했다. 이러한 모든 활동 전반에 걸쳐 헤이마켓Hay Market을 위한 직통선은 청중을 이해하고 그들의 요구를 충족하기 위한 혁신적인 애자일 방식을 만드는 데 초점을 맞춘 것이다.

케빈 코스텔로Kevin Costello 최고경영자(CEO)는 1994년 헤이마켓 Haymarket에 컨설턴트로 합류했고, 가능성에 강한 흥미를 느꼈다. 심지어 그때까지도, 성장을 위한 원동력은 청중이 주도했으며 기존 모델에 지장을 줄 것이 분명한 상황이었다. 회사는 1975년 이래 미국에서 운영되었지만, 1999년에는 다른 국제적인 기회들을 시험하기 시작했다. 거의 동시에 회사는 디지털에 투자하기 시작했다. 케빈 Kevin은 이렇게 말한다. '우린 매우 궁금했다. 우리는 청중들이 온라인에서 더 많은 일을 하기 시작했다는 사실을 알아챘다. 온라인에서 새로운 시장에 도달해 차별화된 서비스를 제공하면서 기회를 볼 수 있었다.'

### 변화의 속도 추진

케빈Kevin은 1990년대 말, 소비자 기술 산업을 위한 국제 모임인 CES에서 행한 빌 게이츠Bill Gates의 연설에 영감을 받았던 사실을 기억한다. 메시지는 명확했다. 인터넷은 모든 사람들을 위해 변화의 속도를 이끌 것이라는 메시지였다. '그 메시지는 변화를 위한 선동자가 되겠다는 나의 약속을 확고하게 만드는 데 도움을 주었다. 자신의 운명을 지배하도록 강요하면서 말이다. 기술 혁신과 그에 따른 소비자 행동의 변화에 의해 시작된 붕괴는 이미 미디어 산업을 강타하고 있었다. 나는 두 가지 간단한 선택권이 있다는 사실을 깨달았다. 붕괴를 위협으로 보느냐 또는 기회로 보느냐의 문제다. 나는 헤이마켓Hay Market이 스스로에게 도전하도록 열심히 로비했다. 전통적 모델을 파괴하고 떠오르는 새 기술을 가지고 놀자고 설득했다. 단지 우리가 무엇을 배울 수 있는지, 어떤 기회를 만들 수 있는지 보기 위해서였다. 디지털에 대한 우리의 초기 투자는 꽤 용감했고, 돌이켜 생각해 봤을 때 분명 획기적인 결정을 내려야 했다. 그 단계에서는 전략이라기보다는 호기심에 좀 더 가까웠다.'

2010년으로 빨리 되돌아가보면, 케빈은 이제 CEO가 되었다. '이때쯤 우리는 국제적인 기회를 알아보긴 했지만 국제적인 전략까지 가지고 있다고 느끼지 못했다. 우리의 수입은 대부분 여전히 출판업에 있었다. 우리는 디지털 및 비디지털 플랫폼을 통해 제품을 제공하면서, B2B business to business(기업 간 전자상거래: 역주)와 B2C Business-to-Customer(기업이 다수의 개인을 상대하는: 역주)와 경험적 독자에게 기여하는 신흥 하이브리드 기업이었다. 동시에 나는 다음 단계의 변화를 위해 추진해야 한다고 느꼈다. 성장은 다각화로부터 비롯될 것이라는 확신이 들었다. 그리고 그러한 성장은 조직 전반에 걸쳐 이루어지고 국제적으로 집중되어야 할 필요가 있다. 변화하기 위해서 우리는 다음 단계의 성장을 촉진할 새로운 사고방식이 필요했다.

'나는 모든 사람을 하나의 통합된 리더십 팀으로 뭉치게 하자고 결심했다. 한 걸음 물러서서 우리의 강점과 약점을 평가했다. 사업체의 어디를 살펴보아도 똑같은 핵심 통찰력이 전해졌다. 우리의 경쟁 우위는 높은 가치를 지닌 청중의 DNA를 깊이 이해하는데서 나왔다. 즉, DNA가 마케팅 통신에 있든 의학이나 자동차에 있든 상관없다. 우리 브랜드에 대한 그들의 신뢰와 높은 수준의 참여를 통해 우리는 그들에게 새로운 타깃 제품과 서비스를 제공할 수 있었다. 이러한 통찰력은 또한 인접한 국제 시장에 동일한 모델을 도입할 수 있는 자신감을 주었다.'

### 변화를 일으키는 툴킷 창출

'이익을 확실하게 자본화할 수 있도록, 우리는 그룹 성장 계획 Group Growth Plan을 고안하고 내부적으로 브랜드화했다. 시장 개발 계획 프로세스를 포함해서 변화를 일으킬 수 있는 일종의 툴킷(도구 세트)이다. 우리는 선택한 시장에서 최고의 국제 전문 매체와 정보 회사가 되는 것이 우리의 임무라고 총괄해서 결정했다. 우리의 성장 계획은 응집력과 협력에 기반을 두었다. 이는 고객을 그 경험으로 유도하려는 일률적인 접근을 피하고 청중 주도로 경험이 이루어졌다는 사실을 의미한다. 대신에 우리 부서와 브랜드 리더들이 그러한 환경에서 청중들에게 효과가 있는 비즈니스 모델을 애자일하게 적용할 수 있도록 했다. 궁극적으로 더 적은 수로 더 크고 더 스마트하게 전략적 베팅을 하려는 의도다. 급변하는 환경에서 주목성은 항상 가장 드문 자원이며, 최고의 수익을 얻을 수 있는 곳에 배치할 필요가 있다.'라고 케빈은 말한다.

### 문화생성 및 진정한 가치 정의

사업 계획을 세우기란 쉬운 일이었다. '이전의 계획들은 너무 재정적인 기능으로만 치우치게 되었다.'라고 케빈은 말한다. '우리는 너무 "구식 언론"이었고 국민들이 기업가적인 마인드를 갖도록 조직적으로 준비되지 않은 상태였다. 새로운 애자일 비즈니스 과정에 따라, 변화 계획을 도입해서 문화와 행동 및 작업 방식 주변에 초점을 맞추었다. 생각보다 훨씬 더 어려운 부분이었다. 우리는 아주 분명한 전략을 가지고 있었지만, 사람들을 동참시킬 필요가 있었다. 그냥 동참하라고 강요할 수는 없다.

'그래서 다시 한 번, 창의적이고 재능 있는 사람들이 최선을 다하도록 동기를 부여할 방법이 무엇이었는지 상기하기 위해 한 걸음 물러섰다. 집합적으로 우리는 다섯 가지 분명한 헤이마켓의 가치 즉, 진실성, 창의성, 전문성, 역동성 그리고 독립성을 정의했다. 우리의 핵심 DNA를 증류하는 것과 동시에 미래지향적인 것으로 우리 유산의 가장 좋은 요소들이다. 가장 중요한 점은 그것들이 진짜라는 사실이다. 그리고 지금 그 요소들은 우리가 하는 모든 일을 명백하게 뒷받침한다.'

### 사람들과 함께

어떤 사업이든 구조조정은 파괴적이다. 문제는 어떻게 하면 그 필요한 붕괴를 긍정적으로 만들 수 있는가하는 점이다. '변화는 매우 불안할 수 있고 어느 정도 불확실성을 만들어낸다.'라고 케빈은 말한다. '동기부여와 사기진작을 관리하고 유지하는 동시에 목표를 달성하는 데 전념하는 것은 리더들이 직면한 가장 큰 도전이다. 모든 사람을 함께 데리고 가야 한다.

'전환기 동안, 우리는 사람들에게 변화의 일부가 되는 새로운 방법을 배울 수 있는 기회를 주고 싶었다. 억지로 그것을 강요하려고 한다면 저항을 경험할 가능성이 크다고 느꼈다. 사람들이 더 자연스럽게 적응할 수 있도록 알맞은 조건을 조성하는 일이 우리의 목표였다. 우리 팀들을 변화에 익숙하도록 만드는 일은 상당히 중요하다. 왜냐하면 변화는 이제 유일한 상수이기 때문이다. 팀들이 그들만의 임무와 가치로 유도된 결정을 할 수 있는 환경을 만드는 일이 우리에게는 중요했다. 필요한 경우 현상 유지에 도전해야 한다. 즉, 자기 파괴적이고 더 기업가적이며 혁신을 주도하는 사람이 되는 일. 공통된 우선순위에 초점을 맞추는 일이다.'

물론 모든 것은 리더십 팀으로 시작되며, 헤이마켓은 리더십 전반에 걸쳐 공동의 책임을 발전시키기 위해 열심히 일했다. 개방적이고 정직한 의사소통이 관건이다. 케빈은 이렇게 말한다. '이런 종류의 일에는 입에 발린 말을 할 수 없다. 리더들은 행동을 본보기로 삼기 위해 열심히 일한다. 나는 우리 모두가 모범을 보여 이끌기를 기대한다. 투명성과 협업과 혁신, 이러한 것들은 배워야 할 습관이며 팀에게 동기를 부여하는 행동이다. 비즈니스 문화는 일련의 규칙이 아니고, 사람들에게 힘을 주는 일련의 행동이다.'

### 인력 개발과 상호 교류

헤이마켓은 공동 학습과 개발을 위해 전 세계 각지에서 임원들을 모이게 하는 경영 아카데미를 설립했다. 케빈은 이렇게 말한다. '우리는 거대한 글로벌 사업이 아니다. 우리는 내가 말했던 "커다란 작은 회사"에서 "작은 큰 회사"로 전환했고, 그럼으로써 인력 개발에 접근하는 방식에 변화를 줄 수 있었다. 우리 경영 아카데미는 학습에 좋은 기회를 제공하기도 하지만, 그 만큼 중요한 관계를 쌓을 수 있는 기회도 제공한다. 다양한 배경을 가진 사람들이 함께 일하고 사업의 다른 부분에 걸쳐 협력하고 있다. 그리고 그들은 같은 학습 경험을 하고 있기 때문에 공통의 언어를 개발한다. 개발된 공통 언어는 우리가 성취하려고 하는 것과 우리가 원하는 곳에 도달하는 방법을 이해하는 속기가 된다.'

### 개방형 작업 환경

케빈Kevin은 경영보다는 리더십에 더 중점을 두고 있다. 즉, 헤이마켓Haymarket의 임무와 가치에 대한 공유된 약속을 만들고 전략적인 우선순위에 계속 집중한다. 다시 한 번, 파괴는 변화를 촉진시키는 역할을 한다. 헤이마켓은 계층을 줄이고 팀워크를 장려하기 위해 각 지역의 새 사무실로 옮겼다. 벽이 무너지고 개방적이고 협력적인 작업공간이 이제 표준이다. 근무 환경은 소셜허브(SNS를 한 곳에 모아 놓은 통합 플랫폼 서비스: 역주)와 일탈 공간을 갖추어 창의성을 장려할 수 있도록 설계되었다. 직원의 70퍼센트가 영구적인 책상을 갖고 있지 않다. 근로 시간보다는 생산량에 초점을 맞추고 있다. 이전의 작업관행에서 벗어난 급진적인 변화이며, 이러한 변화는 지속 가능한 성장의 핵심 기능으로서 회사가 변화하기 위해 헌신한다는 사실을 사업상의 동료들에게 증명하도록 도왔다.

### 결과

2017년까지 헤이마켓은 성공적인 국제 미디어 및 정보 사업으로 전환해왔다. 출판업은 여전히 중요하지만 지금은 총수입의 3분의 1밖에 되지 않는다. 성장은 데이터 주도의 광고, 전자상거래, 새로운 유료 콘텐츠, 회의나 시상식 같은 경험적 기회와 같은 다양한 비즈니스 모델뿐만 아니라 새로운 국제 시장 기회에서 나오고 있다. 이러한 모든 것들은 회사가 운영하기로 선택한 각 시장의 고부가가치 대상들에게 제공하는 일에 초집중한 결과다.

추가적인 구조 조정은 헤이마켓의 재무상태를 강화하는 데 도움이 되었다. 헤이마켓은 보다 협력적이고 애자일하며 대응적인 리더십 문화를 개발함으로써, 공유된 우선순위에 맞춰 미래의 성장 기회를 신속하게 자본화하기 위해 자리를 잘 잡고 있다.

### 캐빈 코스텔로Kevin Costello: 내가 배운 교훈

- 글로벌하게 생각하고, 지역적으로 행동하라. 전체 사업에 '하나의 사이즈로 모든 것을 맞추는' 방식을 적용하지 마라.
- 전략은 속박일 수 있다. 기대치를 재조정할 수 있는 열린 자세를

> 가져라.
> - 사람들이 믿는 사명과 가치를 만들어라.
> - 자신의 장점을 살리고 우선순위를 분명히 하라.
> - 호기심을 빠른 행동으로 바꾸고, 행동하면서 배워라.
> - 모범을 보여 리드하라.
> - 사람들에게 배울 기회를 주면 사람들을 변화시킬 수 있다.

애자일 작업에서, '중요한 것'이 정의되는 방식은 업무의 백로그를 만들어 우선순위를 정하는 것이다. 일단 목표나 비전을 달성하기 위해 필요한 모든 업무를 나열하면서 시작한다. 여러분의 팀원들과 이 일을 하는 최선의 방법은, 모든 사람들의 통찰력을 끌어내 해야 할 일에 대한 공유 목록을 만드는 일이다. 헤이마켓의 예에서, 카스텔로Costello는 사람들과 함께 가야 한다고 강조했고, 이 일은 계획 단계부터 시작한다. 여러분은 어떤 개인의 의제보다 조직에 최선인 의제를 바탕으로 개방적이고 정직하며 직접적인 대화를 할 수 있는 건강한 리더십 팀이 필요하다.

계획을 짤 때 비전과 목적을 매우 명확하게 설정하는 일이 중요하다. 2001년 짐 콜린스Jim Collins가 '크고 대담하며 도전적인 목표Big Hairy Audacious Goal'라고 칭했던, 여러분의 커다란 목표는 무엇인가? 여러분이 무엇을 목표로 하고 있는지를 알고 그것을 다른 사람들에게 흥미로운 비전으로 만들어 보여주는 일은 필수적이지만, 중요한 이유를 명확하게 표현하는 일도 중요하다. 목적의식이 없다면, 사람들은 비전을 향해 여러분을 따라갈 가능성이 적다. 입소스Ipsos와 함께 수행한 연구에서 보면, 오늘날의 디지털 세계에서 사람들을 참여시키는 주요 요인 중 하나는 '사람들은 회사보다 대의를 위해 일하기를 더 좋아 한다'는 사실이었다. 목적은 사람들에게 믿어야 할 이유, 자부심을 가져야 할 이유를 준다. 그것이 목적이 가진 힘이다. 한숨을 쉬기보다는 단숨에 침대에서 나오게 만드는 그런 힘.

소비자를 옹호하기 위해 2003년에 설립된 쓰리Three(UK)는 10년 정도가 지나면서 치열해지는 경쟁의 한가운데 이러한 목적의식을 잃었다. 보다 최근에 쓰리Three에 속한 사람들은 근원으로 돌아가, 자신들의 설립 목적을 소비자들을 위해 '#제대로 해라makeitright'라고 분명히 표현했다. 이는 회사의 우선순위와 더 나은 통화 품질을 촉진하기 위한 네트워크 개선, 빠른 문제 해결을 돕기 위한 고객 서비스 개선, 그리고 가장 직접적으로 고객 환경을 개선하고 있던 것들에 집중하기 위한 IT 프로젝트 축소 등과 같이 그들이 투자해왔던 부분을 뒷받침한다. 지난 장에 실린 사례 연구에서 우리가 읽은 바와 같이, 결과는 스스로 증명된다.

그런 다음 팀과 함께 여러분은, 고객들에게 가장 중요한 가치가 무엇이고 사업에 가장 많은 가치를 더할 것은 무엇인가를 주요 기준으로 삼아 목록의 우선순위를 정한다. 내가 말한 '가치'라는 의미는 고객들이 정말 원하거나 필요로 하는 것을 할 수 있는 능력을 주는 무엇(그들이 그것을 미리 깨달았든 아니든), 여러분의 사업이 그 목표를 달성하도록 도울 수 있는 무엇(성장이나 이익 같은 것)을 뜻한다. 여러분은 현재 이러한 기준에 가장 적합한 상위 우선순위를 찾고 있는 중이다. 우선순위는 시간이 지남에 따라 변화할 것이며 기술이 야기하는 붕괴가 계속 증가함에 따라 이러한 변화는 가속화될 것이다. 그러나 여러분은 자신이 운영 중인 상황을 고려할 때 지금 가장 높은 우선순위를 분명히 할 필요가 있다. 헤이마켓의 사례에서 알 수 있듯이 지난 20세기의 10년 동안 출현한 디지털 붕괴는 우선순위를 근본적으로 다시 논의해서 디지털 탐험의 여정에 오르도록 만들었다. 결국 기업은 주로 종이에서 디지털로 그리고 핵심 콘텐츠 자산을 기반으로 한 다양한 비인쇄 서비스 상품으로 이동하게 되었다.

따라서 애자일 작업에서는, 소프트웨어에서 새로운 특성을 개발하기 위해서 또는 조직 수준에서 조직의 고객 제안서를 개발하기 위해 반복적인 방식을 강조한다(그리고 다른 누구보다 더 잘 제공하기 위해 관련된 능력을 강조한다). 주변의 환경이 변함에 따라, 여러분은 고객 제안을 해석하고 관련 여부를 확인하기 위해 백로그를 검토할 필요가 있다. 이것이 파괴적인 사고방식이다. 즉, 필요하다면 끊임없이 변화하는 세상에 적응하기 위해 기꺼이 조직이나 사업 부서를 재창조해야 한다. 경쟁사들이 대체 제품과 서비스를 도입함에 따라 여러분의 목록이 쓸모없다는 사실을 알게 될지도 모른다. 이런 상황은 개인용 컴퓨터 네트워크가 크고 작은 조직에 컴퓨팅 능력을 사용할 수 있는 색다른 방법을 제공했던 1980년대와 1990년대의 메인프레임 제조업체에 발생했던 일과 비슷하다. 애자일은 IBM과 같이 자신을 재창조함으로써 살아남았다. IBM은 중앙 컴퓨팅 능력이 고객의 IT 인프라에서 어떻게 유용한 역할을 했는지 다시 생각해 보고, 전력의 가치가 가장 높아지는 서비스와 사용자 인터페이스로 초점을 전환했다.

일단 합의된 목록이 있으면, 최상위의 작업에만 집중하고 여러분이 추구하고 있는 결과를 정의하라. 스크럼Scrum에서 이것은 종종 사용자 이야기에 정의되며, 고객이 새로운 기능으로 무엇을 할 수 있을지에 대한 설명이다. 스크럼은 유용한 기술이다. 결과를 실용적인 것으로 만들어 언제 결과가 완성되었는지 알 수 있기 때문이다. 여러분의 비전을 설명할 때는, 성취하고자 하는 결과에 대한 이야기를 예로 사용하는 것이 도움이 된다. 만약 새로운 고객 경험에 관한 이야기라면 그 경험을 한 누군가의 구체적인 상황을 묘사하라. 결과를 보다 생생하게 이해시킬 뿐만 아니라 사람들이 공감하기 쉽도록 도울 것이다. 한 가지 예를 들어보겠다. '여행을 자주 하는 사람으로서, 나는 예약한 택시가 도착하기 전에 지금 어디쯤 오고 있는지 핸드폰 화면으로 확인하고 싶다. 불필요하게 주변에서 서성이며 기다리고 싶지 않기 때문이다.' 이것은 우버Uber가 그토록 성공할 수 있었던 특징 중 하나다.

나는 언제라도 두 가지 결과를 염두에 두는 것이 도움이 된다고 믿는다. 첫 번째 결과는 여러분 또는 고위 경영진이 기업을 위해 정의한 미래의 비즈니스 목표 또는 비전이다. 모든 활동에 대한 전반적인 초점으로, 사업에 종사하는 모든 사람이 향해서 움직이기를 바라는 '중요한 것'이다. 2011년 마크 주커버그Mark Zuckerberg는 페이스북의 미래가 모바일에 있다는 점을 깨달았을 때, 이를 큰 목표로 삼고 결과를 달성하기 위해 사업을 재편성했다. 2013년에 모바일로 전환했고 그해 말 모바일의 광고 매출은 전체 매출의 50퍼센트에 달했다. 이러한 초점의 전환은 페이스북의 궁극적인 비전은 아니었지만, 패배자였던 회사를 승자의 위치로 바꾸기엔 충분했다.

두 번째로 염두에 두어야 할 결과는 다음 분기로 넘어가기 쉬운 다음 스프린트 기간의 우선순위다. 여러분이 전에 만들었던 목록의 최우선 순위다. 번 해니시Verne Harnish는 자신의 책 〈스케일링 업Scalimg Up〉에서, '1번 우선순위는… 모든 사람이 회사를 발전시키기 위해 이번 분기에 달성해야 하는 #1에 맞춰져 있다'고 했다. 그는 주어진 기간 동안 한 가지 우선순위로 조직 전체에 걸쳐 소통하는 명확하고 공유된 계획을 가진, 애자일의 엄격함을 반영하는 절제된 계획을 제안한다. 지역적 또는 개인적인 의제를 바탕으로 나온 서로 관련 없는 결과들을 추구하느라 분산된 노력보다는, 서더랜드가 스크럼Scrum에서 묘사한 결과의 가속화를 이끄는 제안이다.

여러분의 일은 우선순위와, 각 팀과 개인이 이러한 우선순위에 기여하는 방법에 대한 협력적 이해를 만드는 것이다. 해니시는 사람들을 우선순위에 참여시키기 위해 분기별 주제를 제안해 그 과정에서 성취한 것을 축하하는 방법을 생각해 냈다. 우선순위에 이름을 부여함으로써, 사람들이 그것에 대해 말하고 이해하며 고수하도록 장려하는 정체성을 부여한다. 그는 또한 분기 말 성공의 축하 행사에서, '당신 그것을 어떻게 했어?'와 같은 핵심 질문을 던지라고 제안한다. 사람들이 경험에서 배우도록 요청해서 애자일의 핵심에 도달할 수 있는 질문이다. 결과를 달성한 사람들은 자신들의 행위와 성공 요인을 검토하고 이러한 통찰력을 다른 사람들과 공유하면서, 이어지는 스프린트 기간 동안 일하는 방법의 일부가 될 수 있는 교훈을 정의하고 있다. 이 학습은 다음 분기에 개선을 촉진하여 생산성과 생산량을 증가시킨다.

## 단순성에 대한 집착 형성

매우 성공적인 몇몇 단체의 컨설턴트로 일하는 동안, 내가 보았던 사람들이 반복적으로 힘들게 씨름하는 일들 중 하나가 하던 일을 그만두는 행위다. 조직이 커질수록 이러한 씨름은 더욱 어려워진다. 항상 해왔던 일들이라 그대로 지속되는 활동들이 너무나 많기 때문이다. 과정과 절차 그리고 보고 및 규정이라는 유산은 그 자체로 하나의 세력이 될 수 있다. 그러나 정작 필요한 점은 오직 필요한 것만을 하고자 하는 단순함에 대한 집착이다.

브리티시 항공사British Airways에는 간단하지만 효과적인 예가 있는데, 승객과 직원들을 위한 안전의 중요성 때문에 변화에 매우 신중하게 접근하는 경우들이 있다. 2016년 최고 경영자로 입사한 알렉스 크루즈Alex Cruz는 경쟁이 치열한 시장에서 고객의 변화하는 요구에 보다 애자일하고 신속하게 대응할 수 있도록 비즈니스를 간소화해야 하는 사명을 띠고 있다. 브리티시 항공사(BA)는 모든 저(低)가치 보고를 중지하고 고객 경험 및 문화 변화와 같은 핵심 지표에 대해서만 보고하는 데 초점을 맞추었다. 이것은 우선순위 작업을 더 잘하고 더 빨리 할 수 있는 자원을 자유롭게 해 주면서, 민첩한 방향으로 문화를 전환시키는 데 도움이 되었다.

규모의 경제(생산 요소 투입량의 증대에 따른 생산비 절약 또는 수익 향상: 역주)가 강력한 시장 지위를 달성하는 데 도움이 된 대규모 조직에서는, 이와 같은 규모의 경제체제가 현재 그들을 둔화시키고 민첩성을 제한하고 있다는 위험이 종종 있다. 일관된 품질을 제공할 수 있게 된 프로세스는 경쟁사의 활동에 신속하게 대응할 수 있는 능력을 감소시킨다. 지역의 다양한 분야에서 운영되면서 발생하는 복잡성은 지배와 협상의 내부 산업을 창출한다. 새로운 기술 또는 고객 부문에서 전문화를 가능하게 하는 구조들은 자원을 확보하기 위해 경쟁하고 조직의 속도를 떨어뜨리는 사일로를 야기한다. 어떤 규모의 조직이든 효과적이고 효율적으로 운영하기 위해서는 적절한 수준의 프로세스 및 통치가 필요하다. 문제는 이러한 것들이 여러분의 운용 방법을 지배할 만큼 커져서 쉽고 빠르게 움직이는 능력을 둔화시키는 시기다.

단순화를 이루는 가장 간단한 방법은 일을 하지 않는 것이다. 프로세스나 작업을 세밀하게 조정하여 복잡성을 줄이려고 할 경우, 가장자리만 건드리다 마는 위험이 있다. 여러분은 대담해질 필요가 있다. 스티브 잡스Steve Jobs가 1997년 실패를 거듭하고 있는 애플Apple로 돌아왔을 때, 그는 몇몇 제품 라인을 급격하게 줄여 한 플랫폼에 집중할 수 있도록 만들어 빛나는 결과를 냈다. BA에서 보고한 것처럼, 여러분은 지나치게 복잡한 방식의 증상들을 밝혀 그것들을 제거해야 한다. 각 보고서가 처음 작성되었을 때는 복잡한 방식에 대한 나름 타당한 이유들이 확실히 있었지만, 이유가 사라지고 난 후에도 보고가 계속되는 일이 발생하는 경향이 있다. 보고가 층층이 이어지고 점차적으로 조직을 휘감으면서, 보고와 검토라는 작은 산업을 만들게 되는데, 대부분의 거의 쓸모가 없다. 이를 과감하게 중단한다면 기업 전체에 파급 효과를 일으켜 다른 불필요한 활동도 중단하도록 사람들을 부추길 수 있다. 여러분은 리더로서 이러한 보고 과정을 격려할 수도 있고, 진행 과정에서 중지시킬 수도 있다. 여러분은 보고서 없이 해낼 수 있는가, 아니면 미래에 유용할 경우를 대비해서 고수할 것인가? 나는 보고서를 일종의 실례로서 사용하고 있다. 이러한 '일단 중지' 방식은 여러분 조직의 모든 활동에 걸쳐 작용할 수 있기 때문이다.

2017년 데이비스Davies와 필립Philip과 함께한 액센츄어Accenture의 연구는 의약품 개발과 마케팅 과정에서 복잡성이 자주 야기되는 제약 산업에서 근본적인 단순성의 힘을 강조한다. 본 연구는 우선순위 목표를 달성하는 데 필요한 필수 프로세스를 다시 정의하는 빈 페이지부터 시작해 프로세스 검토를 위한 '제로베이스' 방식을 추천한다. 노동집약적인 작업을 자동화하는 기술을 사용하고, 모든 가정과 전통적인 작업 방식에 도전하는 '기업가적 사고방식'으로 일하며, 고객이나 환자의 결과를 전달하는 새로운 방법을 찾으라고 권고한다. 변화를 추진하고 위험을 분석 및 관리하고 단순한 통제 방법을 확립하기 위해 데이터 사용을 고려하게 된다. 95퍼센트의 복잡성 감소를 언급하고 있는 이 연구는 정말 급진적이다. 조직에 대한 외부적인 시각과 조직이 어떻게 운영되는지를 보여줌으로써 운영 방식을 보다 간편하게 파악할 수 있도록 도와준다.

단순성은 마음가짐이며, 조직 전체에 심기 위해 노력할만한 가치가 있는 원칙이다. 그러므로 사람들이 복사할 역할 모델을 제공할 수 있도록 구체화하는 것이 중요하다. 목록을 만들고 우선순위를 정하고 한 번에 한 가지 일을 하고, 한 가지를 달성한 후에 다음 과제로 넘어가라. 현재 하고 있는 모든 활동의 목록을 작성하고, 동시에 작업하고 있는 활동을 강조한다면, 멀티태스킹 접근방식을 제거함으로써 재빠른 승리를 거둘 수 있다. 오늘 중요한 일에 집중해서 완수한다면, 애자일 작업 방식의 정신을 구현해 사람들에게 길을 안내하는 셈이다. 반대로, 계속해서 여러 가지 일을 하면서 동시에 여러 가지 우선 과제를 한다면, 여러분은 행동을 통해서 스스로 애자일 작업 방식을 진정으로 받아들이지 않는다고 말하는 셈이다. 불필요한 모든 활동을 중단하고 팀도 여러분과 똑같이 하도록 만든다면, 여러분은 다른 사람들이 따를 단순화의 본보기가 될 수 있다.

19세기 유명한 폴란드의 작곡가이자 피아니스트인 쇼팽Chopin은 복잡한 것보다 제작하기가 훨씬 더 어렵다는 점에서 단순함에 대한 핵심 통찰력을 얻었다. '단순함이 최종 업적이다. 방대한 양의 많은 음과 더 많은 음을 연주한 후, 예술의 최고의 경지로 나타난 것은 단순함이다'

라고 쇼팽은 적고 있다. 복잡성은 세밀한 설계가 부족한 곳에서 생겨난다. 반면 단순함은 노력과 기술 그리고 연습이 필요하다.

월마트Walmart가 소유한 영국 슈퍼마켓 체인인 아스다Asda의 성공비결 중 하나는 모든 일에서 단순함을 고집하는 방침이었다. 내가 몇 년 전 체인점에서 일했을 때, 필요한 수준의 단순함에 맞게 우리의 생각과 내용을 디자인하려고 얼마나 열심히 일했어야 했는지 기억한다. 모든 사람에게 효과가 있는 디자인이어야 했다. 그래서 단순해야 하고 신중하게 만들어져야 했다. 이 디자인은 우리가 생산한 것을 더욱 주목하게 만들어 사람들이 새로운 아이디어를 갖고 더 많이 참여하도록 유도했고, 실행에 옮기는 방법을 더 효과적으로 바꾸어 놓았다. 쇼팽처럼, 아스다Asda 역시 단순함의 힘을 인식했다. 적을수록 더 좋다.

## 요약

우리는 조직 내에서 보다 뛰어난 민첩성을 구축하는 능력을 뒷받침할 무자비한 우선순위를 달성할 수 있는 네 가지 방법을 탐구했다.

1 제품의 소유자가 되라 – 분명하게 밝히고, 다른 사람을 참여시키고, 사람들을 자유롭게 놔두어 활동할 여지를 주어라.

2 중요한 것을 고수하라 – 고객과 비즈니스의 최우선 과제를 팀원들과

확인하고, 최우선 과제에 주의를 집중하라.
3 작업을 중지하라 – 우선순위가 아닌 작업을 하는 것을 중지하라.
4 단순함에 대한 집착을 형성하라 – 더 낮은 가치의 일을 하는 것을 멈추고 세심한 디자인을 통해 단순함을 강조하라.

우선순위를 정의하는 방법을 통해 검토하고 생각할 좋은 시간은 바로 지금이다. 또한 어디에 주의를 집중해야 하는지, 어느 부분에서 주위 사람들에게 민첩성을 보여주고 싶은지에 대해 생각할 적당한 시간이기도 하다. 여러분과 주위 사람들이 중요한 것에 집중하도록 도움을 줄만한 과감한 결정은 어떤 것인가? 그러한 결정을 내리지 못하도록 방해하는 것은 무엇인가?

# 협업과 애자일 팀

## 도입

팀워크는 애자일 작업을 만든다. 애자일 작업 방식의 중심에는 다방면의 기술을 갖춘 협력 생산 단위인 팀이 있다. 개인이 아닌, 팀이다. 그리고 팀은 경영진이 정한 전략에 따라 목표를 달성할 방법을 결정할 권한을 부여받는다. 우리는 이번 장에서, 고객이 원하는 것을 신속하고 효과적으로 제공하도록 팀이 효과적으로 일할 수 있는 방식으로 조직 전반에 걸쳐 팀을 구성하는 방법을 탐구할 것이다.

강력한 팀의 가장 중요한 특성을 밝히고 팀들 간의 협력이 번성할 가능성이 높은 조직적 분위기를 조성하는 방법을 확인할 것이다. 우리는 자기관리팀과 그들이 효과적으로 운영하기 위해 필요한 사항들을 탐구할 것이다. 그리고 2010년 지진 참사 이후 실제로 행해진 칠레의

콘스티투시온Chilean city of Constitución에서 일어난 사건들을 살펴보자.

> **자신에게 하는 질문**
>
> 이번 장에서는 리더로서 자신을 위한 주요 통찰력을 추출하기 위해 다음과 같은 질문을 고려하며 읽는 것이 도움이 될 수 있다.
>
> - 다른 사람을 얼마나 신뢰하는가?
> - 동료들은 여러분을 얼마나 신뢰하는가?
> - 여러분의 팀은 얼마나 강한가?

## 강력한 팀 기반 구축

2011년 벨빈Belbin의 유명한 팀 실험에서 입증되었듯이, 강한 팀들은 재능 있는 개인들의 집합체를 능가하는 경향이 있다. 이는 가장 성공적인 팀들과 다른 팀들 간의 주요 차이점이 지능이 아니라 행동이라는 사실을 보여주었다. 벨빈의 연구에서 성공적인 팀들은 서로 다른 팀들이 지향하는 행동의 상호 보완적인 조합을 가지고 있었던 반면, 재능 있는 개인들을 모은 그룹들은 경쟁하는 경향이 있어서 전반적으로 차선의 성과만을 거두었다.

이러한 행동들은 공통의 목적의식과 공유된 목표를 개발하는 것으로 시작했다. 공유된 목표를 추구하는 일은 강력한 동기부여가 된다. 다른 사람들의 강점에 서로 기대면 결과적으로 유능한 단체를 만들게 되고, 공동의 목적을 갖게 되면 팀들이 위대한 일을 이루기 위해 서로 협력하는 중요한 이유가 된다. 1992년 카젠바흐Katzenbach와 스미스Smith가 30개 이상의 회사에서 팀 성적을 조사한 결과, 성과가 좋은 팀의 구성원들이 팀의 일원이 되고 함께 일함으로써 의미 있는 목적을 공유하고 높은 수준의 헌신과 만족을 경험하는 것으로 나타났다. 공동의 목적을 가진 팀들 역시 자신들의 문제를 해결하는 데 능숙한데, 상호 책임감과 행동 의지가 있기 때문이다. 이는 결국 양질의 결과로 이어진다.

애자일이라는 맥락에서, 팀들은 제품 소유자가 정의한 목표를 달성하는 방법에 대해 높은 수준의 재량권을 가지고 운영하도록 권한을 위임받는다. 실제로 이 작업을 수행하려면, 확실히 지켜야 할 몇 가지 전제 조건이 있다. 첫 번째는 팀이 팀으로서 생각하고 행동하는 것이다. 여기에는 공유된 목적과 명확한 목표 및 합의된 문제 해결 방식, 의사 결정 그리고 성과 검토를 수반하는, 프로세스와 대인 관계 요소를 모두 포함한다.

우리는 팀을 위한 설득력 있는 목적을 정의하는 것으로 경영진과의 업무를 시작하는 경우가 많다. 팀 구성원들에게 특별한 것을 의미하고, 그들이 일괄적으로 기업에 제공하는 진정한 가치에 대한 명확성을 주는 행위다. 매우 업무 중심적인 경영자들에게 이러한 과정은 그들이 함께 목적을 정의하기 전까지는 다소 난해한 활동으로 보일 수 있다. 그러나 목적을 정의한 후에는 대개 이 팀이 존재하는 이유와 그것이 각 팀 구성원들에게 무엇을 의미하는지 명시하는 행위의 가치를 깨닫게 된다. 어떤 팀이든, 목적을 정의하는 것은 훌륭한 팀이 되기 위한 중요한 단계라고 나는 권고한다. 왜냐하면 왜 그들이 함께 일해야 하는지, 무엇에 초점을 맞추어야 하는지를 지속적으로 상기시켜주기 때문이다. 일단 목적이 명확해지면, 팀들은 그들이 집중해야 할 공동의 목표에 동의하는 일이 더 쉬워진다는 사실을 알게 된다. 팀원들은 목적이 충분히 설득력 있는 경우, 팀 내에서 각자의 목표보다 팀 내에서 차지하는 자신의 역할을 더 우선시하게 된다.

분명한 목적과 목표를 갖는 것은 팀원들 간의 신뢰를 쌓고, 각 구성원이 할 수 있는 기여에 감사함으로써 팀원들 간의 차이를 가치 있게 여길 수 있도록 돕는다. 내가 2장에서 말했듯이, 사업적인 맥락에서의 신뢰는 다른 사람들에 대한 진정한 확신을 갖는 것이다. 그들의 제공 능력을 확신하고 상당히 믿을만하고 정직하게 할 것이라는 그들의 인격을 확신하는 것이다. 만약 여러분이 팀들이 애자일 방식으로 함께 일하기를 원한다면, 팀에 대한 신뢰를 쌓는 것은 필수적인 기초이고, 신뢰를 쌓는 일은 팀원들이 안전하다고 느껴서 기꺼이 위험을 감수할 자신이 있다고 확신하는 환경을 만드는 것부터 시작한다. 서더랜드Sutherland가 말했듯이, '목적과 신뢰[팀들 안에서]에 대한 절대적인 지지는 위대함을 만들어낸다.' 이를 위해서는 정직한 대화와 팀 리뷰 그리고 긍정적인 행동 강화를 위한 시간과 공간을 마련함으로써 이러한 자신감을 구축하기 위한 팀과 팀 리더의 헌신적인 노력이 필요하다.

신뢰의 부재는 효과적인 팀 성적의 장벽에 대한 보고서에서 렌시오니Lencioni가 꼽은 팀의 첫 번째 기능장애다. 그는 팀 행동을 평가하기 위해 사용할 수 있는 유용한 체크리스트인, 팀 기능성의 점진적 수준을 설명한다.

- 팀원들은 서로에 대한 두려움, 약점, 실수에 대해 서로 완전히 마음을 터놓을 수 있을만큼 서로를 매우 강하게 신뢰한다.
- 따라서 그들은 팀의 성과를 높일 수 있는 방법에 대해 건전하고 도전적인 대화에 참여할 수 있다.
- 이는 결국 의견 차이와 논쟁을 포함할 수도 있는 중요한 결정을 내릴 때 모든 팀원들의 진정한 합의를 끌어냄으로써, 모든 사람들의 견해가 경청되기는 하지만 결국 만장일치로 결정되는 결과가 된다.
- 그런 다음, 팀원들은 이러한 결정과 행동 기준 대비 성과에 대한 책임을 서로 질 수 있으며, 적절한 경우 서로에게 도전할 것이다.
- 궁극적으로, 팀원들은 자신의 필요와 안건을 한쪽에 밀어두고 팀이 함께 최적의 결과를 얻기 위해 무엇이 최선인지에 초점을 맞출 수 있다.

자신에게 물어보라: 이 문장들 각각이 당신과 당신의 팀이 함께 일하는 방식에 대해 어느 정도까지 진실이라고 진정으로 말할 수 있는가? 당신은 어느 부분이 부족하며 그것을 어떻게 해결할 수 있는가?

 **사례 연구**

## 성공적인 스타트업들이 우리에게 팀 구축에 대해 가르쳐줄 수 있는 것은 무엇인가?

이 책을 연구할 때, 나는 많은 성공적인 스타트업 조직들과 이야기를 나누었다. 성공적인 스타트업들은 민첩성과 혁신으로 유명하며 팀워크와 협업에 뛰어난 경우가 많다.

오렐리 드 세이트 프뢰베Aurélie de Sainte Preuve는 영상 공유 및 편집 플랫폼인 씬잇Seenit의 최고제품책임자(CPO)다. 그녀는 일생의 대부분을 애자일 환경에서 보냈다. 애자일 팀에서 그녀가 관찰한 성공 요인은 명확하고 공유된 목표를 달성하기 위한 자율 경영과 협업이다. 그녀는 또한 실패를 통해 배우고 나아갈 수 있는 능력이 중요하다고 말한다. '애자일 팀들은 추정을 하고 그것들을 시험하고 실수를 저지른다. 애자일 팀에서, 여러분은 일주일이나 이주일에 걸쳐 어떤 시도를 할 수도 있다. 만약 실패한다면, 여러분은 효과가 없을지도 모르는 완전한 해결책을 만드는 데 몇 달을 소비한 회사보다 더 빨리 실패를 맛본다. 여러분은 더 작은 일들을 하지만 그것들을 훨씬 더 빨리 수정하고 그게 잘못된 일이라면 그만두는 것을 두려워하지 않게 된다.'

오렐리Aurélie는 이전에 스포티파이Spotify에서 일했는데, 스포티파이는 소집단이 개별 스타트업으로서 행동하도록 장려함으로써 스타트업 정신을 유지시킨다는 면에서 많은 성숙한 기술 회사들의 전형이다. 그녀는 이렇게 말한다. '민첩성은 하나의 팀으로서 더 빨리 움직이는 것이다. 나는 애자일이란 측면에서 완벽한 팀에서 일해 왔다고 말하지는 않을 것이다. 내가 일했던 모든 사업에서 각 팀은 매우 다르다. 각 팀의 구조와 애자일에 대한 각 팀의 정의는 모두 다르지만 최종 목표는 제품과 전체 비즈니스를 빠르고 쉽게 발전시키는 것이다. 나는 완벽함은 없다고 생각한다. 단지 효과가 있을 뿐이다.'

데이비드 우즈David Woods는 리빙렌즈LivingLens의 최고운영책임자(COO)다. 리빙렌즈의 비디오 인텔리전스 플랫폼은 사용자들이 관련 콘텐츠를 '내 것'으로 해서 캡처할 수 있게 한다. 리빙렌즈에게 있어 '애자일'은 일하는 방식을 훨씬 넘어서는 핵심 철학이다.

'진부한 말처럼 들리지만, 환상적이고 열정적인 팀이 없었다면 우리는 지금 우리가 있는 곳에 있지 못했을 것이다.'라고 데이비드는 말한다. '모든 사람은 사업 내에서 발언권이 있다. 고위 경영진이 항상 결정을 내리고 모든 사람들은 그 길을 따르는 방식이 아니다. 우리는 모두 한 팀으로서 기여한다. 동료들은 우리가 고객의 요구사항, 시장 수요 및 기회에 기초하여 정기적으로 변화할 수 있는 유연성을 가지고 있다는 것을 알고 있으며, 그러한 유연성을 받아들인다. 사업에는 결코 따분한 날이란 없다. 비즈니스는 애자일하지만, 우리가 고용한 사람들은 우리가 원하는 방향으로 사업을 성장시키고 성장시키는 데 도움을 주는 변화할 수 있는 정신과 민첩성과 유연성을 가지고 있다. 그들은 제품을 믿고 우리를 믿으며 더 확장해서 말한다면 일하러 오는 것을 즐긴다. 우리는 함께 성공하고 함께 실패하며 한 팀으로서 모든 성패를 느낀다. 규모가 커질수록 그러한 방침을 유지하기가 어려울 것이라는 사실을 알지만, 우리 모두는 훌륭한 회사 윤리와 환경을 유지하기 위해 민첩성과 유연성을 기반으로 하고 싶어 한다.'

토니 포겟Tony Foggett은 1999년에 설립된 디지털 에이전시 코드Code의 최고경영자이자 공동 설립자이다. 코드Code는 빠른 성공을 거두었고, 빠르게 훌륭한 명성과 우량 고객 리스트를 만들었다.

'우리는 사람, 열정, 품질, 창의력에 관한 모든 것을 다룬 제품으로 시작했다.'라고 토니Tony는 말한다. '모두 하나의 미래를 향해 함께 움직이고 진정한 흐름을 이룰 만큼 충분히 작았다. 그런 다음 우리는 성장의 고전적인 단계를 거쳤다. 더 많은 사람들을 고용했고, 더 많은 사람들이 더 많은 복잡성을 가져왔다. 그래서 우리는 복잡함에 적응하기 위해 자신을 재정비하기 시작했다.' 코드Code는 매우 애자일하고 협력적인 사업으로 시작되었다. 그러나 성장하면서, 더욱 사일로화되고 프로세스 중심이 되었다.

'성공은 성장을 가져왔으며, 역설적이게도, 그러한 팽창은 애당초 그것을 이끌어온 문화를 위협했다. 직면했던 증가된 운영 복잡성에 적응하면서, 우리는 구조를 바꾸고 더 많은 표준화와 과정을 도입함으로써 전문화되었다. 리더로서 개선의 길을 관리하는 것이 우리의 임무라고 느꼈지만, 비효율이 점차 높아지고 임금 인상 압력이 증가함에 따라 우리의 단기적인 행동은 그 문제를 영구화하는 데만 기여했다. 우리는 타임시트(출퇴근 시간 기록 용지: 역주)나 스코어카드에 매료되었고 기존 사업보다 새로운 사업에 우선순위를 매겼으며 사람이나 고객과의 관계가 성과를 내지 않을 때는 재빨리 책임감을 벗어던지고 대안을 찾았다.

'미처 의식하지도 못한 채, 우리의 행동은 직원들에게 이 주변에서 무엇이 중요한지에 대해 강한 메시지를 보내고 있었다. 당연히 사람들은 상황이 더 이상 예전 같지 않다고 말하기 시작했다. 초창기에 우리는 아름답고 질 좋은 일을 하는 데 집중했었다. 그러나 성장함에 따라, 성과를 개선하기 위해 도입했던 절차와 통제는 우리를 둔화시키고 사람들로부터의 호응도 줄이는 역효과를 가져오는 것처럼 보였다.'

이 시기에 코드는 멋지고 새로운 사무실 공간으로 이전했는데, 토니는 이것을 또 다른 학습이라고 인정했다. '우리의 새로운 매력 넘치는 사무실도 도움이 되지 않았다. 나는 효과적인 팀워크를 지원하고 장려하기 보다는 고객들에게 깊은 인상을 주기 위해 사무실을 설계했다는 것을 이제 알게 되었다.' 동료들은 이 아름다운 사무실들이 자신들의 사무실처럼 느껴지지 않고 융통성이 없다고 불평하기 시작했다. 코드는 일부 '진정한 책임자들'을 잃기 시작했고, '그것은 우리에게 엄청난 경각심을 불러일으켰다. 우리는 결국 하나의 재능 있는 사업체다.'

토니는 문화를 바꿀 필요가 있으며, 그것은 꼭대기의 철학을 바꾸는 것으로 시작해야 한다는 사실을 깨달았다. '우리는 리더로서 우리의 역할이 관리가 아니라 권한을 부여하는 것이라는 점을 이해해야 했다. 향상된 상업적 성과가 그 결과였다. 우리는 좀 더 장기간의 게임을 할 필요가 있었고, 우리의 재능을 발휘하기에 적절한 환경을 제공하는지 그리고 그들이 그렇게 할 수 있도록 지원하는지에 초점을 맞추어야 했다.

'우리는 제품의 품질과 흐름에 장애가 되는 사일로, 프로세스, 행동에 대한 우리의 사업을 통해 제품의 움직임을 살펴보았다. 그런 다음, 완전히 새로운 운영체제를 설계하고, 협력과 지속적인 개선을 통한 성과 달성에 초점을 맞췄다. 우리는 구조를 자율적이고 다원적인 팀으로 바꾸고, 애자일 작업 방식으로 바꾸고, 우리가 필요로 하는 유형의 사람과 행동에 대해 거의 전투적이 되었다. 여러 면에서 그것은 우리가 젊었을 때 했던 최고의 성과를 거둔 팀을 재현하는 것

> 이었다. 물론 품질 달성을 목적으로 다시 한 번 조정되었지만, 이번에는 확장할 수 있는 구조 내에서 효율성을 발전시키기 위한 자율성과 함께였다.'
>
> 더 최근에 코드Code는, 자신들의 제안과 그들이 고객을 위해 하는 역할에 더욱 중점을 두는 방식으로 바뀌었다. '요즘 우리의 "제품 생각" 방식이 고객 제휴의 핵심이다. 우리는 그들이 프로젝트가 아닌 제품으로서 웹 사이트와 애플리케이션을 지속적으로 발전시켜 훨씬 더 높은 ROI(투자 수익률), 적응성 및 지속적인 성능을 제공할 수 있도록 돕는다. 종종, 우리는 고객의 조직 내에서 디지털 변혁에 대한 더 광범위한 욕구의 한 부분으로서 참여하여, 그들이 앞서 나아가 그곳에 머물기 위해 필요한 내부 관행과 디지털 문화를 심을 수 있도록 지원하고 있다. 왜냐하면 우리는 코드에서 이렇게 말하는 것을 좋아하기 때문이다. "찬란한 것은 절대 멈추지 않는다."'

여러분은 여러분의 팀과 조직 전반의 팀들이 그들이 목표를 달성하는 방법을 스스로 정의하고 정기적인 검토와 개선을 통해 성과를 가속화하면서 애자일 방식으로 운영하기를 원한다. 서로에 대한 헌신과 집단적 성공은 개인적인 의제를 초월한다. 이것은 사례 연구에서 코드의 토니가 재창조하려고 했던 것이다. 고성능 팀은 다른 유사한 팀들보다 훨씬 더 뛰어난 성과를 낼 것이고, 여러분이 기대 한 것 이상의 성과를 낼 것이다. 조직 전체에 걸쳐 그것들을 개발하는 데 시간과 노력을 투자하면 생산성 향상 측면에서 불균형한 이익을 상쇄할 것이다.

나는 내 경험과 많은 고객들의 경험으로부터 팀워크를 쌓는 것이 쉽지 않다는 것을 안다. 그것은 헌신과 용기 그리고 규율을 필요로 한다. 시간과 용기와 지속적인 강화도 필요로 한다. 다음 스프린트에서 어떤 것이 잘 작동하고 개선할 기회가 있는지를 탐색하기 위한 성능 검토 또는 애자일이란 맥락에서 회고를 해보는 시간이다. 정직한 피드백을 줄 수 있는 용기, 개선을 위한 정보와 같은 피드백을 받아들일 수 있는 용기, 그리고 때때로 그 정보와 관련된 혹은 피드백을 받은 방식에 대한 상당히 개인적인 감정과 믿음에 대해 토론에 참여할 수 있는 용기. 용기는 또한 여러분이 할 수 있는 최고의 사람들을 찾고 지원하는 것이다. 그래서 팀의 새로운 사람들이 각각 새로운 통찰력을 가져오고 여러분을 포함한 모든 사람들을 위한 기준을 계속 높인다. 신뢰와 존중의 유대를 강하고 성장하며 건강하게 유지하기 위해 지속적인 강화가 필요하다. 정원사가 정원을 건강하게 유지하기 위해 규칙적으로 정성을 들여 정원을 가꾸듯이 팀장과 팀원들은 시간을 들여 계속 개선할 방법을 검토하고 토론하고 합의할 필요가 있다.

## 자율 경영 팀

일단 여러분이 강한 팀을 갖게 되면 여러분은 그들이 자신의 일과 산출물을 관리하는 방식을 가속화하도록 할 수 있다. 여러분의 팀들은 다음 스프린트나 기간에 어떻게 결과를 전달할지를 함께 정의하기 위한 기술과 자신감을 가질 필요가 있다. 이는 코치나 감독으로부터 외부의 지원을 받아 문제 해결에 대한 논의를 촉진하고 팀원들 간에 더 큰 정직성과 투명성을 확보함으로써 그들이 정말 헌신적인 결정을 내릴 수 있도록 하는 것을 의미한다. 진정으로 성과에 책임을 지는 훌륭한 팀들은 해결이 필요한 문제뿐만 아니라 개인과 집단적 성과에 대한 정기적이고 때로는 어려운 논의를 하는 경향이 있으며, 이것은 강한 신뢰와 존경의 토대를 필요로 한다. 신뢰와 존경이 없으면, 팀은 이러한 대화가 야기하는 압박감 속에서 분열될 위험이 있다.

우리는 세계 럭비 유니온 챔피언이자 훌륭한 팀의 한 예인, 올 블랙스All Blacks를 연구하면서 몇 가지 유용한 교훈을 배울 수 있다. 첫 번째 교훈은 공유 목표에 강력하게 집중하는 것이었다. 두 번째 교훈은 '철저한 협업'이었고 세 번째는 방해가 되는 것은 무엇이든 '부숴버리려는 욕구', 네 번째 교훈은 '팀의 누구라도 공으로 돌파했을 때 그들이 느끼는 보편적인 흥분'이었다. 마지막으로, 팀 코치가 '어떻게 하면 더 잘할 수 있을까'라고 정기적으로 묻는 등 지속적인 개선을 위한 추진력이 있다. '철저한 협업'은 고객 조직의 리더와 팀 간에 가끔 보는 협업 수준보다 훨씬 강한 목표를 추진할 때 서로를 위해 협력하는 데 보이는 헌신의 정도를 보여준다. 올 블랙스All Blacks가 이룬 성공의 수준을 달성하기 위해서는 팀으로서의 단호한 헌신과 결단력이 필요하다. 비록 팀의 리더십이 종종 선동자가 되는 것과 관련이 있지만, 이 정도의 협업을 이루려면 여러분이 기존의 행동 규범에 도전하고, 편안한 수준의 협조에 안주하지 않으며 자신과 다른 사람들의 더 많은 집단적인 노력을 요구하면서 파괴자가 될 필요가 있다.

## 사이즈 문제

각 팀이 너무 크지 않도록(혹은 작지 않게) 하는 것도 중요하며, 일반적인 통념으로는 '7 플러스 또는 마이너스 2' 법칙이 알맞다. 숫자가 너무 크면 대화와 의사 결정에 방해가 되고, 너무 작으면 그 팀은 핵심 기술과 경험이 부족할 가능성이 있다. 일단 한 팀이 두 자리 숫자에 들면, 서로 다른 많은 통신 채널 때문에 너무 복잡해져서 쉽게 관리할 수 없게 되고 대화의 질은 급격히 떨어질 것이다. 나는 여태껏, 15명 내지 25명 사이의 임원들로 '팀 구축'을 해달라는 요청을 한 번 이상 받았다. 나는 그 요청을 거절해야만 했다. 조직에서 그들의 역할이 함께 생각하고 함께 계획을 세우고 전략적 선택을 결정하고 조직의 성과를 함께 검토해서 함께 승리하는 문화를 만드는 것인데, 이정도 규모로는 강력한 집행 팀을 구성하는 것이 불가능하기 때문이다. 그래서 사이즈가 중요하다.

## 팀 작업 권한 부여

여러분은 여러분 자신의 팀과 팀원들의 팀들에 이러한 생각을 적용할 수 있다. 어떻게 그들이 굳건한 토대와 진정한 신뢰 그리고 효과적인 사이즈를 갖도록 만들 수 있는가? 여러분이 이미 합의한 전략적 우선순위에 따라 어떻게 제공되는가에 대한 결정을 책임지도록 그들을 부추길 수 있는가? 아마도 그들은 이미 이런 방식으로 운영되고 있을 것이다. 그래서 여러분은 전체 사업에서 더 많은 민첩성을 개발하기 위한 좋은 기반을 가지고 있다. 그러나 이것은 전형적인 경우가 아니며, 나는 너무 많은 상급 팀들이 너무 많은 결정을 내리는 것을 본다. 애자일 작업의 기본 원칙은 팀원들이 그 일을 어떻게 할 것인지 스스로 결정하는 것이다. 고위 간부의 책임은 전략적 목표를 설정하는 것이며, 그러한 목표를 달성하는 방법을 결정하는 것은 팀의 책임이다.

나의 경험상 규칙은 간단하다. 오직 당신만이 할 수 있는 결정을 하라는 것이다. 여러분과 팀이 한 달 동안 맡은 모든 결정을 목록으로 작성할 가치가 있다. 이러한 결정들 중 일부는 여러분의 정상적인 경영활동의 일부가 될 것이고, 일부는 여러분을 위해 일하는 사람들에 의해 여러분에게 위임될 것이며, 일부는 사업 운영 방식에 너무 많은 측면을 통제하려는 여러분의 열망 때문일 수도 있다. 만약 여러분이 후자의 두 가지 범주에 속한 어떤 것이라도 있다면, 이러한 것들은 여러분만이 할 수 있는 결정이 아니므로, 그러한 결정을 중단하라! 첫 번째 범주로, 이 기준에 따라 각 범주를 시험할 가치가 있다. 즉 만약 다른 사람들이 이러한 결정을 내릴 수 있고, 종종 그들의 전문지식에 기초하여 결정을 내릴 자격이 더 있다면, 여러분은 가능한 한 빨리 그들에게 위임해야 한다.

물론, 위임과 함께 여러분이 결정을 내리고 특정 결과를 제공할 권한을 위임한 개인이나 팀이 필요한 기술이나 경험 및 정보를 가지고 있는지 확인할 책임도 따른다. 당신의 일은 그들이 건전한 경영 정보에 기초하여 올바른 행동 방침을 결정하고 그들이 자신감을 가지고 결정을 실행할 수 있는 능력을 갖도록 도와주는 코치가 되는 것이다. 이들 중 하나라도 빠지면, 여러분은 지도자로서의 역할을 효과적으로 수행하지 못하고 있으며, 권한 이임은 실제로 효과를 발휘할 가능성이 낮아진다.

성공적인 자율 경영 팀의 또 다른 측면은 투명하고 정직한 대화를 한다는 것이다. 그들은 개인적으로 그러한 피드백을 받기보다는 팀 실적의 이익에 대한 피드백을 주고받을 수 있도록 서로를 배려할 필요가 있다. 나는 10대 초반에 영국 버밍엄Birmingham에 있는 내 사촌 중 한 명의 결혼식에서, 피터Peter와 마가렛Margaret이 결혼했을 때 낭독된 말을 들으면서 앉아 있던 것이 기억난다. 하나는 성경에 나오는 바울Paul의 첫 번째 편지에서 고린도인들Corinthians에게 보낸 고린도전서13장으로, 진실한 사랑의 속성을 잘 묘사한 것이다. 내 기억 속에 박힌 구절은 '사랑은 성내지 아니하며'라는 것이었다. 그 이후 나는 종종 그 말을 생각해왔고, 비판을 들으면 자연스럽게 일어나는 반응 -성나는 것-을 멈추려고 노력하며, 보다 중립적인 대응으로 대체했다. 몇 년 후 나는 대학에서 많은 노를 저었고, 각각의 훈련 시간이 끝난 후 때때로 우리 각자가 보트의 속도를 올리거나 속도를 늦추기 위해 무엇을 하고 있었는지에 대한 고통스러운 분석을 하면서 리뷰를 했던 일을 기억한다. 피드백을 듣고 다음 훈련 때 알맞게 조절하는 것이 우리의 책임이었다. 학습과 적응은 결코 문제가 아니었다. 그것이 우리가 보트를 더 빨리 가게 할 수 있는 유일한 방법이었다.

자율 경영 팀과 관련된 조정(漕艇)에서 얻은 몇 가지 다른 통찰력이 있다. 첫 번째는 우리가 잘하기 위해 좋은 루틴이 필요했다는 것이다. 이것은 우리의 경주 날 활동은 물론 훈련 기간과도 관련이 있다. 훈련에서 우리는 진전을 이루기 위해 단거리 주행(스프린트)이 필요했고, 그런 다음에는 다시 검토할 기회가 필요했다. 그리고 경주 당일에 보트를 설치하고 준비운동을 하고 출발을 하기 위한 거의 강박적인 방식을 갖고 있다. 비즈니스 팀도 마찬가지다. 짧은 스프린트 안에서 작업해서 명확한 결과를 얻고 다음에는 더욱 잘 하기 위해 멈춰서 검토할 기회를 가져야 한다. 또한 브리핑과 계획과 실행이라는 명확히 규정된 단계와 함께 프로젝트나 새로운 우선순위를 수립하기 위한 의식이 필요하다.

조정에서 얻은 두 번째 통찰력은 균형 잡히고 효과적인 팀을 구성하기 위해서는 다양한 기술이 필요하다는 것이다. 어떤 이들은 크고 힘이 세며 '엔진실'에서 뒤쪽으로 노를 저었다. 어떤 사람들은 뛰어난 기교와 리듬을 가지고 앞쪽을 향해 앉았다. 그들 중 하나는 보트의 속도와 리듬을 맞추는 스트로크였다. 어떤 이들은 보트를 더 빨리 가도록 하기 위한 기회를 포착하고 지도하기 위해 동료선수들과 일하는 트레이너에 적합했다. 일부는 더 가벼워서 키잡이가 되어 배를 조종하고 물 위에서 동료 선수들을 관리했다. 심지어 조정과 같은 스포츠에서도 다재다능한 팀이 필요했다. 전문적인 업무 환경에서라면 이러한 필요성이 더욱 커지는 경우가 많지만, 우리는 공유된 전망에 기초해서 피상적으로만 조화롭게 리더의 이미지를 바탕으로 만들어진 팀들을 너무 자주 본다. 그러나 잘 수행하기 위한 신뢰와 도전은 부족하다.

**유동적인 팀 구조**

애자일 측면에서, 여러분이 좀 더 애자일한 기업을 구축하려면 두 가지 유형의 팀이 필요하다. 첫 번째는 예를 들어 소프트웨어나 제품 혁신을 개발하고, 장기간에 걸쳐 상호 이해를 심화시키는 안정적인 팀이다. 분명히, 조직이 변화하는 상황과 전략적 우선순위에 적응함에 따라 팀 구조는 변화하지만 이러한 팀들은 근본적으로 안정적이다. 두 번째 유형의 팀은 특정 작업을 위해 구성된 단기간 팀으로, 조직 전반에서 함께 그림을 그리고 특정한 결과를 달성하기 위해 유한한 기간을 갖는다. 이러한 단기간의 팀들은 결과를 달성하는 데 적합한 능력을 갖추어야 하며, 종종 관련된 모든 사람들에게 꽤 교육적일 수 있는 교차 기능적 전문지식을 요구해야 한다. 그들은 또한 전통적인 기능적 경계를 넘어 일하고 잠재적으로 현존하는 권력 역학에 도전하는 경우가 많기 때문에, 그들에게 성공을 위해 필요한 영향력을 부여할 강력한 조직의 후원이 필요하다.

세계적인 소매업체인 막스 앤 스펜서Marks & Spencer가 성장세를 회복하고 젊은 소비자들의 지속 가능한 고객 충성도를 달성함에 따라, 운영방식에 있어서 더욱 급진적으로 변하고 있다. 막스 앤 스펜서의 지속가능 경영Sustainable Business(A계획)의 이사인 마이크 배리Mike Barry는 그들이 작업 방식을 재창조하면서 보다 유동적인 팀 구조로 전환한 것을 설명한다.

팀들은 더 유동적이 되었고 계속해서 진화하고 있다. 10년 전과 같은 생각을 하는 10명을 10년 동안 여러분 주변에 두느니, 여러분은 계속해서 움직이는 팀들을 갖고자 할 것이다. 리더들은 이러한 추세를 환영해야 한다. 우리는 팀 개발 측면에서 훨씬 애자일해지고 있다. 리더들은 특정 프로젝트를 위해 함께 모여 특정한 결과를 제공하는 가상 팀을 점점 더 많이 이끌고 있다. 일단 그것이 달성되면, 그 팀은 해체되고 새로운 것을 하기 위해 다시 새로운 팀이 형성된다. 이 때문에 비즈니스 리더들은 과거의 경직성을 버리고 있는데, 이는 많은 전통적인 비즈니스 리더들에게는 꽤 어려운 일이다.

디지털 주도형 환경에 적응하려고 할 때, 자신보다 빠른 속도로 변화하고 있는 여러 분야의 조직에도 이와 똑같은 패턴이 반영된다.

**디지털 과제를 해결하기 위한 혼합 팀**

나는 우리가 21세기 문제에 직면해 있으면서 19세기 제도를 가지고 있다는 생각에 영감을 받았다. 기존에 있는 도구나 관행 또는 접근 방식이 파괴되지는 않았다 해도 상당히 불충분한 상태다. 우리는 새로운 제도를 만들어야 한다. 우리는 좀 더 유연한 툴킷으로 21세기 문제들을 다룰 필요가 있다. 복합 솔루션은 규율을 통합해서 새로운 것으로 발전시키는데서 나타난다. 나는 디자이너, 건축가, 예술가, 암호 프로그래머, 경제학자, 영화제 작자, 사회학자 등이 포함된 프로젝트 팀을 이끈 적이 있다. 이러한 다양한 학문을 아우르는 팀들은 오늘날과 내일 우리가 직면하고 있는 복잡하고 상호의존적인 문제들을 다루기 위해 매우 잘 갖추어져 있다. 우리는 새로운 지식, 즉 새로운 아이디어와 새로운 해결 책들이 우리가 안전지대를 벗어나 있을 때 서로 다른 규율의 충돌을 통해 나타난다는 사실을 알고 있다.

2012년 cityofsound.com의 도시 계획 전문가 댄 힐Dan Hill은 공학 기술 회사인 아럽Arup의 이사보(理事補), UCL 바틀렛Bartlett의 방문 교수 그리고 RMIT의 부교수다.

## 팀 회의

1장에서 논의했듯이, 회의에 너무 많은 시간을 쓰는 리더들이 많다. 그들의 하루는 성찰이나 비공식적인 대화 또는 전략적 사고에 들일 시간은 거의 남겨두지 않는, 한 시간 동안 계속되는 약속들의 행렬이다. 그러나 애자일 환경 속에서 보호해야 할 회의가 하나 있는데 바로 팀 회의다. 매일 매일의 작전 회의와 정기 기획 회의 그리고 스프린트가 끝날 때마다 하는 회고 회의는 모두 팀의 리듬과 루틴의 한 부분으로 팀이 최상의 생산적인 수준을 갖도록 돕는다.

내가 3장에서 언급했듯이, 매일의 작전회의는 팀을 한데로 모아 궤도를 유지하며 문제가 생기면 다음 회의 때까지 일주일을 기다리지 않고 바로바로 문제를 다룰 수 있는 강력한 방법이다. 그것은 짧고 집중적이며 실용적이다. 7장에서는 회의가 애자일 의사 결정에 어떻게 기여하는지 살펴볼 것이다. 이러한 모든 회의의 핵심은 여러분이 적절한 시기에 올바른 주제에 집중하도록 하는 리듬과 규율이 있다는 점이다. 예를 들어, 매일의 작전회의는 전략적인 우선순위를 논의하는 시간이 아니다. 따라서 만약 어떤 이슈가 우선순위에 대해 떠오르면, 여러분이 그것을 효과적으로 탐구할 시간이 있을 때, 월례 계획 회의에서처럼 그것을 선택할 필요가 있다.

여러분이 팀원들을 지리적으로 분산시키면, 우리가 이 장에서 탐구해 온 팀 특성을 발전시키기가 더 어렵다. 가상 팀에서는 '눈에서 멀어지면 마음에서도 멀어진다.'는 말이 현실화되기가 너무 쉽다. 그러므로 팀이 서로 연결하고 관계를 형성하고 서로의 우선순위와 이슈를 이해할 시간을 보낼 수 있는 정기 모임을 가지는 일이 훨씬 더 중요하다.

이 상황에서 팀장의 역할은 지리적으로 중립적인 차원에서 효과적으로 논의를 촉진하여 리더와 같은 장소에 있는 사람들이 멀리 떨어진 장소에 있는 사람들보다 더 많은 방송시간이나 관심을 받는다는 의식이 없도록 하는 것이다. 도움이 되는 기술이라면, 각 개인의 기여도가 1, 2분을 넘기지 않도록 하는 것하고, 모든 사람이 어디에 있든지 정기적으로 기여하도록 초대 받는 것과 같은 특정한 기본 규칙에 팀에 동의하는 것이다. 일반적으로 가상 팀은 여러분이 잘 일하기 위해 애자일 작업에 필요한 신뢰와 상호 이해 수준을 개발하기 위해 더 열심히 노력해야 하며, 팀의 초기 단계에서는 이것을 구축하기 위해 회의에 더 많은 시간을 투자해야 할 수도 있다. 지리적으로 분산된 팀원들 간의 상호 이해와 신뢰 구축을 가속화하기 위해서는 처음 일을 시작할 때 팀을 한 곳에 모으는 것이 가장 이상적이다. 매년 열리는 일대일 미팅이나 회의는 팀의 공동의 목적, 목표, 상호 신뢰를 강화하기 위한 중요한 수단이 된다.

가상 팀에 대한 또 다른 유용한 팁은 여러 채널을 사용하여 과도하게 의사소통하는 것인데, 다양한 장소에 있는 사람들이 정보를 수신하고 자신에게 맞는 방식으로 대화에 참여할 수 있다. 비디오나 컨퍼런스 콜 또는 야머Yammer(한 조직의 구성원 사이의 의사소통을 위해 사용하는 기업용 SNS: 역주) 와 같은 디지털 채널, 업데이트에 대한 서면 또는 녹음 메시지, 왓츠앱WhatsApp 또는 이와 유사한 그룹 앱을 사용하여 일일 뉴스를 공유한다. 씨러스Cirrus의 모든 리더십 프로그램에서 우리는 사람들이 함께 배우고 작은 팀에서 통찰력을 공유할 수 있도록 하는 디지털 플랫폼을 사용하며, 이는 직장에서 학습을 구현하는 데 도움을 준다. 팀에게 이러한 채널을 소유하고 그들이 원하는 대로 새로운 방법을 도입하여 통신 소유권을 극대화하도록 권장한다. 핵심 아이디어는 팀을 더 많이 분리할수록 공유된 결과에 대한 공동의 목적과 책임감을 구축하고 유지하기 위해 더 많은 통신 채널과 노력이 필요하다는 점이다.

기술은 효과적인 협업을 보장하는 중요한 역할을 한다. '슬랙Slack'과 마이크로소프트의 '팀즈Teams'와 같은 메시징 시스템은 원격 팀을 하나로 묶는 것으로 지난 몇 년 동안 인기를 끌었다. 그것들은 답답한 이메일 교환에서 벗어나 즉석의 메시징 시스템으로 자유롭게 대화할 수 있도록 돕는다. 이는 장벽을 제거하고 보다 유연하게 하고 원격 작업을 가능하게 한다. 이런 도구를 사용할 자신이 없는 팀원들이 있다면 이들을 훈련시키고 실전에 대한 자신감을 쌓는 데 시간을 투자할 만하다.

마지막으로, 모든 팀 환경에서 개인 또는 팀의 성취가 축하될 때 그리고 개인 도전이 팀에 의해 인정되고 모든 사람들이 도움을 주기 위해 애쓸 때, 개인적인 순간들의 가치를 명심하는 것이 도움이 된다. 동료들 중의 누군가가 학교에서 아이가 아프니 데리고 가라는 전화를 받았을 때, 직장에서 새로운 기술을 익힌 누군가를 축하할 때 또는 사별을 당한 동료를 위로하기 위해 멈추었을 때, 사람들이 동료 주위로 모여드는 광경을 보는 일은 멋지다. 이것은 사람들을 함께 뭉치게 해서 종종 팀보다 오래가는 헌신적인 관계를 만들어낸다.

 **사례 연구**

## 콘스티투시온 Constitución 이야기

2010년 2월, 엄청난 지진과 쓰나미가 칠레 남부와 중부를 강타하여 콘스티투시온Constitución 시의 80퍼센트를 파괴했다. 재해가 발생한 지 100일 후, 주민과 정부와 지역 고용주 및 외부 고문들이 성공적으로 협력하여 새로운 공동체 마스터플랜을 만들었다. 그들이 이것을 어떻게 성취했는지에 대한 이야기는 협업과 행동에서의 민첩성에 대한 주목할 만한 예다.

재난이 닥치자 그 도시는 물과 전기 공급이 끊기고 말았다. 식품점과 은행 그리고 그 구역이 살아남은 상점들은 문을 열 수 없었다. 지역과 지방정부 대표들이 개입했다. 곧바로, 그들은 거대한 재건 임무에 직면했다는 것을 깨달았다. 그들은 또한 도움 없이는 이 과제를 해결할 수 없다는 것을 알았다. 주택부서는, 콘스티투시온에 수천 명의 종업원이 있는 주요 임업 회사 아라우코Arauco와 사회 주택 사업을 전문으로 하는 건축 실무관인 엘리멘탈Elemental에 접근했다. 그들은 함께 도시가 지속 가능한 재건 계획이 필요하고, 도시 시민들이 계획 과정에 참여해야 한다는 데 동의했다.

엘리멘탈Elemental은 지역 사람들과 상의하여 이 계획의 개발과 이행을 감독하도록 임명되었다. 전문 서비스 회사인 아럽Arup과 티로니Tironi는 협업 방식에 대해 조언했고 엘리멘탈 옆에서 조력자로 활동했다. 재난의 규모나 긴급한 재개발의 필요성을 감안하여 주택, 공공건물 및 공간, 기반시설, 에너지 분배, 폐기물 처리 등 공공서비스 대책을 수립하는 100일의 목표를 설정했다. 이 도전에서는 속도와 품질의 균형을 이루는 것이 중요했다. 즉각적인 문제가 해결되어야 했고 장기적인 지속 가능한 해결책도 마련되어야 했다.

기획 과정은 아라우코가 자금을 지원했는데, 이 회사의 제재소는 콘스티투시온에서 3천 명의 사람들을 직접 고용했고 1만 명의 사람들을 간접적으로 추가 고용했다. 재난은 그 회사에 큰 타격을 주었다. 일부 주민들은 이런 중요한 고용주의 자금에 회의적이었기 때문에 아라우코는 이 사업에 아무런 조건 없이 자금을 지원하고 있다는 것을 분명히 했다. 말하자면 해결책을 강요하는 것이 아니라, 협업의 정신으로 참여하여 주민들의 견해를 들을 것이다.

단체는 도시의 많은 도전들에 우선순위를 매기는 것으로 시작했다. 깨끗한 물을 공급하는 일이 중요했다. 하마 물통은 남아프리카에서 들여왔다. 아프리카 농촌에서 널리 사용되는 이 통 모양의 용기는 손으로 땅을 따라 굴릴 수 있다. 긴급 대피소를 설치하여 즉각적인 피난처를 제공하였다. 10일째가 되자, 앞으로 몇 달 동안 사용할 수 있도록 더 튼튼한 대피소가 설계되었다.

도시의 중심부에 커뮤니티 마스터플랜 센터가 개설되어 프로젝트의 중심지가 되었다. 센터는 그 계획을 구체화하는 것을 돕고자 하거나 단순히 일의 진행상황을 보고자 하는 모든 거주자들에게 열려 있었다. 정기적으로 열리는 회의는 모두에게 발언권을 주었다. 전문가들은 이러한 회의를 촉진하고 조언을 제공했지만 결정적으로 의사 결정에 대한 책임이 없었다. 책임은 시의 주민들에게 위임되었다.

인터넷 접속은 간헐적이고 신뢰할 수 없었으므로, 직접 대면하는 협업이 가장 중요했다. 회의 시간은 마을 주변의 확성기로 전달되었다. 회의 자체는 활력이 넘치고 생동감이 넘쳤고, 종종 의견 불일치가 있었으며 항상 많은 열정적인 토론이 오갔다. 예를 들어, 우선 주택 관리들과 건축가들이 세세하지 않은 미래의 비전을 제안하면 주민들이 그것을 검토하는 식이었다. 많은 주민들이 열정적으로 투신해서 공동설계 절차로 이끌었다. 공무원들은 초기 단계에서 '버려둔 채 가고' 주민들이 미래 비전의 소유권을 가져갔다. 비전의 달성을 돕기 위해 자원이 제공되었지만, 그것은 콘스티투시온 사람들의 것이 분명했다.

학교, 도서관, 소방서, 버스 정류장과 같은 많은 공공건물들은 다시 지어야 했다. 주민들이 우선순위를 매겨야만 했다. 그들은 또한 파괴된 땅의 가장 큰 지역에 대한 세 가지 선택사항에 대해 투표하도록 초대되었다. 지진과 쓰나미와 직접적으로 관련이 없는 많은 문제들이 나타났다. 예를 들어, 주민들은 이 도시가 홍수의 희생양이 되는 경우가 많다고 지적했고, 그래서 건축가들은 도시의 홍수 방지를 위해 일련의 석호들과 장벽을 설계했다.

새로운 사회주택을 위한 정부자금이 제한되어 있었다. 건축가의 해법은 미래에 증축될 수 있는 작은 집을 짓는 것이었다. 주 정부는 집의 '필수적'인 부분에 대해 약 1만 달러를 지불했고, 주민들은 자신의 비용으로 향후 몇 년 안에 주택을 확장할 수 있었다. 4년 내에 거의 500채의 새로운 집들이 지어졌다. 새로운 공원과 레크리에이션 구역은 이전에 비좁고 인구가 밀집되었다고 느껴졌던 도시에 환영받는 공공 공간을 제공했다. 미래의 쓰나미와 지진 그리고 홍수로부터의 보호가 시행되었다.

임업 회사 아라우코의 경우, '무조건'을 기초로 하여 자금을 지원하고, 목표를 유지함으로써 업과 도시 주민들 사이의 신뢰를 구축하는 데 도움이 되었다. 아라우코는 주민들의 의견을 듣고 공장에서 나는 냄새를 줄이기 위해 천만 달러를 투자했는데 이는 이 도시에 의미 있고 예기치 못한 결과를 가져왔다.

물론, 처음에 이런 정도의 규모로 일을 벌였을 때 문제가 없지는 않았다. 많은 주민들이 도중에 분노와 불신과 불만을 표출했다. 그러나 많은 사람들은 궁극적으로 이러한 성공적인 하이브리드 계획 방식의 일부가 되는 것에 자부심과 만족감을 표시했다. 그 재난은 매우 긴박감을 불러일으켰다. 그런데 궁극적으로, 도시가 더 지속 가능한 삶과 작업 환경이 될 수 있는 놀라운 기회를 제공하게 되었다. 시민들은 협업과 애자일 계획과 실행을 통해, 진정한 변화 과정의 주인공이었다.

**콘스티투시온Constitución의 이야기에서 우리는 무엇을 배울 수 있을까?**

- 참여 – 모든 이해당사자들이 발언권과 역할을 갖도록 보장한다.
- 대화 – '전문가들'을 의사 결정자가 아닌 조력자 내지 조언자로 활용한다.
- 우선순위 – 당면한 요구과 장기간의 요구를 모두 해결하는 묘책을 만들기 위해 긴급성과 실용주의의 균형을 맞춘다.
- 협업 – 함께 일하면 개인의 노력을 능가한다.

## 요약

팀은 애자일 작업의 중심에 있으며, 이번 장에서는 팀들이 훌륭하게 기능할 수 있도록 팀을 설정하고 발전시키는 몇 가지 방법을 탐구했다. 임무를 완수하는 데 필요한 기술을 가진 사람들을 모아, 그들을 명확한 목적과 공유 목표에 대한 헌신 그리고 아무도 성내지 않고 강력한 토론과 직접적인 피드백을 가능하게 하는 신뢰의 깊이를 가진 훌륭한 팀으로 만들어라. 이것은 시간과 용기와 지속적인 강화가 필요하다.

목표를 달성하는 방법을 결정하는 자율 경영 팀은 이러한 결정을 내릴 권한과 효과적인 운영을 위한 코칭 지원 둘 다 필요하다. 자율 경영 팀은 배움이 중시되고 실수는 비난의 원천이 아닌 학습의 기회가 되는 풍토에서 운영해야 한다.

여러분은 애자일 리더로서, 자신의 팀과 조직 전체를 위해 이 장에 대해 성찰하기를 원할 수 있다. 여러분은 어느 곳에서 성공을 보고 있으며, 실제로 팀워크를 향상시킬 수 있는 분야는 어디인가? 이러한 분야에 시간과 노력을 투자하면 애자일 작업과 고객 성과를 더 빠르고 효율적으로 제공하는 능력 면에서 상당한 이익을 얻을 수 있다.

# 애자일
# 의사 결정

## 도입

적절한 시기에 올바른 결정을 내리는 것은 애자일에 대한 잠재력이 실제로 발휘되는 시점이다. 움직이거나 행동하기로 한 결정은 집행의 시작이며, 적어도 그 순간에는 여행의 방향으로 여러분 자신을 헌신하고 있다는 것을 의미한다. 경기장에 있는 하키 선수가 상대 선수를 지나쳐 가속을 결정하면, 다음 경기 순서가 시작된다. 물론 이동 지점에서는 시퀀스가 어떻게 진행되는지 알 수 없지만 선수가 왼쪽으로 움직여 상대 선수를 추월하려 할 때 팀 동료에게 공을 넘기지 않기로 했다. 그때 중요한 점은, 그들이 일을 할 때와 마찬가지로 야심만만하게 진행한다는 것이다. 선수들을 공을 잃을 수도 있고 득점을 얻어 공격권을 따낼 수도 있다. 어쨌거나 그것은 일단 가속화하기로 한 결정에서 비롯된다.

우리가 1장의 최고 선수들에 대한 연구에서 배웠듯이, 애자일한 것은 인지적 반응과 신체적인 반응 모두를 포함한다. 우리는 애자일하게 생각하고 애자일 방식으로 행동할 필요가 있다. 한쪽에서 다른 쪽으로의 이행이 결정의 요점이다. 민첩성은 '자극에 대응한 속도나 방향의 변화에 따른 빠른 전신 운동'으로 정의되었다. 빠르게 움직이는 동시에 변화하는 이러한 능력은 애자일 리더가 되고 애자일 조직을 만드는 매력 중 하나이다. 그러므로 우리는 애자일 의사 결정과 애자일 방식으로 그들을 만드는 양쪽 측면에서 효과적일 필요가 있다.

이번 장에서 애자일 의사 결정을 하고 조직의 핵심에 고객을 배치하는 데 보다 효과적인 세 가지 주제를 자세히 살펴보자.

1. 의사 결정을 유도하기 위한 목적, 우선순위 및 방향의 명확성.
2. 올바른 결정을 내릴 때의 사려 깊음.
3. 조직 전체가 애자일 의사 결정을 할 수 있도록 의사 결정 권한을 위임.

의사 결정의 이러한 세 가지 요소를 결합함으로써 여러분은 조직에서 민첩성을 가속할 수 있고 동시에 자신을 위한 더 많은 시간을 만들 수 있으며, 그것은 다시 민첩성을 촉진한다. 위의 하키 선수들처럼, 최고의 리더들은 중요한 상황에서 올바른 결정을 내리기 위해 더 많은 시간을 보낸다.

> **✏️ 자신에게 하는 질문**
>
> 이번 장에서는 리더로서 자신을 위한 주요 통찰력을 추출하기 위해 책을 읽으면서 다음과 같은 질문을 고려하는 것이 도움이 될 수 있다.
>
> - 페이지 위에 쓸 전략이 있는가?
> - 어떻게 큰 결정을 내리는가?
> - 가능한 많은 결정을 다른 사람에게 위임한 적이 있는가?

## 명확성

애자일 맥락에서 명확성을 제공한다는 말은 근본적으로 목적 명확성과 고객 우선순위의 명확성, 두 가지에 관한 것이다. 첫 번째는 여러분이 왜 존재하는지, 세상에 무엇을 더하는지를 명확히 하는 것이다. 그것은 여러분의 조직에 중요한 것이다. 두 번째는 고객에게 중요한 것을 이해하는 것이다. 3장의 스크럼 작업 방식에 대한 설명에서 보았던 것과 같이, 고객이 가장 중요하게 여기는 가치를 명확히 하는 것이 조직을 위한 우선순위를 정의하는 열쇠다. 명확성에 관한 이러한 두 가지 영역은, 대개 조직이 누군가에게 놀라운 것을 하기 위해 존재한다는 면에서 그리고 누군가는 지금 그것을 특별히 필요로 한다는 점에서 밀접하게 관련되어 있다.

예를 들어, 레고Lego의 궁극적인 목적은 '아이들에게 창의적으로 생각하고 체계적으로 이성을 부여하고 자신의 미래를 형성할 수 있는 잠재력을 발산하게 하는 것, 즉 끝없는 인간의 가능성을 경험하게 하는 것'이다. 현재 보이는 목적이 회사가 판매하는 제품의 측면에서 보면, 최근 몇 년 동안 엄청난 변화를 거쳤기 때문에 20년 전의 모습과는 상당히 다르긴 해도 오늘날 어린이들과 관련이 있음은 물론이고 그것의 원래 목적에도 여전히 충실하다.

5장에서는 특히 대규모 복합조직에서는 실행하기 어려울지도 모르지만 애자일 의사 결정의 초석이 되는 무자비한 우선순위를 살펴보았다. 레고는 무자비한 우선순위라는 목적에 초점을 맞추고 있기 때문에 도움이 되는 예다. 레고 브랜드를 홍보하기 위해 사용할 수 있는 많은 것들이 있지만, 회사는 많은 형태와 키트로 사용할 수 있는 블록으로 그것의 핵심 플레이 시스템에 계속 초점을 맞추고 있다. 명확성은 조직 전체 직원들 간의 연결을 가능하게 하여, 조직의 나머지 부분과 동일한 방향으로 서로의 노력을 조정할 수 있도록 만든다. 무엇이 우선이고 무엇이 아닌지를 결정할 수 있게 해준다. 따라서 팀의 구성원들은 공통의 목표를 정의할 수 있고, 과정 전반에 걸친 사람들이 결과를 조율할 수 있게 된다.

나의 통신 고객 조직 중 한 곳은 실제로 이러한 아이디어에 어려움을 겪고 있었다. 최고 경영자는 애자일 작업 방식을 받아들이기를 원했지만, 그는 조정되지 않은 많은 계획들이 기능 전반에서 갑자기 나타나도록 허용했기 때문에, 대부분의 계획은 자금이 부족해졌고 조직의 관심을 얻기 위해 투쟁하는 단호하지만 무력한 중간 경영자들에게 좌절감을 안겨줄 운명에 처하게 되었다. IT 투자와 지원이 요구되는 시책이 많았기 때문에, IT기능의 능력을 방해하는 주목할 만한 미완성 프로젝트의 목록을 작성했다.

나는 시스템을 정리하기 위해, 기본으로 돌아간 임원진이 보낼 며칠 동안의 휴가를 진행했다. 조직의 목적, 전략적 방향 및 목표, 반박할 수 없는 가치, 주요 고객 우선순위, 따라서 조직이 제공해야 하는 우선순위 프로젝트 목록을 검토했다. 이 팀은 명단을 검토하고 누가 소유자가 될 것인지에 합의했고, 이것이 전달될 때까지 나머지 사람들은 중단하기로 합의했다. '중단된' 계획을 주도했다가 좌절을 겪은 관리자들은 우선순위 프로젝트를 다시 맡아 이러한 프로젝트들이 가속화되었다. 시스템은 곧 차단이 해제되었고, 각각의 우선순위가 요구되는 최소 표준을 충족해 제공됨에 따라 경영진은 우선순위 목록을 검토하여 그것이 계속되어야 하는지, 아니면 백로그에서 다른 우선순위로 대체되어야 하는지 알아보았다. 생산성이 높아짐에 따라 임원들과 관리자들 사이에 동기부여가 극적으로 증가했다.

임원진과의 회고적인 회의에서, 나는 그들에게 이것이 조직의 활동에 우선순위를 매기는 지속 가능한 방법인지 물었다. 일부 팀원들의 방어적인 연설이 있은 후, 그 상무이사는 가만히 앉아서 말했다. '아니, 이렇게 계속할 수는 없어. 우리는 지금 병목현상을 겪고 있다.' 침묵이 흐르다가, 이내 방 여기저기서 사람들이 고개를 끄덕였다. 상무이사는 '우리는 이 사업을 재건해야만 한다. 그래서 그것이 스스로 일어설 수 있도록.' 여정의 다음 단계가 정해졌다.

여러분의 조직에 명확성을 가장 잘 제공할 수 있는 방법을 고려할 때, 내가 추가하고 싶은 몇 가지 조언이 있다. 첫째는 사람들을 그 과정에 참여시켜 보는 것이다. 첫 번째는 사람들이 그 과정에 참여해서 그들의 모든 통찰력과 아이디어를 얻고 그들이 결과에 이해관계가 있다고 느끼도록 하는 것이다. 참여는 참여를 유도하며, 이는 다시 작업장에서 임의적인 노력을 유도하여 결과를 가속화한다. 두 번째는 이러한 전략적 명확성을 한 페이지에 요약하는 것으로, 해설자들은 이를 '한 페이지 전략' 또는 '한 페이지짜리 전략 계획'이라고 불렀다. 전문 용어와 복잡함을 피하여 유용하게 만드는 특수성을 잃지 않도록 하는 것이 도움이 된다. 전략을 한 페이지로 간소화하는 동시에 특정 의미를 명확하게 할 수 있다면 조직 내 다른 사용자가 해당 전략을 이해할 수 있을 가능성이 높으며, 이에 따라 사람들이 행동을 조정할 가능성이 더 높아진다.

위의 의뢰인에게 그러한 명확성은 예를 들어 무엇을 투자하고 무엇을 중단해야 하는지에 대한 합동 결정을 내릴 수 있는 능력이 되었다. 일단 명확한 우선순위를 기준으로 효과적인 의사 결정이 이루어지면, 조직은 고객에게 최대한 가깝게 이것을 위임할 수 있다고 생각한다. 위임에 대해 탐구하기 전에 애자일 의사 결정을 뒷받침하는 사려 깊음에 대해 알아보자.

## 사려 깊은 의사 결정

선도적인 애자일 기업들에 대한 연구 결과, 그들은 덜 애자일한 기업들에 비해 의사 결정에서 두 가지 측면이 돋보였다. 첫째, 그들은 '전략적 결정들의 우선순위를 매긴다.' 선도적인 조직들은 회사의 전략적 방향과 관계있는 중요한 의사 결정에 뚜렷한 초점을 맞출 뿐만 아니라 일상적인 운영에 영향을 미치는 결정이 적절한 수준에서 이루어지는 환경을 확실히 만든다. 둘째, 그들은 의사 결정을 가속화한다. 그들은 '빠른 속도로 중요한 결정을 내리며, 항상 시장 상황에 맞춰 그러한 결정을 내리는' 문화를 구축했다.

두 가지 측면이 모두 효력을 발휘하려면, 2장에서 살펴본 것처럼 여러분은 사려 깊어야 한다고 나는 덧붙이고 싶다. 애자일이란 맥락에서 효과적인 의사 결정은 여러분이 성취하고자 하는 것에 대한 방향과 명확성을 즉각적으로 제공하는 것을 의미한다. 여행의 방향은 분명해야 하고, 여러분이 의도한 결과 또한 명확해야 한다. 그래야 다른 사람들도 그 의도를 갖고 일할 수 있고 상황이 변하더라도 그것을 추구하기 위해 최선의 판단을 활용할 수 있다.

따라서 전략적인 결정을 해야 할 때(여러분이 운영적인 역할을 수행하고 있지 않다면 전술적인 결정을 해서는 안 되기 때문에) 제2장에서 설명한 과정을 따라야 한다.

**1 생각할 공간을 만들기 위해 일단 중지하라.**

2 조직의 전문가 및 신뢰할 수 있는 조언자(내부 또는 외부)와 상담하여 이들의 통찰력과 경험의 깊이를 파악하라.
3 일단 가능한 많은 관련 자료와 통찰력을 완전히 이해한 후 결정하라.
4 재빠르게 움직여 자신 있게 결정을 실행하라.
5 무슨 일이 일어나고 있는지 검토하고 확인하라.

알다시피 여러분은 오직 본인만이 할 수 있는 결정을 하고 있다는 사실에 주의할 필요가 있다. 다른 것은 모두 위임되어야 한다(조직에서 여러분의 역할에 따라 위 또는 아래로). 리더로서 여러분은 주변 사람들에게 이와 같은 규율을 주입할 필요가 있다. 그래야 그것이 시스템 차원의 의사 결정 방법이 될 수 있다. 그리고 여러분은 매우 특별한 공간으로 들어가고 있는데, 조직 내 사람들의 집단 지성이 함께 훌륭한 결정을 내리는 데 초점을 맞추고 있는 곳이다.

이 시점에서, 제1장의 운동 민첩성을 다시 정의하면 도움이 된다. 여기서 우리는 엘리트 선수들이 지능적인 애자일 방식으로 대응하기 위해 상황을 읽는다는 사실을 알았다. 예를 들어 챔피언 펜싱 선수는 자극에 지속적으로 대응할 뿐만 아니라 민첩하게 움직여서 상대 선수를 한 수 앞서고 결국 노련하게 압도한다. 펜싱 선수의 컷 앤 쓰러스트 기술은 이러한 '읽고 대응하는' 방식을 그런 속도와 편안한 동작을 통해 역동적으로 구현하면서도 여전히 경쟁자에게 그만큼의 주의와 집중을 기울인다. 17세기에는 인지 능력의 부족이 죽음으로 끝날 수 있는 반면 현대의 펜싱 종목에서는 결과가 다소 덜 치명적이다. 그럼에도 드라마는 존재하는 법이라, 각각의 펜싱 선수들이 상황을 읽는 방식에 따라 승패를 가르는 열쇠가 된다. 이러한 사려 깊은 대응의 3단계는 빠르게 발생한다. 상대방이 주는 자극 인식하기, 여러 가지 대응 방식에 대한 해석과 분석, 그리고 최종적인 행동 결정이다. 그런 다음에야 선수의 신체적 민첩성이 제 역할을 하게 되고, 균형과 힘과 속도가 성공이나 실패를 향해 각자 맡은 역할을 한다.

마치 우리가 선수의 슬로모션을 보고 있는 것처럼, 펜싱 선수의 대응방식에 대한 해석과 분석 단계에 잠시 집중하는 것이 도움이 된다. 노벨상 수상자인 대니얼 카너먼Daniel Kahneman은 그의 책 〈생각에 관한 생각Thinking, Fast and Slow, 2011년〉을 통해 그림 7.1에서 보이는 것과 같이, 우리의 마음속에서 생각과 판단의 두 가지 방식이 어떻게 작용하는지를 설명한다. 그는 그것들을 빠르고 본능적이며 감정적인 시스템1과 더 느리고 논리적이며 더 의식적인 노력을 하는 시스템2로 정의한다.

카너먼Kahneman은 우리가 주변에서 일어나고 있는 일을 이해하려고 할 때 이러한 시스템이 우리의 인지적 편견에 어떻게 영향을 미치는지 설명한다. 예를 들어 펜싱 선수는 상대방보다 앞서기 위해 탐색하고 데이터를 수집하고(시스템2 생각 활용), 공격으로부터 자신을 보호하기 위한 순간에는 본능적인 반응에 의지하기도 한다(시스템1 기억에 의존). 우리는 예측 가능한 상황에 알맞은 시스템1에 의존하는 경향이 있는데, 더 쉽고 자동적이고 빠르기 때문이다. 그러나 예측할 수 없는 상황에서는 보다 신속해야 하고, 또한 비판적인 사고를 기초로 더욱 합리적인 선택을 하도록 시스템2 모드를 사용할 필요가 있다. 카너먼Kahneman은 사람들이 인간의 판단에 너무 많은 자신감을 갖는다는 것을 암시하는 수십 년간의 학문적인 연구를 설명한다. 불확실한 상황에서 현명한 결정을 내리려면, 우리는 속도를 늦추고 사실과 증거를 수집하고 더 의식적으로 생각하고 본능과 감정으로부터 냉철하게 멀어질 수 있는 수준을 유지하도록 노력해야 한다.

그림 7.1 사고하기, 빠르고 느리게

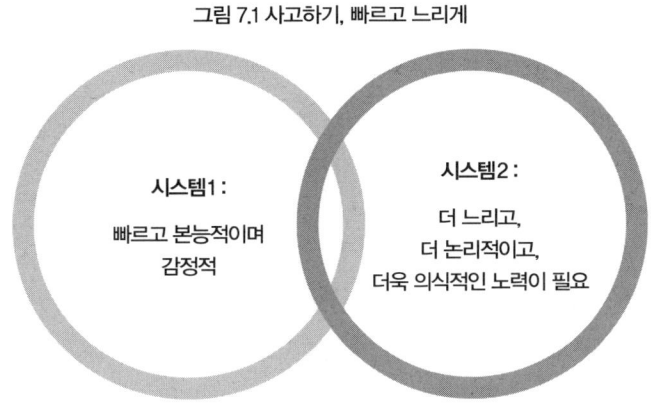

출처: 대니얼 카너먼Daniel Kahneman, 2011년

시스템2의 사고방식은 흥미롭게도, 우리가 다른 사람들을 연결하고 이해하도록 사람들을 돕는 동시에 이러한 연결과 공유된 이해라는 기초를 파괴해야 하는 애자일 리더십의 역설과 같은, 그런 역설을 유지할 수 있는 사고방식이다. 이러한 공간에서 살기 위해서는, 시스템1의 쉽고 본능적인 세계의 자신감이 아닌 상당한 정신적 노력이 필요하다. 내 의뢰인들 중 한 명이 말한 것처럼, 우리가 경쟁사들보다 더 나은 결

정을 내릴 수 있을 때 그 노력은 가치가 있다.

여러분이 더욱 애자일한 조직을 개발할 때, 경쟁 속도를 잃지 않으면서 더 나은 품질의 의사 결정을 내릴 수 있도록, 사고력과 속도 간의 균형을 잘 유지해야 한다. 나는 일부 고객들에서, 금융 서비스 항공사 소매업 등 어느 분야에서든 조직의 속도를 떨어뜨리고 파괴적인 경쟁자들과 경쟁할 수 없게 만드는 두 가지 유형의 마비를 목격했다. 첫째는 분석 마비로서, 더 상세한 내용과 데이터 분석을 원하는 리더들의 욕구가 비즈니스의 발목을 잡고 있다. 이것은 종종 주변 사람들이 실시간으로 고객에게 효과가 있는 것을 실험하고 배울 때 완벽한 결정을 내리기를 원하는 리더들에 의해 동기 부여된다. 둘째는 승인 마비인데, 조직 내 사람들이 행동하기 전에 고위 관리자들의 승인을 받는 것은 종종 실수나 그러한 실패의 결과를 두려워하기 때문이다. 결정은 위쪽으로 위임되기 때문에 필요한 것보다 시간이 더 오래 걸린다. 애초에 그러한 결정을 내리기 위해 고용했던 전문가들이 더 잘 처리했을 세부사항까지 고위 간부들이 관여해야 하기 때문이다. 이러한 유형의 마비들 중 하나가 여러분과 여러분 조직에 적용된 것을 감지하면, 실제 문제를 밝혀내기 위해 이것을 더 깊이 고려할 필요가 있다. 이러한 마비들은 민첩성에 맞서 여러분을 더디게 만들어 조직을 부식시키는 문화적 요인이기 때문이다.

여러분이 애자일 의사 결정을 빠르게 그러나 챔피언 펜싱 선수 정도로 신중하게 하고 싶다면, 중요한 전략적 문제에 대한 시스템2의 인지적 대응을 위한 정신적 공간을 반드시 만들어야 한다. 이것은 여러분이 생각하기 위해 침착해야 하는 많은 순간에 침착하게 있을 수 있도록 한다. 여러분이 이렇게 할 수 있는 가장 좋은 방법은 명상을 통해 정신을 훈련하는 것인데, 명상은 여러분의 마음을 즉시 집중하도록 훈련시킨다.

명상은 최근 몇 년 동안 서구 세계에서 인기를 끌게 되었는데, 고통으로부터 벗어나는 궁극적인 자유 내지 깨우침으로 설명되는 상태로 서서히 이끌면서 자기 인식과 지혜를 계발하는 데 도움이 된다는 불교의 가르침에서 유래되었다. 정신을 함양하기 위한 명상은 아침에 일어나서 10분간 명상하는 것을 일상으로 삼으며 시작할 수 있다. 침대 옆이나 의자에 앉아, 호흡에 집중하고 다른 생각들은 마음에서 비운다. 반복하다 보면 마음에서 생각을 비우는 과정이 더 쉬워진다. 판단하지 않는 방식으로 상황을 받아들이고 마음이 흔들릴 때 다시 호흡에 집중하는 것이 명상의 핵심이다.

이런 일과가 끝나고 여러분은 일에 어떻게 나타나길 원하는지, 다른 사람들을 어떻게 느끼게 하고 싶은지 그리고 낮 동안에 어떻게 느끼고 싶은지에 대해 생각하면서 하루의 틀을 짜게 될 지도 모른다. 이것은 이러한 사소한 결정들로 돌아가서 결정이 의도한 대로 여러분의 마음을 새롭게 할 수 있도록 하루 동안 유용한 기준점을 만들어준다. 스스로에 대해 판단하지 않는 방식은 다른 사람들에게도 유용한 방식이 될 수 있다. 정보 처리를 위해 균형 잡히고 판단하지 않는 방식을 갖는다는 진정한 리더십 이론에서 알 수 있듯이, 스스로에 대해 판단하지 않는 방식은 다른 사람들이 더 신뢰하기 쉬운 진정한 결정을 내릴 수 있는 여러분의 능력을 향상시킨다.

　스포츠 선수들이 큰 시합이나 경기를 준비할 때, 헤드폰으로 음악을 들으며 올블랙스All Blacks 팀이 말하는 '블루 헤드'의 상태로 조용히 집중할만한 구역으로 들어가 있는 광경을 보는 것은 드문 일이 아니다. 2010년 제임스 커James Kerr는 뉴질랜드 럭비 팀에 전례 없이 접근하여 2003년 월드컵에서 조기 퇴장한 이후 그들이 어떻게 세계 챔피언으로 거듭났는지를 배웠다. 그들은 결정적인 순간에 작동을 멈추는 습관을 극복하기를 원했고 '블루 헤드'를 유지하는 데 집중했다. '레드 헤드Red head'는 과제 수행 중이 아닌, 쉽게 당황하고 비효율적인 상태를 말한다. 반면에 '블루 헤드Blue head'는 최상의 능력을 발휘해서 집중하고 과제를 수행하는 최적의 상태다. 발을 구르는 것과 같은 개인적인 계기를 이용하여, 선수들은 명확성과 정확성을 얻을 수 있도록 그들의 '블루 헤드' 마음가짐을 소환할 수 있었고 압박감 속에서도 지속적으로 잘할 수 있었다. 그들의 헌신과 승리를 향한 열망에 대해 어떠한 의심도 없었다. 그들에게 필요한 것은 격렬한 럭비 경기 내내, 개인으로서 그리고 하나의 팀으로서 명확하게 생각해서 훌륭한 결정을 내릴 수 있는 정신적 공간이었다.

 **사례 연구**

### 애자일 방식으로 생명을 구함

헤니 브런드Henny Braund는 혈액암과 조혈줄기세포이식 분야에서 일하는 영국 자선단체인 앤서니 놀런Anthony Nolan의 최고경영자다. 이 자선단체는 줄기세포 이식이 필요한 환자들과 줄기세포를 기증할 의사가 있는 사람들을 연결시켜 준다. 헤니에게 민첩성은 단순한 속도보다 사려 깊은 대응력에 더 가깝다.

'우리의 목표는 이식수술을 필요로 하는 모든 사람들에게 두 번째 삶의 기회를 주는 것이다. 우리는 매년 더 많은 이식을 하고 있다. 더 민첩해지는 것은 더 많은 생명을 구하는 데 도움을 줄 수 있다. 그것은 우리가 등록부에 더 많은 잠재적 기증자를 추가하고, 더 많은 사람들을 위해 적합한 사람을 찾고, 생존율을 높이고, 이식 후 부작용을 줄이며, 환자의 삶을 개선할 수 있다는 사실을 의미한다. 상황이 계속 나아지고 있다. 과학은 많은 변화를 추진한다. 따라서 우리가 방향을 바꾸기를 원하는 타당한 이유가 있음이 분명하다. 단지 어느 날 일어나서 "그렇게 하고 싶어."라고 말하는 것이 아니다. 분명 그럴 필요성이 있을 것이다.'

헤니는 사려 깊은 결단력이 필요하다는 사실을 인정한다. '내게 민첩성이란, 반응하고 방향을 바꾸는 능력이 있다는 것이다. 항상 빠르다는 것과 관련된 문제는 아니다. "빠르다"는 것은 잘못된 결정으로 이어질 수 있기 때문에 행동에 옮기기 전에 문제를 분석해야 한다. 항상 호기심을 갖고 질문을 하는 것이 중요하다.

'삶과 죽음에 대한 결정을 다룰 때는, 실험할 의향을 가질 뿐만 아니라 분석적이기도 해야 한다. 훌륭하면서도 애자일한 의사 결정을 하고 싶다면 우리에게도 같은 원칙을 적용한다. 만일 여러분이 애자일하다면, 여러분은 계속 테스트를 하면서 작은 걸음을 내딛고 있는 것이다. 여러분은 이렇게 생각하지 않는다, "음, 난 계획을 세워야 해. 앞으로 6개월 동안 내가 무엇을 할 건지 정확히 알아야 해." 여러분이 그것을 완수할 때쯤이면 상황은 다시 바뀔 것이다. 그것은 "좋아, 다음 2주 안에, 다음 달 안으로, 난 이 주제나 이 문제에 이렇게 대응할 거야."라고 말하는 것이다. 여러분은 유동적으로 일할 필요가 있다. 또한 매우 자기 인식적이고, 도전이나 위험이나 불확실성을 편안하게 여기는 리더십 팀이 필요하다.'

그 결과는 앤서니 놀런의 리더들이 결정을 내리고 변화를 만들겠다는 자신감과 각오로 실행함에 따라 생명을 구하는 이식수술의 기록적인 수준이다.

## 권한 위임 Devolution

민첩성을 뒷받침하는 연결 리더십 연구에서 나온 요소들 중 하나는 변화하는 추세와 시장 상황에 대한 대응력을 높이면서 의사 결정의 권한 위임을 최대한 고객에게 가깝게 한다는 것이다. 1장에서 언급했듯이, 영국의 일류 서점인 워터스톤즈Waterstones에서 의사 결정을 위임한 것이 회사를 구하는 데 도움이 되었다. 워터스톤즈는 지역상점 경영자들과 그 팀들에게 통제권을 돌려줌으로써, 킨들Kindle에 의해 만들어진 획일적인 디지털 전송의 세계에서 지역적 관련성을 원했던 지역 서점 독자들과의 신뢰 관계를 회복했다.

나는 이러한 방식을 고위 경영진들이 오해하는 경우가 많다는 사실을 알게 되었는데, 이는 고위 경영진들은 의사 결정을 놓는 것을 명령 체계가 거의 없이 관리자와 팀이 올바른 결정을 내릴 것이라는 희망에 더 기댈 수밖에 없는 일종의 특별 임시조직을 만드는 것이라고 생각하기 때문이다. 임시적인 의사 결정은 일관성 있는 의사 결정이 아니며, 기본적으로 무작위적이므로 성능이 저하될 가능성이 높다. 만약 여러분이 계획적이고 신중하고 지지적인 방식으로 의사 결정 책임을 위임하는 과정을 관리한다면, 여러분은 예측 가능하고 긍정적인 결과를 낼 가능성이 더 높다.

권한 부여라는 개념은 지난 20년 동안, 때때로 내 경험상, 좋은 의도를 가진 개인 경영자들이 다른 사람들에게 책임을 위임하기 위해 무작위로 결정하는 것 또는 좌파 정치에서 영감을 받은 '국민에게 힘을'이라는 표시라는 것 등의 엇갈린 언론의 평가를 받아왔다. 둘 중 어느 것도 전혀 사실이 아니다. 권한 부여는 사람들이 그들의 일을 어떻게 인식하는가와 관련이 있다. 이것은 사람들이 어떻게 느끼는지의 4가지 측면을 포함하는 심리적 상태다.

1 역량 - 효과적인 능력에 대한 개인의 믿음
2 영향 - 개인이 직장의 업무 결과에 미칠 수 있는 영향의 정도
3 의미성 - 자신의 기준 또는 이상에 따라 판단되는 작업 목표에서 사람들이 보는 가치
4 자기 결정 - 행동을 개시하고 규제할 때 자신이 선택할 수 있다는 개인적인 감각

권한 위임은 주로 라인 매니저(고위 경영진이 만든 조직 문화에 의해 지원됨)에 의해 주도되는데, 그들은 사람들이 매일 이러한 판단을 내리고 있는 심리적인 기후를 만들기 때문이다. 여러분은 어떤 기후를 만드는가? 여러분의 라인 매니저는 어떤 기후를 조성하는가? 그곳은 사람들이 자신의 능력을 믿는 곳인가? 사람들이 영향력이 있다고 느끼고 자신들의 역할을 가치 있게 생각하고 자신들이 하는 일에 재량권을 가진 곳이라고 믿는 곳인가? 아니면 그곳은 그들이 폄하되거나 무력하거나 혹은 거의 통제력이 없다고 느끼는 곳인가? 여러분이 만들어내는 기후는 고객에게 더 가까운 의사 결정의 권한을 위임하려는 노력이 성공적인지의 여부를 결정하는 가장 중요한 결정요인이 될 것이다.

앞에서 언급한 계획된 위임 방식은 몇 가지 중요한 요소들을 가지고 있으며, 함께 취합하면 고객에게 더 가까이 다가가는 의사 결정의 성공적인 위임으로 이어질 것이다. 여기 여러분이 해야 할 일곱 가지 체크리스트가 있다.

1. 신뢰의 기후 – 사람들이 처벌의 위협 없이, 그들의 리더가 위험을 감수할 것임을 신뢰하는 기후를 만들어라.
2. 정의 – 여러분의 고위층의 각 수준에서 결정해야만 하는 결정들과 어떤 빈도로 결정을 내릴지 합의하라.
3. 훈련 – 관리자가 자신의 팀을 프로세스에 참여시켜 함께 효과적인 결정을 내릴 수 있도록 훈련 및 코칭 제공
4. 정보 – 정보에 입각한 현명한 결정을 정기적으로 내릴 수 있도록, 각 레벨의 관리자와 팀에게 정확하고 관련이 있으며 쉽게 해석할 수 있는 경영 정보를 제공하라.
5. 위임 – 조직 전반의 고위 경영진과 관리자는 고객에게 더 가까이 할당된 의사 결정에서 손을 놓아라.
6. 시스템 – 실제로 더욱 국부적인 의사 결정을 지원하기 위해 프로세스 및 시스템을 조정하라.
7. 피드백 – 현재 일어나고 있는 일, 일이 수행되는 방식 그리고 초점을 맞추고 있는 개선분야를 누구나 알 수 있도록 모든 사람에게 일관되고 투명한 피드백을 주어라.

이 목록은 계획된 방식이 사소한 것이 아니며 그것을 현실로 만들기

위해 기후와 지원 인프라를 구축하는 데 시간이 걸린다는 것을 암시한다. 가능한 한 고객에 가깝게 결정을 내릴 수 있는, 더욱 많은 권한을 부여받기 위한 조직적인 변화를 만드는 데 실제로 수년이 걸릴 수 있지만, 그로 인한 이점은 더 빠른 의사 결정, 뛰어난 서비스 복구, 고객 충성도 및 지지율 증가, 참여 개선 및 민첩성 향상 등 노력할만한 가치가 있는 것들이다.

3장과 5장에서 우리는 중앙 팀워크가 실제로 보다 애자일한 작업을 개발하는 데 얼마나 중요한지 보았다. 각 팀은 다음 스프린트 작업을 수행하는 방법을 규정하기 위해 자율성을 가져야 하며, 이를 위해서는 팀이 협력해서 일할 수 있어야 한다. 성공적인 글로벌 패션 소매업체인 인디텍스Inditex에서 배울 수 있는 교훈 중 하나는 팀들을 공동 배치하여 이러한 협업을 보다 쉽게 할 수 있도록 하는 것이다. 매장 내든, 장소가 주어진 곳이든, 아니면 대화를 자연스럽게 하기 위해 설치된 협력적인 열린 공간에서 여성, 남성 및 아동 의류, 가정 전반을 넘나들며 일하는 신제품 개발에 관여하는 팀이든 말이다. 그것은 팀 토론을 장려하고, 결정을 내리는 팀장의 책임을 명확히 함으로써 항상 생산적인 결론에 이를 수 있도록 한다.

쓰리Three는 팀 중심의 의사 결정을 가속화하고 실무 집행에 대한 책임을 높이기 위해 보다 강력한 회의 규율을 도입했다. 그것은 제 시간에 시작하고, 명확한 목적과 의제를 가지며, 각 개인이 존재하는 이유를 명확히 하고, 결론에 도달하고, 결정과 행동을 기록하여 다음 회의에서 검토될 수 있도록 하는 등 회의에 대한 간단한 규칙을 강조한다.

또한 팀이 몇 분 안에 액세스하고 애자일 작업을 진행할 수 있도록 지원하는 공유 프로젝트 관리 소프트웨어를 사용한다. 규칙은 간단하다. 팀 기반 작업의 효율성을 높임으로써 비즈니스를 가속화하는 것들을 실행하는 것이다.

 **사례 연구**

### 홈 베트 그룹 Home Vets Group 에서 펫츠 Pets의 의사 결정 속도

홈 베트 그룹의 펫츠는 영국 전역에서 450개 이상의 수의학 사무실을 가지고 있다. 영국 최대의 애완동물 용품 소매상인 파트 오브 펫츠 엣 홈 Part of Pets at Home 단체는 동물 병원 서비스를 위한 전통적인 시장을 붕괴시켰다.

샐리 홉슨 Sally Hopson 은 홈 베트 그룹의 펫츠 CEO이다. '몇 달 동안 계속해서 상세히 생각해서 매우 신중한 결정을 내리는 시대는 지났다. 우리는 빠르게 움직이고 불확실성을 사랑하는 법을 배워야 한다. 다음에 무슨 일이 일어날지 실제로 아무도 모르기 때문이다. 변화의 속도가 너무 빨라서 재빨리 의사 결정을 할 수 있어야만 한다. 모르는 것이 많으므로 정보에 입각한 현명한 추정을 하고 숙고하고 팀과 협력해야 한다. 여러분은 또한 어느 시점에서 신념을 갖고 이렇게 말해야 한다. "됐어, 우리는 지금 이 길을 갈 거야.'"

'아무도 실제로 다음에 무슨 일이 일어날지 모른다'는 느낌은 페츠 홈 베트 그룹 같은 조직과 특별히 관련 있다. 왜냐하면 그것은 기존의 시장을 붕괴시키고 있기 때문이다. 영국 가축 시장은 소규모 독립주의자들이 지배하고 있기 때문에 따라야 할 모범이 없고 시장은 빠르게 변하고 있다. 수의학 사무소 그 자체는 점점 더 기업적이 되어가고 있다. 의료와 과학의 발전 속도가 증가하고 있으며, 애완동물의 건강에 더 많은 돈을 쓸 수 있게 해주는 보험 제공이 증가하면서 애완동물 주인의 습관도 변하고 있다.

'만약 여러분이 시장을 장악했다고 생각한다면, 누군가는 내일 뭔가를 할 것이고 상황은 다시 역동적으로 바뀔 것이다.'라고 샐리는 말한다. 한 가지 중요한 리더십의 특성은 자신의 결정을 재고하고 "그래, 그땐 그런 결정을 했어, 그땐 그게 옳았으니까. 하지만 지금은 그렇지 않아."라고 말할 수 있는 능력이다. 결정을 바꿀 필요가 있다면 너무 전전긍긍하지 말고 너무 방어적으로도 굴지 마라. 그것은 실패가 아니다. 그 때는 옳았지만 세상은 변하기 마련이다, 그것도 빨리. 갑자기 어떤 것들은 더 이상 관련이 없어진다. 결정을 "철회하는 것"을 편하게 받아들여야 하며 실수했다는 느낌에 사로잡히지 마라.

여러분이 시장을 파괴하고 빠르게 결정을 내릴 때, 사람들을 당신과 함께 하도록 설득시키는 일은 어려울 수 있다. 샐리는 주변 사람들을 중요한 결정에 참여시키는 것이 필요하다고 믿으며, 그래서 훌륭한 의사소통 기술은 항상 중요했던 기술이지만 지금과 같은 불확실한 시대에 그 어느 때보다도 중요하다고 생각한다. '우리가 직면한 가장 큰 장벽은 아주 오랜 시간 전통적인 세계에서 살아온 수의사들이다.'라고 샐리는 말한다. '그들은 우리가 가져오는 변화를 두려워하는 경우가 많다. 스스로에 대해서 두려워하고 그것이 그들에게 무엇을 의미하지는 두려워하고 수의학 직업을 두려워한다. 우리는 "고객이 우선"이라고 생각하고 전통적인 수의사들은 "과학이 우선"이라고 생각하는 경향이 있다. 우리는 더 나은 치료, 더 나은 고객 관계 그리고 더 나은 사업을 달성하기 위해 이 두 관점을 혼합하는 것을 목표로 한다. 우리는 그것을 지속적인 성공의 하나로 본다.'

펫츠 홈 베트 그룹은 책임감이 강하고 이 직종에 기여하는 것을 목표로 한다. 예를 들어, 수의학 직종을 고객들에게 홍보하기 위해 수의학 세계 안의 중요한 사안을 살펴보는 연례 보고서를 만든다. 또한 미래의 직업적 재능을 키우는 데 도움을 주는 강력한 대학원 계획도 있다. 이것은 회사가 그 직업에 야기하는 혼란내지 파괴가 직업의 장기적인 건강과 상업적 생존 능력을 지속시키기 위해 고안되었다는 점을 입증하는 데 도움이 된다.

샐리는 민첩성을 추진하는 데 다양성이 중요하다고 굳게 믿는다. '내게 애자일한 존재가 된다는 것의 첫 번째 우선순위는 공동의 책임감을 가진 다양한 리더십 팀과 함께 일하는 것이라고 생각한다. 만약 우리가 단일한 경험만으로 현재 하고 있는 것을 하려고 노력한다면, 실패하고 말 것이다. 몇 가지 기능을 다루고 광범위한 사업 이해를 가진 사람들과 일하는 것은 가치 있다. 다양한 팀들은 서로 다른 시각을 공유할 수 있다. 우리는 서로 다른 각도에서 함께 상황을 바라본다. 나는 이런 식으로 집단을 이루게 되면, 불확실에 대처하고 더 나은 해결책을 찾는 일을 더 쉽게 할 수 있다고 생각한다.'

이러한 다양성은 샐리와 팀이, 이러한 환경에서 가능한 한 많은 의식적인 추론을 바탕으로 신중한 결정을 내리게 한다. 그것은 또한 그들이 가능한 한 많은 의사 결정을 고객과 더 가까이 있는 동료들에게 위임하는 데 도움을 준다. 그들은 시장을 붕괴시키면서, 빠르고 자신 있게 적응할 수 있는 진정으로 연결된 조직을 만들고 있다.

## 요약

애자일 방식으로 훌륭한 결정을 내리려면 압박감 속에서도 명료하게 생각하고 침착함을 유지해야 한다. 여러분과 동료들은 공유된 목적과 우선순위 그리고 방향에 대해 확실히 알 수 있도록 하는 것이 도움이 되며, 그것은 위임된 의사 결정으로 가는 지침 역할을 한다. 여러분은 회사의 애자일 대응을 가능하게 하는 결정을 내려야 하는 복잡하고 불확실한 상황을 다루기 위해 잠시 멈추고 시스템2의 생각 모드를 활용해야 한다. 분석 마비나 승인 마비가 초래하는 둔화시키는 효과에 주의하고, 사려 깊고 빠르게 고객에 최대한 가까운 결정을 내릴 수 있도록 조직 전반에 걸쳐 신중하게 의사 결정을 위임하라.

애자일 의사 결정을 위한 이러한 조건들은 고객들의 요구와 경쟁사의 행동과 관련하여, 주변에서 일어나고 있는 일에 대한 여러분의 높은 인식을 적절한 행동으로 전환하는 데 도움을 줄 것이다. 전투의 뜨거운 열기 속에서 냉정한 머리를 유지하는 것은 그저 빨리 움직이는 것과 빠르고 효과적으로 움직이는 것 사이의 차이를 만든다.

# 학습과 혁신과 개선

## 도입

애자일 리더십의 주요 이점은 혁신과 개선을 가속화하는 것이다. 신제품 개발 속도든 공정 개선 속도든 속도를 높이는 것이 애자일 작업 방식의 핵심 목표다. 이러한 이익의 가속화의 중심에는 학습이 있다. 깊숙이 자리 잡은 학습 문화가 없이는, 생산성을 향상시키거나 제공을 가로막는 장벽을 없애는 방법을 찾기는 어렵다.

우리는 이 장에서 학습과 혁신 그리고 개선 사이의 관계를 리더의 시각에서 탐구할 것이다. 또한 고객을 더욱 효과적으로 기쁘게 하기 위해 점진적 또는 단계적 변화를 가속화할 하나의 방식으로 조직 전반에 걸쳐 학습을 증가시키는 방법을 밝혀낼 것이다. 우리는 혁신을 가속화하는 실패와 새로운 기회를 이용하는 능력을 통해, 사람들이 실험하고 위험을 감수하고 배우는 것을 편안하게 느낄 수 있도록 조직 전반에 걸쳐 학습 문화를 만드는 방법을 탐구할 것이다. 우리는 여러분이 지속적인 검토와 학습 그리고 실행을 통해 지속적인 개선을 구현할 수 있는 방법을 조사할 것이다.

그렇다면, 무엇이 우리를 망설이게 하는가? 많은 조직에서 이 문제의 핵심은 현재 그러한 발전을 억제하는 경고 문화가 존재하기 때문이다. 씨러스와 입소스의 2016년 조사에 따르면 영국인의 54퍼센트만이 '당신의 회사에서는 실수를 저지를 권리가 있는가?'라는 질문에 동의하는 것으로 나타났다. 결국 거의 절반에 가까운 사람들은 그런 권리를 갖고 있지 않다고 느꼈다. 실패와 그로 인한 결과를 두려워하는 것은 리더십의 문제다. 두려움은 실험과 위험 감수를 가로막고 혁신과 개선을 늦춘다. 만약 실수하는 것을 두려워한다면, 우리가 배울 유일한 점은 실수를 피하는 방법뿐이다.

> ### ✏️ 자신에게 하는 질문
>
> 이 장에서는 리더로서 자신을 위한 주요 통찰력을 추출하기 위해 다음과 같은 질문을 검토하는 것이 도움이 될 수 있다.
>
> - 나는 배움에 얼마나 마음을 열고 있는가?
> - 나는 사람들에게 실험을 하도록 격려하는가, 실수를 피하도록 권

> 하는가?
> • 나는 도전을 환영하고 토론을 장려하는가?

## 선동하기와 파괴하기

애자일 리더십의 역설(그림 8.1 참조)로 돌아가서, 학습은 본질적으로 활성화하는 선동 기능이 있으며 경험을 이해와 기술로 합성시킨다는 점, 반면 혁신은 새로운 것을 창조하고 일의 방식을 변화시키는 파괴적인 과정이라는 점을 비춰보면 흥미롭다. 선동 과정은 파괴적인 과정으로 이끈다. 이런 이유로 역설적이 된다. F 스콧 피츠제럴드F Scott Fitzgerald는 자신의 삶을 반영하듯, '일류 지성의 테스트는 두 개의 상반된 생각을 동시에 마음에 담아두고, 여전히 기능할 수 있는 능력을 유지하는 능력'이라고 말했다. 여러분은 애자일 리더로서, 여러분의 추정과 결정에 도전하는 동시에 배우고자 하는 공통된 욕망을 연결하면서 사람들이 이러한 역설에 균형을 잡도록 돕는 것과 같은 지능을 보여줄 수 있다.

**그림 8.1 애자일 리더십의 역설 - 리더의 중요한 특성**

| 선동자 | | 파괴자 |
|---|---|---|
| ✓ 민첩성 학습<br>✓ 방향의 명료성<br>✓ 공감과 신뢰<br>✓ 권한 부여<br>✓ 협력 | **+** | ✓ 사려 깊은 결정<br>✓ 디지털 수용능력<br>✓ 현재 상황에 의문 제기<br>✓ 새로운 사고방식 창출<br>✓ 소비자 추세에 밀접 |

배움은 개인적으로나 집합적으로 새로운 이해와 의미를 창조하는 것이다. 학습은 변화하는 환경에서 진화하고 우리 주변의 세상을 이해하는 인간의 능력의 핵심이다. 일관성 있고 지속 가능한 방법으로 경쟁하는 조직의 능력의 중심에 있는 공유 능력을 구축한다.

혁신은 기존 제품과 서비스를 대폭 조정하거나, 기존 시장에 혁명을 일으키거나 파괴할만한 새로운 제품을 만들어 냄으로써 고객을 위한 새로운 가치를 창출하는 것이다. 내가 '파괴적'이란 용어를 사용할 때, 크리스텐슨Christensen (1997년)보다 더 넓은 맥락에서 사용하고 있다는 사실에 주의하길 바란다. 파괴적 이론은 '결국 (그리고 예기치 않게) 기존 시장을 능가하는 또 다른 일련의 가치를 제공함으로써 새로운 시장을 창출하는' 혁신을 언급하게 되는 엄밀하게 정의된 접근법이다. 1장에서 읽은 바와 같이, 파괴는 어떤 사건이나 활동 또는 과정을 방해하는 것이고 상황을 변화시키는 혼란이다.

마지막으로, 개선은 기존 프로세스나 제품 또는 서비스에 대한 점진적인 변경으로 고객 가치를 높이거나 생산 효율성을 높이는 것이다.

학습이 선동하는 활동이고 혁신이 파괴적인 활동이라면, 두 가지를 연결하고 시간이 지남에 따라 진정한 혁신으로 이끌 가능성이 있는 방식으로 학습의 기회를 창출하면서 개선은 이루어진다. 우리는 이들 각각을 애자일 리더가 되는 관점에서 탐구할 것이며, 이를 통해 여러분은 조직 내에서 학습 문화를 만들어 혁신과 개선을 가속화할 수 있는 최선의 위치를 고려할 수 있다.

## 학습 문화 만들기

배움에 대한 사랑은 보통 아이라면 본능으로서 가지고 있는 것이다. 그래서 우리는 인간으로서 살아남고 번영하는 것을 배울 수 있다. 우리는 매우 어린 나이부터 다른 사람들을 흉내 내어, 우리가 먹고 사는 데 도움을 줄 행동을 채택하고 번성하는 데 필요한 관계를 만들어낸다. 2장에서 우리는 민첩성 학습이 애자일 리더의 주요 특성이라는 점을 탐구했는데, 이는 애자일 작업 방식을 지원하는 변화에 대한 개방성 수준으로 이어지기 때문이다. 최근 몇 년 동안의 신경과학 연구 덕분에, 우리는 학습 과정과 뇌가 어떻게 경험을 이해하고 그것을 다시 사용하기 위해 어떻게 기록하는지를 이해할 수 있게 되었다.

이러한 학습에 대한 사랑은 우리 두뇌가 평생 동안 계속해서 배울 수 있지만 성인 고용에서 항상 온전하게 살아남는 것은 아니다. 연령의 학습 특성에 대한 딘스Dinse의 연구는 '건강을 유지하기 위한 훈련과 학습은 모든 연령대에서 성과를 낸다.'는 것을 보여주었다. 그러나 문화의 효과는 우리를 제지할 수 있다. 어렸을 때 자전거 타는 것을 배우거나 부모님께 영향을 주기 위해 미소를 지었던 그런 경험에서 우리가 너무 자주 배웠던 것을 똑같이 직장에서도 배운다. 즉 실수를 하면 반감을 사거나 처벌을 받게 된다는 것을 배운다. 우리는 위험을 받아들이는 것을 줄이고, 성공적으로 경쟁할 수 있는 방법에 대한 추정을 할 때 도전하기보다는 순응하는 것을 배운다. 여러분은 배우기 위해서 기꺼이 탐구하고 시도할 필요가 있지만, 우리 조직의 문화는 너무 위험하다는 이유로 그러한 탐험을 피하게 만드는 경우가 너무 많다. 위험을 회피하는 문화는 우리가 7장에서 논의했던 분석 마비나 승인 마비로 이끌어 우리가 일하는 방식과 조직의 운영 방식을 둔화시킨다.

여러분은 조직 내에서 이런 것에 대한 어떤 징후를 인식한 적이 있는가? 애자일이 혁신과 개선을 제공하기 위해 조직의 속도를 높이는 것이라면, 우리는 위험 회피라는 제약에서 벗어날 필요가 있다. 분명히 여러분은 시장의 관련 규정을 준수하고 합법적으로 유지할 필요가 있으며, 여러분의 사람들과 고객들이 인정하고 존중하는 강력한 도덕 코드를 가지고 운영할 의무가 있다고 나는 믿는다. 따라서 여러분은 조직에서 모든 위험을 배제하고 싶지는 않지만, 여러분의 사업에서 배우는 상태에 도전하고 실패에 대한 두려움 때문에 사업이 억제되기 보다는 번창하고 있는지 확인하기를 원할 수도 있다. 동료들과 고객들은 여러분의 문화가 '학습에 대한 사랑'에 의해 의인화되었다고 말할 것인가? 그렇다면 이 부분을 건너뛰기 바란다. 이것이 전적으로 사실은 아니라고 해도, 여러분은 그중 일부가 유용하다는 사실을 알게 될지도 모른다.

맥킨지McKinsey의 연구에 따르면, 위험 회피는 디지털 시대의 성공에 대한 주요 장벽 중 하나다. 내가 동의한 그들의 견해는 일단 리더들이 먼저 문화를 바꾸는 것에서 시작한다는 것이다. '실패할 수도 있는 일을 시도하는 것을 편안하게 느끼는 문화를 만드는 것은 고위 경영진의 태도와 역할 모델링에서 시작된다. 리더들은 계층적 의사 결정이라는 현재의 상황을 타파하고, 혁신보다는 최적화에 초점을 맞추는 자세를 극복하고, 실패로부터 배우는 것을 환영해야 한다.'

2017년 말, 하버드 경영대학원 교수와 찬 주커버그Chan Zuckerberg 이니셔티브의 학습 엔지니어가 기업 우선순위 학습을 명확히 하기 위해 기업 리더들에게 공개서한을 작성했다. 인공 지능과 기계 학습이라는 디지털 세계에서, 그들은 인간이 미래의 조직을 관리할 수 있는 유일한 방법은 배움에 집중하는 것이라고 주장한다. 2017년, 에드먼슨Edmondson과 색스버그saxberg는 리더들에게 미래에는 점점 더 많은 사람들이 '복합 인지 기술'을 더 자주 사용해야 할 것이라고 말한다. 리더들이 해야 할 도전은 이러한 상황에 사람들이 대비할 수 있도록 만드는 것이다. 그들은 조직이 단순히 디지털 자원을 보유하는 것뿐만이 아니라 '사람들이 그러한 도구들과 상호작용하는 방법이나 사람들이 일을 하는 동안 반드시 결정해야만 하는 복잡한 결정을 내리는 방법에 의해서도 조직이 스스로를 차별화할 것이라고 주장한다.' 이러한 도전에서는 학습이 조직 전략의 중심에 놓이게 하는데, 이는 우리 국민들이 '기계를 잘 알고 그 결과를 해석할 수 있는 능력'을 필요로 하기 때문이다.

그렇다면, 이것이 실제로 무엇을 의미하는가? 학습이 최전방에 놓인 조직 문화를 어떻게 만들 수 있는가? 핵심은 향상에 대한 갈증으로 두려움을 대체하는 것이다. 스크럼 프로세스의 중심에는 각 스프린트 종료 시 소급적인 검토회의가 있으며, 이 회의에서는 팀이 진행 상황을 검토하고 다음 스프린트에서 개선할 수 있는 한 가지 방법을 밝힌다. 여기서 동기 부여는 다음 스프린트에서 함께 출력을 가속화하여 생산성을 높이고 관련 인력의 역량을 강화하는 지속적인 개선 주기를 추진하는 것이다.

### 우리는 어떻게 배울까?

만약 우리가 학습의 신경 과학을 본다면, 그 학습을 효과적으로 배우고 적용할 수 있도록 해주는 핵심 단계들과 함께 뇌에서 진행되는 유사한 순환을 발견하게 된다. 이 순환은 여러분이 정보를 수집하고 학습 영역에 몰두하게 되는 경험에서 시작한다. 매우 기본적인 수준에서 이것은 여러분의 감각을 통해 외부 세계로부터 입력을 받는 뇌의 감각 피질과 관련이 있다. 최근 팀장으로 승진한 여러분 회사의 이소벨Isobel을 상상해보자. 그녀는 첫 번째 팀 회의에 들어서면서, 자신을 쳐다보는 사람들을 보고 정적 속에 흐르는 사무실 안의 기대감을 느끼고 친절한 동료의 안심시키는 미소를 발견한다. 성인 학습 이론상, 우리는 배울 때 문제 해결하는 것을 좋아한다고 한다, 따라서 이소벨은 자신의 첫 만남을 성공적으로 만드는 방법을 생각해내려고 열심히 연구한다. 그녀는 실마리를 찾고 있으며, 회의에서 얻고자 하는 바를 토론하는 것으로 회의를 시작하자고 제안하자 일부 팀원들이 고개를 끄덕이는 것을 보고 성공을 감지한다. 경험은 그녀의 배움에 대한 개방성을 높인다. 이러한 개방성이 약해질 것 같을 때 너무 스트레스를 받지 않는 한 말이다.

회의가 끝난 후 이소벨은 점검을 위해 몇 분 동안 사무실에 남아 있다. 그녀는 마음속으로 회의 장면을 떠올리며, 무엇을 잘 한 것 같았고 다음에는 무엇을 다르게 할 것인가를 돌이켜본다. 그녀는 자신의 경험을 종합하고 자신의 통찰력에 정보를 줄 수 있는 피드백을 수집하기 위해 사람들이 말했던 의견을 생각하면서 학습 과정의 반영 단계를 거치고 있다.

이소벨의 다음 회의는 새 상사인 잰Jan과 함께였는데, 상사는 그녀가 어떻게 지내는지를 묻는다. 이소벨은 팀 회의의 경험을 얘기하면서, 자신이 그 경험에서 알게 된 중요한 점들과 그것들이 팀 구성원으로서의 자신의 경험과 어떻게 비교되는지 설명하고 있는 자신을 발견한다. 잔은 그녀에게 다음 회의에서 할 것들을 구체적으로 밝히는 데 도움이 되는 몇 가지 질문을 하고, 그녀가 그것을 그렇게 빨리 이해한 것을 기뻐한다. 이소벨은 의미를 창조하고 있으며, 이로써 이러한 학습을 새로운 개인 자산으로 발전시킬 수 있다.

그들은 과거에 함께 일했을 때 잰Jan으로부터 회의를 시작할 때 원하는 결과에 동의해야 할 필요성을 이소벨이 어떻게 배웠는지에 대해 얘기하며 웃는다. 잰은 우연히 같은 회의에 참석하게 되고, 이소벨에게 그녀가 다른 그룹의 사람들과 함께 자신의 통찰력을 테스트하기를 얼마나 기대하고 있는지 말한다. 그들은 복도를 따라 걸으면서, 잰은 이소벨의 첫 번째 팀 회의를 잘 이끈 것에 대해 이소벨에게 사려 깊게 축하한다.

잰Jan이 모범 사례로 역할 모델을 하고, 성찰과 센스메이킹Sense making(사람들이 집단적 경험에 의미를 부여하는 프로세스: 역주)을 장려하고 유용한 피드백을 제공하며 실제 환경에서 새로운 학습을 시험하는 것을 지원하면서, 이소벨을 위한 학습 환경을 조성하는 데 어떻게 도움을 주었는지 주목하라. 그녀의 질문은 이소벨이 혼자서 해낼 수 있었던 것보다 더 구체적인 통찰력을 끌어냈으며 모든 경험은 재미있게 들리게 하여 그것이 더욱 기억에 남도록 만들었다. 그것은 어렵지 않았고 오래 걸리지도 않았으며, 나는 모든 상급의 많은 관리자들이 매일 이런 종류의 코칭 대화를 하는 것을 본다. 그러나 안타깝게도 그들은 소수에 속하고, 나는 관리자들이 자신들의 일로 바쁘거나 직접적으로 개입해서 문제를 해결하는 방식에만 집중하는 것을 너무 자주 본다.

애자일 업무를 위해서는, 여러분이 조직에서 '성장 마인드'를 갖춰야 한다. 고정관념이 있는 사람들은 지능과 같은 기본 특성이 본질적으로 안정적이라고 믿는 반면, 성장 마인드를 가진 사람들은 그러한 특성이 개발되고 양성될 수 있다고 믿는다. 만약 성장 마인드를 가진 팀 구성원들이 있다면, 그들은 도전에 더 개방적이고 비판적인 피드백에 건설적으로 대응하고 여러 장애물과 초기 실패에 직면했을 때도 회복탄력성이 더 좋을 것이다. 그리고 그들은 노력이 차이를 만들고 다른 사람들로부터 잘 배울 수 있다고 확신하며, 정상에 올라 그곳에 머무를 가능성도 더 높을 것이다. 여러분은 동료들이 성장 마인드를 채택하도록 장려할 필요가 있다. 그것이 애자일 작업을 지원하는 학습 문화를 만드는 데 도움이 되기 때문이다.

만약 우리가 3장의 스크럼Scrum 과정을 취한다면, 회고적인 회의는 여러분의 팀과 더 넓게는 조직 전반에 걸쳐 학습 습관을 발전시키는 좋은 방법이다. 한 스프린트가 끝날 때(또는 상급 팀의 경우는 월 말에 또는 1분기 끝이 될 수 있음), 팀은 앉아서 '잘 된 일, 더 잘 될 수 있었던 일, 그리고 다음 스프린트에서 더 잘 될 수 있는 일'에 대해 논의한다. 이것은 공개 토론과 솔직한 피드백을 필요로 한다. 그런 다음 여러분은 다음 기간 동안 실행에 옮길 프로세스에 한 가지 개선 사항을 합의해서, 그것을 다음 스프린트의 우선순위 활동으로서 백로그에 추가한다. 이러한 방식으로, 정기적으로 개선시켜서 다른 비즈니스 목표만큼 제공할 책임이 있는 부분을 충족한다. 여러분은 정직한 피드백을 주고받는 연습을 하면서, 그것을 더 잘 이해하게 되고 2장에서 논의했던 대로 리더로서의 성과를 향상시키는 데 능숙하게 활용하게 될 것이다.

### 보기: 학습자로서의 리더

내 경험에 따르면, 최고의 리더들은 끊임없이 배우고 그들의 회사를 발전시키기 위해 끊임없이 노력하는 사람들이다. 그것은 새로운 것에 뒤처지지 않는 것이고, 독서와 동료들과의 네트워크 그리고 다른 산업 전반을 보는 것에 관한 것이다. 그건 절대 끝나지 않는다. 이건 달리기 경주가 아니라, 결승점도 없다. 여러분은 '나는 이제 좋은 리더야, 그거면 됐지'라고 말하지 않는다. 그것은 여러분이 항상 하는 일이다. 나는 그것을 매우 강하게 믿는다. 밴더 머레이Vanda Murray OBE는 강화 폴리머 기술의 세계적 리더인 페너Fenner의 회장이다.

### 의미 만들기

흥미롭게도, 위에서 언급한 기업 리더들에게 보내는 공개서한에서, 저자들이 주로 강조한 점은 협업, 공감, 의미 형성 같은 소프트 기술이었다. 배움이 일반적인 일이고 이러한 소프트 기술이 우선순위로 취급되는 조직에서 문화를 조성하는 일은, 인간의 판단과 의사 결정이 생존의 핵심인 변화하는 디지털 세계에서 관련성을 유지하는 데 도움이 될 것이다. 우리는 이전 장에서 협업과 공감을 논의해 왔다. 즉 의미 만들기는 여러분이 애자일 작업 방식을 시작하고자 한다면 장려해야 하는 학습의 핵심적 측면이다. 의미를 찾는 것은 여러 가지 수준에서 중요한 일이다. 예를 들어, 의미를 부여해 일을 하는 것은 삶에서 목적을 추구하는 것처럼 중요한 동기부여가 된다. 데이터를 분석해서 의미를 도출하는 것은 고객의 구매 경향과 수요 부문을 이해하는 핵심 기술이다.

여러분은 리더로서 조직 주변에서 무슨 일이 일어나고 있는지 설명하고 그것이 그들에게 무엇을 의미하는지 사람들이 이해하도록 도움으로써 의미를 만드는 역할 모델이 될 수 있다. 현재의 거래 활동을 조직의 목적과 연관시킬 수도 있다. 또한 조직의 모든 직급에서 사람들이 자신의 작업이 사업의 전략적 우선순위에 어떻게 기여하는지 식별할 수 있도록 지원할 수 있다. 여러분은 이러한 방식으로 자신과 다른 사람들에게 의미를 부여하고, 학습에 지속적으로 마음을 여는 것의 가치를 보여주고 있다.

## 고객 중심 혁신

혁신은 비즈니스 모델(우버Uber 택시의 주문 시스템 같은)을 바꾸는 것에서부터 새로운 카테고리(스마트폰과 모바일 쇼핑 같은)를 만드는 것과 새로운 경험(아마존 특급 배송Amazon Prime과 공항 자동탑승 같은)을 생성하는 것에 이르기까지 다양한 형태로 나타난다. 리그비Rigby는 혁신을 '창의성을 수익성 있게 응용'한 것으로 정의한다. 즉 창의적이자 상업적인 것이다. 애자일 맥락에서 볼 때, 혁신의 우선순위는 그것을 고객이 추진하도록 만드는 것이다. 최초의 애자일 선언Agile Manifesto의 작성자들 중 하나인 서더랜드는 다음과 같이 말했다.

애자일agile이라는 단어는 린lean 하드웨어 100개 회사들에 대한 책에서 왔다. 그들은 첫째로 린(군더더기 없는 생산방식: 역주)이었지만, 고객을 제품 생산에 직접 참여시킴으로써 애자일이 되었다고 말했다. 따라서 그것이 애자일에 대한 나의 정의일 것이다. 린 더하기 소비자를 혁신의 한가운데 직접적으로 참여시키는 것.

애자일 혁신은 고객이 가장 원하는 것에 초점을 맞추고, 그들이 '원하는' 것을 가능한 한 빨리 가능한 완전하게 충족시킬 수 있는 활동에 집중하기 위해 우선순위를 매긴다. 여러분조직의 학습 및 개발에 대한 투자가 이러한 고객 요구에 초점을 맞추는지를 확인하는 것이 도움이 된다. 혁신이라는 측면에서 이러한 초점은 명확해야만 하고, 제품이나 서비스 그리고 이러한 것들을 고객에게 제공하는 방법 둘 다에 중점을 두어야 한다. '선도적인 회사들은 그들이 고객 경험 비즈니스에 종사한다는 것을 이해하고 있으며, 조직이 고객에게 제공하는 방법이 제공하는 것만큼이나 중요해지기 시작한다는 것을 이해하고 있다.' 애자일 혁신은 필연적으로 결과를 알지 못한 채 시작하며, 해결해야 할 가장 우선적인 고객 문제에 초점을 맞추며, 이러한 문제를 함께 해결하기 위해 지능적으로 작업한다.

## 고객 경험

혁신을 통해 더욱 애자일한 고객 경험 도입을 구상하는 데 도움이 되는 방법은 고객이 여러분의 조직과 거래하는 과정을 검토하는 것이다. 고객은 여러 접점을 가지고 있으며, 이는 시간을 단축하거나 고객 즐거움을 증진시키기 위해 프로세스를 재설계함으로써 또는 보다 긍정적인 경험을 만들기 위해 접점을 재 정렬함으로써 혁신과 개선을 위한 기회를 창출한다. 고객들은 이제 구글과 아마존과 같은 주요 온라인 제공 업체로부터 받는 것과 같은 종류의 속도와 개인화 그리고 편리함을 모든 공급자로부터 받기를 기대한다.

이것은 내가 최근에 크리스마스 이후에 여러 구매품을 각기 다른 공급자들에게 돌려주어야 했을 때 분명해졌다. 간단한 온라인 무료 반품 옵션과 함께 통합된 물리적인 꾸러미와 제자리에 라벨이 붙은 효율적인 서비스를 제공했고 반품의 전체적인 과정이 수월했으며 2분이 걸렸다. 전체적인 구매 및 반환 경험은 사용자 관점에서 이 품질의 설계를 공유했다. 또 다른 업체는 이 과정을 좀 더 어렵게 만들었다. 반품 라벨이 없는 상태에서 반품 과정과 관련 비용을 꽤 잘 숨긴 웹사이트로, 전체 과정이 12분이 걸렸다는 것을 의미한다. 나는 내가 다음에 어떤 것을 사용할지 알고 있다. 이 장의 끝에 있는 사례 연구에 있는 고객이 주도하는 샵 디렉트Shop Direct의 디지털 전환에 대해 읽어 보기 바란다. 그것은 비즈니스가 극적인 변화를 겪는 동안 행한 과감한 행동과 고객에 대한 지속적인 참조에 관한 이야기다.

**보기: 소매업 경험**

소매업에서 우리는 변화하는 고객의 기대에 매우 잘 맞춰야 한다. 고객들이 충분히 가지고 있지 않은 한 가지는 시간이다. 그들은 물건을 빨리 받기를 원한다. 우리는 빠르게 대응할 필요가 있고 때로는 위험을 감수해야 한다. 우리의 생존은 그것에 달려 있다. 불확실성과 기술적 변화가 너무 많아서 우리는 항상 고객의 피드백으로부터 배우고 있다. 우리는 그들에게 놀라운 경험을 주고 싶고 계속 발전하고 싶다. 고객들은 긍정적인 놀라움으로 즐거운 경험을 원하며, 우리가 그것을 제공할 수 있다면 그들은 돌아올 것이다.

태니스 닷지Tanith Dodge는 영국의 주요 인사과장들 중 한 명으로 여겨진다. 그녀는 많은 대형 소매업체에서 고객 중심의 혁신을 장려하는 데 중요한 역할을 해왔다.

## 실험

만약 여러분이 전체 고객 경험에 걸쳐 혁신과 개선을 추진하려면, 우선 실수를 피하는 것보다 학습이 더 가치 있게 여겨지는 환경을 만들어야 한다. 이것이 자리를 잡는다면, 여러분은 조직 전체에서 진행되고 있는 실험의 수준을 높일 필요가 있다. 사람들이 가치를 더하고 작은 위험을 감수하여 그들이 효과가 있는지 알아내기 위해 새로운 방법을 찾기를 원하기 때문에, 이 단계에서는 양자가 절대적인 품질보다 더 중요하다. 원래의 선언에서 애자일의 네 가지 가치를 기억하는 것이 도움이 된다. 즉 '프로세스와 툴을 뛰어넘는 사람, 문서화된 것 이상의 프로토타입(최소 제품), 계획에 따른 변화에 대응하기, 경직된 계약을 넘어서는 고객 협업'이다. 이것은 사람들이 무엇이 효과가 있고 무엇이 그렇지 않은지 알아보기 위해 탐구하고 실험하고 융통성을 가질 필요성과 고객과 협력해야 할 필요성을 요약한다.

디지털 기술은 이제 프로토타입 만드는 것을 저렴하고 쉽게 만든다. 이는 고객이 필요로 하는 것과 고객이 가치 있다고는 여기는 것(점점 빠르게 변화하고 있음)에 맞춰 여러분이 테스트하고 혁신할 수 있는 중요한 기회를 창출한다. 여러분은 아이디어를 신속하게 제품이나 서비스로 개발할 수 있고, 사용자와 함께 제품들을 테스트할 수 있으며, 빠른 반복을 통해 개선하거나 재개발할 수 있으며, 최소 기능 제품(MVP)을 신속하게 출시하여 판매되는 제품과 그렇지 않은 제품을 확인하고 이에 맞게 조정할 수 있다. 기술은 또한 고객 경험을 프로토타입과 정교화로 더 빠르게 변화시키면서, 테스트를 하지 않은 기술이나 과정에 많은 투자를 하지 않고도 테스트하고 배울 수 있게 해준다.

이 모든 것의 핵심은 분별 있는 위험을 감수하고 배우고 다음에 반복할 때 그 학습을 적용하는 사람들을 지원하는 문화를 조성하는 것이다. 복합적인 역량을 갖춘 팀들이 다양한 경험과 훈련을 기초로 한 혁신을 추진하기 위해 잘 배치되어, 열린 대화와 공유된 의사 결정을 통해 결과를 다듬는 데 도움을 준다.

도요타는 수십 년간 실험과 지속적인 개선의 본보기가 되어왔다. 도요타의 직원들은 가설을 검증하고 무슨 일이 일어나는지 그리고 그것이 성공인지 실패인지 여부를 배운다. 사람들에게 실험을 장려함으로써 도요타는 '안전지대에서 벗어나 미지의 영역으로 들어간다.' 도요타의 직원들은 '생각은 깊게 하되, 조치는 작게 취하라. 그리고 절대 포기하지 말라.'고 말한다. 예를 들어, 1990년대에 프리우스Prius 하이브리드 자동차를 개발하면서, G21 팀은 연비를 100퍼센트 개선시키기 위해 매우 불합리한 목표로 보이는 목표를 설정했다. 그들은 회사의 연구실 중 한 곳에서 개발 중인 하이브리드 기술로 실험을 하는 것 외에는 선택의 여지가 없었다. 그동안 엔진과 배터리 고장으로 진전은 어려웠지만 팀은 인내했고 도요타는 1995년 도쿄 모터쇼에서 하이브리드 컨셉트카(앞으로의 소비자 성향을 겨냥해 개발하는 차세대 자동차: 역주)를 출시할 수 있었다. 도요타의 성공에서 가장 흥미로운 측면 중 하나는 열린 의사소통을 핵심 가치로서 강조하는 것과 그것이 어떻게 현저하게 실패에 관대한 문화를 만들었는가 하는 점이다. 2008년, 다케우치Takeuchi와 연구진은 도요타가 어떻게 사람들로 하여금 '그들이 저지르는 실수나 그들이 직면하고 있는 문제들에 대해 기꺼이 말하도록' 장려하는지 강조한다.

지원 기능은 비즈니스 전반의 실험 수준을 높이는 데 큰 역할을 한다. 예를 들어, 재정은 위험통제 또는 위험증진의 역할을 한다고 볼 수 있다. 전자의 경우, 그들은 단기 수익 창출을 위한 지출을 최소화하기 위해 그곳에 있다. 후자의 경우, 그들은 기업의 미래 성공을 보장할 수 있는 실험에 투자하기 위해 그곳에 있다. 그것은 완전히 다른 사고방식이며, 명백히 자금을 보호하고 현금흐름을 관리하기 위해 금융 통제를 시행할 필요가 있다. 그러나 만약 여러분이 다른 무엇보다도 통제를 추구하는 CFO(재무 담당 최고책임자)를 가지고 있다면, 여러분은 실험을 해서 혁신이 번창하는 문화를 발전시키기 위해서 투쟁을 할 것이다. 동일한 원칙이 인적자원에도 적용된다. 만약 그들이 고용과 승진을 결정할 때, 사람들이 적합한지 그리고 기존 작업 방식의 영속성 여부를 우선시한다면, 그들은 더 나은 작업 방식을 찾는 기업가적인 사람을 후보 명단에 넣으려 하지 않을 것이다. 또한 고객의 여정을 다른 시각으로 보거나 비즈니스에서 새로운 시장 기회를 보는 개성이 강한 사람을 배제할 것이다.

## 선도적인 혁신

2014년 책 〈집합적 천재성Collective Genius: 선도적인 혁신의 기술과 실천 The art and Practice of Leading innovation〉에서, 연구자들은 일부 조직들이 지속적으로 혁신할 수 있는 반면, 다른 조직들은 혁신할 수 없는 방법을 탐구했다. 저자들은 픽사Pixar, 구글Google, 이베이eBay, 파이저Pfizer와 같은 혁신적인 조직을 연구했고 그들이 '혁신을 위해 조직했다'는 것을 발견했다. 이들은 '혁신의 세 가지 능력'을 밝혀냈다.

1 창의적인 마찰 - 담화와 토론을 통해 아이디어를 생성하는 능력.
2 창의적 민첩성 - 신속한 추구와 반영 그리고 조정을 통해 테스트하고 실험하는 능력.
3 창의적 해결 - 이질적이거나 심지어 상반되는 아이디어를 결합하는 통합적인 결정을 내릴 수 있는 능력.

저자들은 우리 중 많은 이들이 확실한 의사 결정의 명확성을 갈망하고 있기 때문에 '창의적인 마찰'과 '창의적 민첩성'이 항상 양립할 수 있는 것은 아니라는 점을 인식하고 있다. 그들은 진정한 혁신 문화를 만들기 위해서는 리더들이 다양한 기회를 탐구할 용기와 실험하려는 의지가 필요하다고 제안한다. 혁신적인 조직에서는 협업과 지속적인 반복을 통해 솔루션에 도달한다. 리더들은 하나를 선택하기 전에 많은 아이디어를 테스트하라고 다른 사람들을 격려한다.

픽사는 실험을 장려하는 문화가 있는데, 누구도 효과가 없는 것을 시도했다는 비난을 받지 않는다. 실험과 실패해도 안전하다는 느낌 그리고 실패로부터 배우는 것을 반기는 것은 위험을 감수할 수 있는 문화를 구축하는 열쇠다. 종종, 우리는 경영진들이 단순히 실험을 장려하고 실패를 처벌하지 말아야 한다는 말을 듣는다. 모든 것은 자연히 해결될 것이다. 하지만 위험과 실패는 인간 존재로서의 우리에게 심각하게 도전을 한다. 픽사의 에드 캐트멀Ed Catmull은 우리는 과거의 실패를 '현재의 나를 만든 것'으로 보는 경향이 있다고 강조하지만, 미래를 내다보면 우리는 '나는 무슨 일이 일어날지 모르고 실패하기를 원하지 않아,'라고 생각하는 경향이 있다. 캐트멀Catmull은 계속해서 이렇게 말한다. '어려운 것은 여러분이 실험을 진행할 때인데, 그것은 앞을 내다보는 행위다. 실패해도 괜찮아지기 위해 한층 더 열심히 노력해야 한다.' 2장의 험프리 코볼드Humphrey Cobbold로부터의 통찰력으로 반향을 일으키는 이러한 학습 정신은 애자일 조직에서 우리가 추구하는 사고방식을 요약한 것이다.

## 뒤집기

기존의 대규모 조직의 리더들과 성공적인 기업가들 사이에서 내가 보는 가장 두드러진 차이점 중 하나는, 후자가 대개 외부를 더 잘 알고 외부로부터 배우기를 열망하면서 사용하는 방법이다. 그들은 다른 기업가들이나 연설가들 또는 작가들이나 학자들을 만나는 것을 즐기고 자신의 사업에 사용할 수 있는 무언가를 배우려고 하고 있다. 많은 사람들이 배우기를 갈망하고 있고, 여러분은 그들이 다른 사람의 경험이나 통찰력을 자신의 사업과 연결하는 것을 볼 수 있고, 그것이 어떻게 그들을 더욱 성공하도록 도울 수 있는지를 알 수 있다. 나는 이것이 대규모 조직의 일부 임원진들은 그렇게 하지 않는다고 말하는 것이 아니다. 외부에서 배우기를 똑같이 갈망하는 임원들을 만나보기도 했다. 그러나 기업가적인 세계에서 보다는 이러한 성향이 덜하다는 것을 알 수 있다.

　나는 이야기들을 예상치 않게 병렬했을 때 진정한 혁신과 개선을 촉진할 수 있는 신선한 통찰력이 만들어지는 경우가 자주 있다고 믿는다. 나는 20억 파운드의 개인 패션 회사의 한 리더가 스트레치 섬유와 같은 분야의 연구 활동을 사업과 연계함으로써 의류 브랜드 전반에 걸쳐 제품 혁신을 개선한 방법에 대해 또 다른 매우 성공적인 기업가와 이야기 나눈 것을 기억한다. 그 다른 리더는 자신의 고성장 기술 사업의 개선 기회를 포착하기 위해 이러한 통찰력을 활용해야겠다고 생각하면서 경청하고 있었다. 그는 대화 후반에 미소를 지으며 기뻐하며 한 손을 들더니, 어떻게 자신이 재정과 조달 팀들을 한데 모아 프로세스 개선과 효율성 향상이라는 이익을 볼 수 있었는지 자세히 얘기했다. 별로 연결점이 없어 보이지만, 그는 패션업계의 그 남자와 이야기를 하지 않았더라면 그런 생각을 하지 못했을 것이다.

　이러한 접근법의 또 다른 예는 작은 회사의 기업가적 문화를 가지고 여러분의 조직 내에서 스타트업을 만드는 것에 있다. 온라인 뱅킹만 제공하면서도 예외적인 고객 충성도를 지닌 퍼스트 디렉트First Direct는 수년 동안 HSBC 내에서 이 접근법의 좋은 예가 되어 왔다. 4장에서는 혁신을 육성하기 위해 대규모 조직 내부에, 특히 매우 파괴적인 혁신의 위협 요소가 분명한 시장에 인큐베이터(기업 육성 시설)를 설치하는 사항을 살펴보았다. 이것은 조직에 다시 연결된 혁신을 위한 외부 공간을 만드는 것과 같다. 시장조사업체 입소스 모리Ipsos MORI의 CEO인 벤 페이지Ben Page는 기업 문화와 관행에 대한 많은 연구를 하고 있다. 그는 이렇게 말한다.

대기업들이 스타트업들을 조직 안으로 끌어들이는 경향이 있다. 나는 그것이 좋은 생각인 것 같은데, 여러분이 그것을 제대로 하기만 한다면, 대기업에 소규모 회사 정신을 담을 수 있기 때문이다. 큰 회사들은 대개 일을 하도록 하기 위해 관료주의를 가지고 있지만, 관료주의는 상황을 더디게 만들기도 한다. 만약 여러분이 수요일에 모든 곳의 어떤 상황이 똑같기를 바란다면, 그것을 가능하게 할 구조가 필요하다. 수요일에 모든 곳이 똑같을 필요가 없다면, 그것은 더 수월하다. 바꾸는 게 더 빠르다.

이는 안정적인 플랫폼을 핵심 비즈니스로 유지하면서도 동시에 기술 주도적 붕괴에 대응해야 하는 경우 도움이 되는 조직의 혁신을 강화하는 구조적인 방법이다.

 **사례 연구**

### 샵 디렉트 Shop Direct 의 학습에 따른 전환

샵 디렉트Shop Direct는 영국의 선도적인 디지털 소매업체 중 하나이다. 샵 디렉트는 베리Very와 리틀우드Littlewoods를 포함한다. 이것의 목적은 '더 많은 사람들이 쉽게 접근할 수 있도록 좋은 것들을 만들기'이다. 과거 영국의 주요 카탈로그 회사 중 하나로, 극적인 변화를 겪은 후 2015년에는 완전한 디지털 사업이 되었다. 회사는 고객에 초점을 맞추어 인력과 기술 그리고 고객 경험에 투자하여 혁신적인 서비스를 제공함으로써 운영 방법을 배웠다. 종이에서 픽셀(화소)로의 선회였다.

샵 디렉트가 상당한 변화를 겪긴 했지만, 조직은 아직 지속적인 혁신의 여정에 있다고 믿는다. 변화의 동인은 고객 만족과 고객 충성도다. 재키 험프리스Jacqui Humphries는 샵 디렉트의 단체 인사 담당이다. 그녀는 진정한 애자일 조직이 되기 위해서는 비용 절감을 위해 조직하기보다는 고객 요구에 보다 신속하게 대응할 수 있도록 조직해야 한다고 믿고 있다.

### 민첩성 개발

'고객 경험이 중요하다.'라고 재키Jacqui는 말한다. '고객의 요구를 빠르게 예측하고 대응해야 한다. 고객은 우리 조직 내의 다양한 기능에 관심이 없으므로, 우리는 고객이 원하는 것에 맞게 조직할 필요가 있다. 우리는 처음부터 이런 식으로 스스로를 조직하는 많은 스타트업들과 경쟁하고 있다. 우리는 더욱 애자일하고 대응력을 높이

기 위해 조직을 개편해야 했고, 여전히 그 여정을 밟고 있다.'

재키(Jacqui)는 진정한 애자일 조직이 변화와 협업을 통해 번성하고 있으며 주어진 대로 지속적인 개선을 보고 있다고 본다. '애자일 조직들은 계층을 없애고, 사일로를 제거하고, 린(군더더기 없는 생산 방식: 역주)방식을 도입해 매우 대응력을 높이고 있다. 그들은 적응하고 선회할 수 있다. 사람들은 기능을 교차하면서 일한다. 여러분은 전형적으로 과거에 표준적이었던 스페셜리스트로 가득 찬 회사 대신에, 전문 분야를 언제 도입해야 하는지 잘 아는 많은 제너럴리스트들을 보게 될 것이다. 애자일해지려면 조직의 머리부터 돌려야 한다.' 샵 디렉트는 조직 전반에 걸쳐 많은 애자일 원칙을 채택했다. 예를 들어, 계획에 관한 면에서 사업은 향후 12개월보다는 향후 6주 동안 무엇이 일어나야 하는지에 더 초점을 맞춘다.

샵 디렉트는 애자일 업무 방식을 도입할 때, 8명으로 구성된 4개 팀 중 한 팀에 지원하도록 기업 전체의 사람들을 초대했다. 각 팀은 정책 및 절차, 도구 및 기술과 같은 애자일 작업의 다른 측면을 탐구했다. 이러한 교차 기능 팀들은 새로운 디지털 세계에서 어떤 것이 잘 될지를 배우면서 각 분야의 기회를 살펴보면서 6개월을 보낸 후 다시 이사회에 제출했다. 이것의 한 가지 유용한 측면은 이 조직이 사람들에게 도전을 설정한 다음 그들이 직접 나서서 해결책을 찾을 수 있도록 권한을 위임했다는 사실을 이사회에 보여주었다는 것이다.

그것이 결정적인 전환점이었다.

### 사람들과 함께

명확한 비전과 목적이 샵 디렉트 전환 여정의 핵심이다. '리더들은 조직을 혁신해야 하는 이유를 알아야 하고, 다른 모든 사람들 역시 그것을 알도록 도와야 한다. 그래야 모든 사람들이 그 여정에 동참해 일부가 될 수 있다. 조직의 모든 사람이 이해할 수 있는 언어를 사용하는 것이 중요하다. 리더들은 미래가 어떻게 보일지 그림을 그릴 필요가 있다. 여러분이 전환을 주도하고 있을 때, 사람들 역시 상황이 어떻게 발전하고 있는지 이해할 수 있기를 바란다.'

### 지속적인 개선

이러한 끊임없는 학습과 진화에 대한 초점은 샵 디렉트에서 중요하다. 변혁의 여정을 계속하면서, 조직 전반의 리더들과 동료들은 과거를 버리고 새로운 것을 받아들이도록 격려된다. 비즈니스는 고객 경험에 긍정적인 영향을 미칠 가능성이 가장 높은 자원에 집중하기 때문에 무자비하고 엄격한 우선순위 지정은 중요하다.

재키[Jacqui는 또한 혁신과 지속적인 개선을 장려하기 위해서, 리더들은 다른 사람들이 실수를 해도 안전하다고 느낄 수 있는 문화를 만들어야 한다고 믿는다. '여러분이 새로운 아이디어를 시도할 때, 몇 가지 아이디어는 버리게 될 것인데 그런 것은 괜찮다. 그런 것이 흔히 실패로 간주되는 전통적인 환경인 반면, 실제로 우리는 실패를 수용해야 한다.'

### 개발 기술 및 역량

샵 디렉트Shop Direct는 다른 사람을 지도하고 권한을 부여할 수 있는 리더를 개발하는 데 지속적으로 투자한다. '우리는 결과에 초점을 맞추고 호기심이 넘치며 디지털 트렌드를 이해하는 리더가 필요하다. 과거에 우리는 리더가 12내지 18개월간의 프로젝트를 제공하도록 개발 및 보상을 해 왔다. 그러나 그것은 오늘날 혹은 미래에 우리가 리더들에게 바라는 바가 아니다.'

재키는 또한 보다 애자일한 방식으로 행동하기 위해 비즈니스 전반의 동료들의 능력을 개발하는 것이 중요하다고 강조한다. '여러분은 조직에서 여러분이 가진 능력 정도의 속도로만 움직일 수 있을 뿐이다.' 학습은 종이 기반 카탈로그 사업에서 세계 최고의 디지털 소매업체로의 전환을 뒷받침했다.

## 요약

학습은 조직의 혁신과 개선을 위한 핵심이다. 학습 문화가 없다면, 애자일 작업은 힘들게 고군분투할 것이고 사람들은 위험 회피와 실패에 대한 두려움에 집중하는 경향이 있을 것이다. 애자일 핵심은 돌파구적인 혁신과 지속적인 개선을 가속화하기 위해 고객과 실험하고 반복적인 테스트를 감행하는 팀이다. 리더로서 여러분의 역할은 학습이 높게 평가되고 실수가 학습과 개선을 위한 기회가 되는 환경을 만드는 것이다. 이것은 간단한 말로 들리지만, 내 경험상 이렇게 하기 위해서는 우리가 리드하는 방법, 실수를 다루는 방법 그리고 위험을 제어하는 방법에 대해 다시 생각해야 한다.

THE AGIL

# 3부

# 다음 단계

# 09 애자일 혁신을 위한 기업 구축

## 도입

이 책 전반에 걸쳐 나는 애자일 원칙과 애자일 작업 방식을 이용해, 여러분이 애자일 팀과 애자일 조직을 만들 수 있도록 그들을 다른 사람들의 리더로 받아들일 수 있는 방법을 설명하려고 노력했다. 애자일 비즈니스는 변화하는 경쟁 조건에 신속하게 적응할 수 있을 뿐만 아니라 생산성과 혁신 속도 및 고객 경험을 획기적으로 향상할 수 있다.

 이 장에서 나는 여러분이 어떻게 사람들을 여러분의 여정에 참여시켜 기회를 더 빨리 이용하도록 고무시킬 수 있는지 설명할 것이다. 그동안 탐구해 온 것처럼, 애자일하게 되는 것은 사소한 변화가 아니다. 리더와 조직에게 있어 근본적인 변화다. 디지털 세계에서 성공할 수 있는 애자일 조직 구성의 혜택을 받으려면, 개인적으로 그리고 집합적으로도 전환이 필요하다. 그래서 사람들을 여러분과 같이하도록 참여시키고 싶다면, 여러분은 다른 사람들이 믿기로 선택한 운동을 창안할 필요가 있다.

> **자신에게 하는 질문**
>
> 이 장에서는 리더로서 자신을 위한 주요 통찰력을 추출하기 위해 다음과 같은 질문을 검토하는 것이 도움이 될 수 있다.
> - 여러분은 애자일 작업 방식을 위한 뛰어난 역할 모델인가?
> - 여러분은 팀이 애자일 능력을 갖추도록 어떻게 코칭할 수 있는가?
> - 여러분의 조직에서 애자일 작업을 도입하기에 가장 효과가 있는 분야는 어디인가?

보스턴 컨설팅 그룹Boston Consulting Group의 최근 논문 저자들에 따르면, 선도적인 디지털 전환에 관해 이렇게 썼다. '애자일 시대에, CEO들이 조깅만 계속한다면, 그들의 팀이 달리기(스프린트)를 할 것이라고 기대할 수 없다.' 여러분은 함께 운동을 시작할 헌신적인 지지자들이 필요하다. 전 세계의 파티와 결혼식에서, 일부 용감한 사람들이 대체로

춤을 시작하려고 하지만, 댄스 플로어에서 그들에게 합류하는 두 번째 사람, 그런 다음 따르는 세 번째와 네 번째 사람이 그것을 단독 시연에서 진정한 춤으로 바꾸는 사람들이다. 그래서 이것은 리더십, 여러분의 리더십으로 시작한다. 다음은 여러분이 계속 춤을 출 수 있도록 도움을 주는 다섯 가지 팁이다.

1. 비전을 분명히 표현하기
2. 리더 바꾸기
3. 근육 키우기
4. 불을 붙이기
5. 프로세스 끼워 넣기

궁극적인 제품 소유자로서, 여러분의 역할은 고객 서비스에서의 변화에 대한 비전을 명확하게 하는 것으로 시작한다. 그것은 더 많은 청중에게 이야기를 전할 수 있고, 새로운 작업 방식을 수용하기 위해 과거의 규칙으로부터 벗어날 수 있는 다른 지도자들을 계속해서 여러분 주변에 있게 한다. 경영진의 참여를 확대하면 여러분은 보다 깊이 있는 조직 역량을 구축하고 애자일 방식으로 생각하고 작업하기 시작할 수도 있다.

이 과정 내내 여러분은 조직 주변에 애자일 작업 집단들이 나타나듯이 불을 지피거나 다른 사람들이 같은 일을 하도록 지원해야 한다. 이는 획기적인 순간, 고객을 끌어들이는 혁신, 더 많은 사람들이 참여하기를 원하는 결과를 가속화할 것이다. 시간이 흐르면서 새로운 업무 방식을 수용하는 애자일 사상가 커뮤니티를 구축한 다음 이를 고용 및 홍보, 보고 및 관리 정보와 같은 조직의 핵심 프로세스에 포함할 수 있다. 이런 식으로, 여러분은 잠시 후에 스스로 지속할 수 있는 운동을 만들어 낼 수 있고, 우리가 아직 보지 못한 방식으로 새로운 기술과 그 응용을 기대하며, 곧 닥칠 것을 생각하면서 더 많은 시간을 보낼 수 있다.

## 1 비전을 분명히 표현하기

사람들을 위한 기회의식을 만드는 것은 본질적으로 동기부여를 하기 때문에, 조직과 개인의 변화를 일치시키는 것이 핵심이다. 민첩성 비전, 그 이면의 목적, 행동의 우선순위에 사람들을 참여시키는 것은 빠른 변화의 필수적인 선행 조건이다. 여러분은 조직 내의 사람들에게 반향을 불러일으킬 수 있는 방식으로 어떻게 일하고 싶은지에 대한 원칙을 명확하게 하는 것이 도움이 된다. 3장 끝부분에서 보았듯이, 여러분은 애자일 선언의 원칙을 출발점으로 삼아서, 제품 소유자로서의 여러분의 의도를 포착하는 몇 가지 핵심 원칙으로 그것들을 편집하기를 원할 수도 있다.

추진력을 구축하고 유지하기 위한 움직임과 감정적으로 연결하는 것이 중요하다. '인간의 행동은 복잡하다. 조직은 변화에 적응하지 못하고, 사람들은 적응한다. 하지만 이 인간적인 요소는 계속해서 간과 되고 있다. 모든 조직 변경 프로그램의 약 75퍼센트가 실패하는데, 이는 주로 직원들이 그 과정에서 소외되었다고 느끼기 때문이다' 따라서 모든 단계에서 사람들을 참여시키고 각 개인에게 애자일이 무엇을 의미하는지, 이러한 방식으로 일하는 사람들에게 어떤 혜택을 주는지를 밝히는 것이 중요하다. 즉, 고객의 요구를 더 빨리 충족시키는 것에 대한 자부심, 생산성이 높은 팀에서 일하는 것에 대한 만족, 또는 조직의 성공을 촉진하기 위한 새로운 방법을 도입하는 흥분 같은 것이다.

애자일 작업의 기본적인 이점은 프로세스 및 툴에 대한 인력, 즉 첫 번째 애자일 가치와 관련이 있다. 애자일 작업은 사람들이 여러 부서 간에 함께 배우고 적응하고 가속화하면서 모든 것의 중심에 있게 한다. 사람들은 일단 애자일 작업을 맛본 후에는 더 전통적인 작업 패턴으로 돌아가기를 원하지 않는다. 씨러스Cirrus에서 우리 개발팀은 몇 년 동안 애자일 방법으로 작업해왔고, 이제 이것은 스크럼방식에 대해 개발자들이 열의를 보였던 나머지 사업으로 확대되고 있으며, 이제 이러한 아이디어들을 프로세스 및 작업 방법에 대한 대대적인 점검을 통해 실질적인 방법으로 수용하고 있다. 우리는 분기별 비즈니스 사이클로 옮겨갔고, 뛰어난 고객 경험을 제공하는 데 초점을 맞추고 있다.

이것의 중요한 측면은 사람들이 애자일 작업의 핵심을 강조하는 것이었다. 디지털 발전의 가속화는 인간의 친밀함과 존중을 희생시키는 경우가 너무 많았다. 친절한 미소, 안심하라는 듯이 팔을 쓰다듬는 행위, 위로가 필요할 때 옛 친구의 포옹, 상황이 아무리 힘들어도 항상 당신 편인 누군가의 끄덕임. 애자일 작업은 이런 수준의 신뢰와 상호

의존을 흥미로운 방법으로 다시 일로 가져온다. 이러한 디지털 세계에서 우리는 점점 더 빠른 속도로 발전하고 있고 아이러니하게도 연결이 증가하는 세상에서, 우리는 인간의 연결성을 잃을 위험에 처해 있다. 그것은 대가로 치르기엔 너무 비싸다. 애자일 팀들은 이것을 완전히 뒤집어 생각하게 한다.

## 2 리더 바꾸기

우버Uber, 에어비앤비Airbnb, 스포티파이Spotify와 같은 많은 디지털 세대 조직의 리더들에게는 애자일 작업 방식이 친숙하다. 디지털 세대가 아닌 조직의 많은 리더에게는, 특히 IT 기능이나 개발 팀을 제외하고는 애자일 방식이 친숙하지 않을 가능성이 많다. 그들은 계층적 작업 모드 및 작업자를 위해 설정된 출력의 직선 모양의 시간표와 날짜 등 보다 전통적인 관리 관행에 더 익숙할 가능성이 많다. 만약 여러분이 후자 그룹에 속한다면, 여러분은 이 장(및 이 책)의 많은 부분이 애자일 작업의 성공적인 구현을 수용하고 지원하기 위해 필요한 전환점을 이해하는 데 도움이 된다는 것을 알게 될 것이다. '변화의 성공은 요구되는 변화의 규모와 복잡성 때문에 조직의 리더, 특히 CEO에게 달려 있다.'

애자일 리더십은 전통적인 스타일과 매우 다르다. 관리자들로 하여금 '일하는 방식을 바꾸도록' 하는 것이 첫 번째 큰 도전이다. 이것은 조직의 모든 계층 리더들의 사고방식을 바꾸는 것이 요구되며, 가장 고위직부터 새로운 사고방식을 만들어야 한다. 앞서 엘리트 선수들의 예에서 보았던 것처럼, 만약 여러분이 다르게 생각하는 것을 배운다면, 여러분은 스스로를 더 애자일 하고 경쟁적으로 만드는 새로운 수준의 기술과 동작을 배울 수 있다. 단지 기술이나 동작을 배우는 것만으로 최고와 경쟁하는 데 필요한 최고의 성과를 얻을 수는 없을 것이다. 내 경험상 이것은 동시에 여러 요소를 포함하는 다면적인 방식을 사용함으로써 가장 잘 달성된다.

- 뒤집기 학습 – 디지털 세대의 성공으로부터 배우고 빅 데이터 동향을 분석하여 고객을 더 깊이 이해하는 방법과 같은 조직의 핵심 강점과 문화를 결합하라.
- 계획 주기를 보다 적응적으로 변경 – 보다 짧은 계획 및 검토 주기(예: 분기별)를 채택하고 변화하는 경쟁력에 맞춰 유연하게 조정하기 위한 비전을 수립하고, 비전 달성에 있어서는 한 발 뒤로 물러나서 다른 사람에게 자율성을 부여한다.
- 뿌리 깊은 습관에 도전하기 위한 경험적 개발 – 통제, 신뢰, 위임에 대한 그들의 추정에 도전하고, 변화에 대한 조직적인 허가와 코칭으로 그들을 지원하는 불편한 경험들에 여러분의 리더들을 참여시킨다. 이는 외부 컨설턴트를 사용하여 그러한 경험을 설계하고 이를 효과적으로 촉진(예를 들어, 리더가 도전적인 작업을 수행할 시간이 거의 없는 소 규모 팀에서 작업할 수 있는 안전한 환경을 제공함으로써)함으로써 가장 쉽게 수행될 수

있다.

- 리더를 다른 사람을 가르치도록 함으로써 옹호자를 양성하기 - 조직 전반의 리더를 양성하여, 애자일의 '이유', '무엇' 그리고 '방법'을 표현함으로써 그것을 더욱 깊이 구현한다. 예를 들어, 리더들은 그들의 팀들과 더 많은 그룹의 사람들과 함께 워크숍을 운영하여 사람들을 훈련시켜 애자일 의사 결정을 내릴 수 있다.
- 자유롭게 놔두고 실수를 지지하는 고위 역할 모델링 - 그리고 애자일 계획을 우발적으로 파괴하지 않도록 여러분과 고위 경영진들이 여러분의 행동에 대해 지속적으로 피드백을 받고 있음을 확실히 하라.
- 새로운 기술 학습하기 - 기술 개발과 코칭 및 그들 자신의 팀들과의 공유를 통해 협업과 피드백, 검토와 공감 등의 기술을 습득하라.

그것이 쉬웠다면, 지금쯤이면 모두가 다 했을 것이다. 이러한 리더십 능력의 전환 중 많은 부분이 전통적인 조직의 관리자들에게 채택되기 어려울 것이다. 그것은 일부 사람들에게는 방향감각을 잃게 할 가능성이 높으며, 그들이 다른 사람들에게 권한을 부여하고 알아서 일을 하도록 내버려둠으로써 다른 사람들을 믿을 수 있는지에 대한 근본적인 추정에 도전하게 될 것이다. 어떤 사람들에게는 이것이 너무 지나치다고 증명될 수 있다. 그리고 만약 그들이 여러분의 조직에서 벗어나 스스로 선택한다면, 아마도 모든 사람들에게 최선의 선택이 될 것이다. 가장 나쁜 결과는 애자일 방식을 믿지 않는 사람들이 승객이나 테러리스트로 남아 있는 것이다. 그들은 당신을 방해하고 그 과정에서 불행할 것이다. 그러니 조심하라. 하지만 관리자들에게 적응할 시간을 주고 너무 쉽게 혹은 너무 빨리 판단하지 말아야 한다. 그것은 도전적인 여정이고 대부분의 사람들이 진정한 진전을 이루는 데 시간이 걸릴 것이기 때문이다.

 **사례 연구**

### 영국 패션 위원회에서 런던을 다시 지도에 올리다

캐롤라인 러쉬Caroline Rush는 2009년 3월에 영국 패션 위원회British Fashion Council의 공동 대표이사로 임명되었고 2012년에 단 한 명의 최고 경영자가 되었다. 해외에서 소장품을 선보여 온 버버리Burberry나 템플리Temperley 같은 브랜드를 런던 패션위크에 다시 끌어들인 것으로 널리 알려져 있다. 그녀가 임명되기 전에, 많은 패션 해설자들은 런던을 파리, 밀라노, 뉴욕과는 관계가 먼 열악한 곳으로 보았다. 캐롤라인은 리더들이 업계 전반을 이끄는 방식을 바꿈으로써 런던을 세계 패션 무대 중심에 다시 확고히 세우는 데 성공했다.

패션 산업은 영국 경제에 중요하다. 그리고 영국 패션 위원회의 목표 중 하나는 업계에 뛰어난 인재들을 꾸준한 흐름으로 끌어들이는 것이다. 이 산업은 창의적인 인재들뿐만 아니라 탁월한 사업성과를 이끌어 낼 사람들을 끌어들일 필요가 있다. 위원회는 영국 패션이 교육, 견습, 산업 전략 및 국제 무역 측면에서 중요한 부문으로 인정받도록 영국 정부에 의해 보장받았다. 그것은 영국 경제에 중요한 공헌자로서 영국 패션 산업의 명성을 구축함으로써 그리고 혁신적인 작업 방식의 역할 모델로서 '플레이스 엣 더 테이블'을 수상했다.

### 혁신적인 애자일 문화 구축

패션은 매우 혁신적이고 창조적인 산업으로 유명하기 때문에 캐롤라인은 항상 영국 패션 위원회도 혁신적이고 창조적인 조직이 되는 것이 중요하다고 느꼈다. '만약 우리가 매우 따분하게 일을 하는 먼지투성이 조직이었다면, 진정한 목소리를 갖기가 꽤 어려울 것이다.' 캐롤라인은 혁신 문화를 구축하기 위해 관료주의와 불필요한 요식을 최소화하도록 보장한다. 그녀는 새로운 기회를 잡는 데 능숙하고 조직 전반에 걸쳐 더욱 애자일한 작업 방식을 도입하는 데 능한 팀 리더들을 모집하고 개발했다.

영국 패션 위원회는 다양한 이해관계자들과 함께 일한다. 캐롤라인은 모든 사람이 핵심 목표와 부합하도록 만들기 위해, 정기적인 의사소통이 이루어지도록 함으로써 이사회가 달성하고자 하는 바를 이해당사자들이 발언할 수 있도록 보장하고 그러한 달성에 일조할 수 있도록 한다. 이처럼 참여 수준이 높아짐에 따라 워크숍과 정기 회의 및 이해당사자 그룹이 특정 산업 과제에 함께 협력하도록 하는 등 업계 전반의 협업에 훨씬 더 많은 헌신을 하게 되었다.

### 혁신적인 생각으로 장벽 극복

영국 패션 위원회는 비영리 단체다. 자금 부족은 때때로 장벽이 될 수 있다. 그러나 캐롤라인은 또한 그것이 더욱 창의적인 사고를 부추길 수 있다고 믿는다.

'과거에는, 협찬이 브랜드에 좀 더 일반적인 전략이었고, 따라서 얻기가 더 쉬웠다.'라고 캐롤라인은 말한다. '우리는 파트너와 긴밀히 협력하고 목표를 공동으로 수립하며 두 조직의 전략적 목표를 충족하기 위해 이러한 목표를 이행할 수 있도록 보장한다. 과거에 우리는 영국 디자이너들을 국제 시장으로 데려가는 것을 도울 후원자들을 찾았다. 이제 우리는 운동을 만들고 있다. 영국 패션에 대한 그들의 지원에 가치를 더하기 위해 국제적인 소매업자들과 직접 협력하고 있다. 보다 광범위한 관계를 구축하고 그러한 관계를 활용하는 것이 중요하다. 그래서 예를 들어, 우리는 뉴욕의 바니스Barneys와 함께 판촉을 했고, 영국 디자이너 작품들을 설치해서 5번가의 창 진열대를 장악했다. 그것들은 매우 아름답고 발걸음을 멈추고 쳐다보게 만드는 창 진열대로 엄청난 화제를 불러일으켰다. 바니스Barneys

에게 그것은 영국의 재능에 대한 소비를 정당화하는 데 도움이 되었다. 우리에게 있어, 그것은 파트너와 함께 네 배의 비용이 드는 캠페인을 통해 우리가 본 것과 같은 수준의 결과를 전달했다. 만약 여러분이 성취하고자 하는 것이 무엇인지 매우 분명하다면, 항상 그것을 성취하는 새로운 방법을 볼 수 있다. 재정 부족이 항상 문제가 되지는 않는다.'

### 디지털의 영향

디지털 폭발은 패션 산업에 큰 영향을 끼쳤다. 그것은 전통적인 소매업을 방해하고 브랜드들이 고객과 소통할 수 있는 새로운 채널을 만들었다. 캐롤라인은 업계 전반에 걸친 리더십 스타일의 변화를 감지하고 있었다. 새로운 리더들은 상업적이고 사업을 구축하는 데 초점을 맞추고 있지만 문화와 브랜드의 중요성과 그들의 브랜드가 무엇을 상징하는지 점점 더 잘 알고 있다. 우리는 패션에서 매우 애자일한 혁신 기술 사업으로 옮겨가는 몇몇 리더들과 함께, 패션 산업의 재능을 두고 벌이는 진정한 전쟁을 보고 있는 중이다. '매우 신나는 시간이었어.' 영국의 패션의 더욱 애자일하고 혁신적인 작업 방식의 가시성이 증가하면서, 그 산업은 이제 재능 있는 사람들을 위한 전쟁에서 승리할 수 있는 더 나은 위치에 있다.

## 3 근육 키우기

여러분은 애자일 작업 방식으로 지속 가능한 새로운 조직 역량을 창출하기 위해 애쓰고 있다. 조직적인 역량이란 무엇인가? 울리히Ulrich와 스몰우드Smallwood (2004년)에 따르면,

> **한 회사가 개인들의 능력과 능력을 결합해 제공할 때 조직 역량이 나타난다. 직원은 기술적으로 글을 읽고 쓰거나 솜씨를 보여줄 수 있지만, 회사는 동일한 강점을 구현할 수도 있고 그렇지 않을 수도 있다.** (만약 구현한다면, 이 분야에서 뛰어난 직원들은 참여하게 될 것이고, 그렇지 않다면, 그들은 좌절하게 될 것이다.) **또한, 조직적 역량은 회사의 기술적 노하우를 결과로 바꿀 수 있게 한다.**

회사 전반의 역량으로서 민첩성을 개발하려면 모든 직원을 애자일 여정에 참여시켜야 하지만 어디에서부터 시작해야 하는가? 성공을 위해 애자일 작업을 설정하려면 동료 간에 체계적으로 구축해야 하는 두 가지 기능 영역이 있다. 1) 애자일 프로세스와 기술 - 우선순위 지정, 계획, 스프린트 검토, 진행 상황 시각화와 같은 애자일 작업 방식. 2) 팀 기술 - 팀에서 협력 작업, 교차 기능 동료들로부터의 서로 다른 기술과 경험 존중, 우리가 6장에서 다루었던 개선과 공감을 위한 연료로서 피드백을 주고받는 것이다. 이 두 영역은 상호 보완적이며, 3장의 스크럼Scrum 작업 방식에서 설명하는 바와 같이, 애자일 팀들을 설정하

고 팀 코치를 할당함으로써 실현될 수 있다.


### 애자일 능력 구축하기

나는 애자일 능력을 개발하려면 사람들에게 애자일 능력이 무엇이 다른지, 왜 다른지에 대한 예를 제공함으로써 애자일 방식의 차이를 이해하도록 도울 필요가 있다고 생각한다. 리더라면 애자일 방식을 활용해 일을 하고 있다고 보여주어야 한다. 애자일 능력이야말로 우리가 앞으로 나아가고자 하는 방법을 상징하는 것이기 때문이다.

나는 새로운 작업 방식, 새로운 언어, 새로운 용어 도입이 중요하다고 생각한다. 사람들을 안전지대에서 벗어나게 하고, 그들에게 함께 일할 수 있는 도전적인 프로젝트를 주는 일은 여러분이 이전에 해왔던 일과는 전혀 다르다. 그러나 직장에서 학습을 적용하는 일의 영향과 학습의 측면에서 본다면 한 단계 발전했다고 생각한다.

태니스 닷지Tanith Dodge는 영국의 주요 인사과장들 중 하나로 간주된다.


애자일 리더십 능력을 구축하는 것이 핵심적인 단계지만, 읽고 빠르게 대응하는 능력이 조직 전체에 많이 보급될수록 전체 기업은 더욱 균형 있고 조정된 방식으로 운영할 수 있다. 그렇다면 이러한 조정력이 반드시 위에서 내려올 필요는 없다. 왜냐하면 이것은 여러분을 느려지게 할 것이기 때문이다. 조직 전반에 걸쳐 자체 조직화된 팀들에서 나올 때가 더 좋다. 각 팀은 주변의 팀들에게 지능적으로, 조직의 장기적인 비전과 단기적 우선순위에 따라 대응한다.

일단 우리가 애자일하다고 생각하면 우리는 애자일 방식으로 행동할 수 있다.

내 경험에 따르면, 그러한 기술과 행동을 대규모 그룹 전체에 걸쳐 성공적으로 개발하는 데 도움이 되는 몇 가지 간단한 규칙이 있다(표 9.1 참조). 이 모든 것은 점차적으로 속도를 높이고 유익한 결과를 얻을 수 있도록 매일 기술을 연습할 수 있게 애자일 팀을 지도하는 스크럼 마스터(또는 비슷한)의 지원을 필요로 한다.

지속적인 성공의 핵심 요소인 사람에 대한 투자가 도요타Toyota의 마지막 통찰력이다. 도요타는 자신의 직원들을 '경험의 지혜인 치에chie를 축적하는 지식 노동자'로 본다. 그 회사는 인력과 조직력을 개발하는 데 크게 투자하고 있으며, 조직 전체의 사람들로부터 지속적으로 배우고자 하고 있다. 린하고 애자일한 업무 환경에서 직원의 '치에'는 조직의 핵심 자산이 되어 개선을 가속화하고 혁신을 추진할 수 있는 통찰력을 제공한다.

표 9.1 조직 전반에 걸친 애자일 능력 개발

| 규칙 | 설명 |
|---|---|
| 1 의도하기 | 만약 여러분과 여러분의 리더십 동료들이 그것을 의도하지 않는다면, 그것은 효과가 없을 것이다 (그리고 처음부터 시작하지 않는 것이 더 좋다). 따라서 이러한 변화에 대해 심도 있게 논의하고, 이 여정을 시작할 리더십 팀으로서 헌신해야 한다. 모든 레벨에 걸친 교육을 지원함으로써 배움에 대한 헌신과 열망을 입증하라. |
| 2 파괴하기 | 사고방식과 행동을 바꾸기 위해서는 선입관에 도전하고 사람들이 그들의 가정을 다시 세울 수 있도록 도와야 한다. 그래서 사람들을 안전지대에서 벗어나게 하고 그들에게 새로운 근무 방식을 경험할 기회를 주는 도전적인 학습 경험을 디자인 하라. |
| 3 즐겁게 만들기 | 배움은 흥미로울 때 가장 잘 작동하므로, 사람들이 참여하고 기억할만한 공유된 경험을 만들기 위해 창의적인 방법을 사용하라. |
| 4 추진력 구축 | 변화는 처음에는 많은 에너지를 필요로 하고, 탄력을 얻기 위해서는 시간과 정기적인 보강을 필요로 하므로, 초기부터 반복적으로 기꺼이 시간과 노력을 투자해야 한다. |
| 5 양방향으로 하기 | 교육 과정과 구현 후 대화와 반성을 통해 애자일 감각을 가질 수 있도록 지원하라. 모든 교육 활동을 설계하고 제공함에 있어 사람들을 참여시켜 그들이 소속감을 느낄 수 있도록 하라. |
| 6 진척 상황 기념 | 사람들이 무엇을 배우고 있고 실제로 무엇을 하고 있는지에 초점을 맞춘 피드백 고리를 통해 진전 상황을 측정한다. 피드백을 가능하고 단순하게 만들고, 핵심 관리 데이터로 검토하여 가능한 모든 곳에서 공유된 진척 상황을 기념하라. |
| 7 끈기 있게 지속 | 이러한 성질을 영구히 바꾸는 데는 시간과 반복이 필요하기 때문에 끈기는 필수적이다. 계속해서 이야기를 하고, 사람들이 사용하는 언어를 바꾸고 더 많이 격려하기 위한 돌파구를 알아보라. |

## 4 불을 붙이기

지금까지, 이것의 대부분은 회사 전체의 거대한 변화 계획처럼 들리게 했고, 많은 면에서 이것이 여러분이 설립하고자 하는 것이다. 실제로 창의적 돌파구가 필요한 실질적인 문제를 발견할 때마다 조직 전체에 불을 붙이는 것으로 시작하는 것이 가장 좋다. 이런 식으로 여러분은 상향식 추진(전반적인 원칙보다 먼저 세부적인 데서 출발하는 추진: 역주), 즉 조직 내에서 다른 사람들이 참여하기를 원하도록 끌어들이는 운동을 만들 수 있다. 다기능 팀을 만들고 그들을 대담하게 만들어 낡은 작업 방식에 도전하고 반복 과정을 통해 진정한 혁신을 달성하도록 정기적으로 설득한다.

불이 붙어 팀이 애자일 방식으로 자유롭게 작업할 수 있도록 설정된 경우, 주요 역할은 관리자가 새로운 작업 방법을 방해하거나 부주의하게 실패하지 않도록 하는 것이다. 관리자들이 애자일 프로세스를 이해하고 이들의 역할이 비전을 설정하고 팀에게 제공할 수 있도록 지원하는 것임을 확실히 해야 한다. 제공 방법에 대한 결정은 팀과 함께 한다. 팀의 관점에서 보면, 그 경험이 어렵지만 대부분의 사람들에게 활력을 주는 통제감과 책임감을 빠르게 경험하게 될 것이다. 일단 그들이 두 번의 스프린트를 거치고, 자기 관리의 흥분, '완료된' 제품을 얻는 만족, 그리고 다음 번 더 빨리 가는 방법을 알아내는 회고 시간의 통찰력을 경험하게 되면, 그들은 전통적인 방법으로 절대 돌아가고 싶지 않을 것이다. 이 팀들을 통해서 여러분은 또한 영향의 증거를 축적하고, 이것은 다시 다른 곳에서도 호기심과 흡수를 부채질한다. 그러므로 초기에 채택한 사람들을 소중히 여겨야 한다. 그들의 자율을 억누르지 않고, 그들이 그들의 진로에 들어설 수 있도록 돕고 돌파구를 마련하는 데 도움을 주는 것이 중요하다.

어디에 집중해야 하는지 아는 것은 도움이 된다. 조직의 애자일 작업 방식이 덜 관련이 있는 영역이 있을 수 있다. 예를 들면, 예측 가능한 고객의 요구와 이 상황을 바꿀 것 같지 않은 안정적인 조건으로 계획 범위가 2년을 벗어나는 경우가 있다. 혁신적 기술혁신을 위한 더 큰 기회가 있는 곳에 초점을 맞추고, 더 예측 가능한 영역들이 적시에 그들에게 도움이 되는 것을 채택하도록 허용하는 것이 더 낫다.

## 5 과정 끼워 넣기

인적 자원 및 재무와 같은 핵심 프로세스에 이를 제도화하는 것을 포함하여 애자일 작업 방식을 포함시키는 다양한 방법이 있다. 이러한 것들은 8장에서 보았듯이 중요하며, 조직에서 보다 애자일하고 유연한 사고방식을 강화하는 데 배당금을 지불할 것이다. 마찬가지로 중요한 것은 그들의 열정과 경험을 통해 그것을 지탱하는 운동인 애자일 신자들로 이루어진 공동체를 만드는 것이다.

**사용자 프로세스**

먼저 애자일 인력 프로세스를 구축하여 애자일 작업을 지원하는 방법에 대해 알아보자. 우리는 기술이 끊임없이 증가하는 비율로 변화를 추진하고 있다는 사실을 알고 있다. 우리는 또한 사람들이 회사보다는 대의명분을 위해 일하고, 역사적으로 만연한 시각보다 그들의 고용주에 대해 더 객관적인 시각을 가지고 있다는 것을 안다. 4장에서 알 수 있듯이, 우리는 다섯 세대가 존재하고, 은퇴 관행을 바꾸고, 24시간 일해야 하는 전 세계적인 노동력을 만족시킬 수 있는 필요성이 증가하고 있는 노동 인구통계 변화를 겪고 있다. 애자일 미래 포럼Agile Future Forum의 연구 결과, 애자일 업무 방식을 도입하여 애자일 업무 수행을 지원할 수 있는 네 가지 영역이 확인되었다.

1. 고용된 사람은 누구인가? 예를 들어 고정 기간 계약, 노동력 풀 공유 및 프리랜서 고용을 고려해야 한다.
2. 그들은 언제 일하는가? 여러분은 더 많은 자발적인 시간 단축, 초과 근무, 교대 근무, 시간제 근무 및 일자리 공유를 사용할 수 있는가?
3. 그들은 어디에서 일하고 있는가? 여러분은 여러 사이트에서 더 많은 가정 근무, 모바일 근무 및 업무 수행으로 혜택을 받겠는가?
4. 그들은 무엇을 하는가? 여러분은 더 많은 기술, 직무 순환, 기술 기반 업무 할당 및 신속한 재교육을 할 수 있는가?

이러한 예들을 읽으면서, 나는 이들 중 일부가 다른 사람들보다 애자일 작업 관행에 얼마나 잘 맞을지에 대해 여러분은 감탄할 것이라고 예상한다. 애자일 작업의 중심에는 일반적으로 근접하게 작업하는 다능한 팀이 있으며, 확립된 팀 기준을 가지고 있다. 다중 기술, 기술 기반 업무 할당 및 신속한 재훈련은 모두 이 방식에 잘 맞을 수 있는 반면, 일부는 팀 구성을 방해하고 팀에 불연속성을 일으킬 수 있다(예들 들면, 가정 근무 및 모바일 근무).

독자적으로 생각할 의향이 있는 직원을 고용하고 애자일 팀을 통해 다양한 업무를 수행하는 것과 같은 애자일 업무를 지원하기 위한 옵션 목록에 추가하기를 권장한다. 나는 여러분의 HR 동료들이 '창조성, 협업, 호기심'을 위해 고용을 시작하도록 격려할 것을 추천한다. 번성하기 위해서는 도전하고 개선을 추구하기 위해서는 불편한 질문을 하는 사람들이 필요하다. 따라서 '비적합한 사람, 즉 일반적인 관행을 따르지 않는 후보'를 찾아라. 이들은 기업가 정신을 지닌 제너럴리스트다.'

요점은 우리가 이 책에서 사용해온 애자일 감각 측면에서 모든 융통성이 반드시 친애자일한 것이라고는 생각하지 않도록 주의해야 한다는 것이다. 그러나 노동의 유동성을 높이고 팀 중심의 문화를 조성하면 실제로 애자일 작업 수행을 촉진할 것이다.

## 재무 프로세스

마찬가지로, 재무 기능을 살펴보면, 투자 또는 자본에 대한 통제와 수익률에 대한 전통적인 접근 방식은 애자일 작업법을 구축하는 데 도움이 되지 않을 것이다. 가치 예측 결과의 가정은 진화하는 반복적이고 실험적인 세계에서 쉽지 않은 일이다. 이 세계는 가치가 점진적으로 추가되고 고객의 니즈와 욕구가 변화하는 여러분 자신의 시장 내부와 외부에서 고객 경험을 통해 진화한다. 필요한 것은 각 프로젝트가 진행될수록 가치를 보다 유연하게 볼 수 있는 자금 조달 주기를 단축하는 것이다. 자금 승인을 받는 원칙은 여전히 유효하지만, 강조하는 부분이 다르다.

[하버드 비즈니스 리뷰Harvard Business Review] 기사에서, 고텔프Gothelf는 더욱 기업가적인 사업 방식과 함께 흥미로운 비교를 이끌어낸다. 그는 스타트업 세계에서 방향을 잡고 재무팀이 마치 '기업 내 창업 – 사업문제 해결의 임무를 맡은 그룹'인 것처럼 비즈니스 팀과 협력할 것을 권고한다. 각 사업문제는 팀의 성공을 정의하는, 측정 가능한 목표가 있어야 한다. 그런 다음 각 자금 조달 기간이 끝날 때마다 각 팀은 재원 마련을 위해 회계과에 사례를 제출해야 한다. 재무팀은 발견에 있어 파트너가 되는데, 이는 그들이 프로젝트의 목표를 이해하고 협력적으로 일할 것을 요구하는 동시에 조직과 주주들을 자금 관리자로서 돌봐야 하는 의무를 지속하게 한다.

반복적인 디자인과 개발 방식에 내포된 것은 전통적인 '워터폴' 방법론이 제거하는 것처럼 보이는 관리 불확실성의 수준이다. 2년 또는 심지어 5년 동안 명확한 결과물을 가진 복잡한 프로젝트 계획은 워터폴 방식에서 흔하며, 투자 수익률이 분명한 확실성을 가지고 있어서 투자자들에게는 매우 매력적이다. 애자일 작업은 이러한 확실성이 결여되어 있으므로, 투자 비즈니스 사례에 대해 재무팀을 설득할 때 문제가 발생한다. 따라서 우리는 이러한 변화를 이해하고 동일한 반복적 기준으로 프로젝트에 자금을 제공할 수 있는 재정 기능이 필요하다. 따라서 재무 동료들과 함께 일하는 것은 애자일 작업을 수행하는 데 핵심이다. 즉, 예측이 불분명한 재무 프로필을 지원하기 위해 자신의 업무 방식을 조정하려면 회사의 주식을 사들여야 한다.

**애자일 공간**

올바른 물리적 작업 환경을 확보하는 것은 보다 애자일 작업 방식을 달성하는 데 중요한 영향을 미칠 수 있다. 스탠다드차타드Standard Chartered 은행과 영국의 크라운 에스테이트Crown Estate와 같은 다양한 조직들은 협업, 열린 커뮤니케이션, 집중적인 활동 및 아이디어 공유를 장려하기 위해 고안된 새로운 작업 환경에 투자했다.

크라운 에스테이트는 리젠트 스트리트Regent Street 전체와 런던 웨스트 엔드에 있는 세인트 제임스St James의 상당 부분을 포함한 120억 파운드가 넘는 포트폴리오를 가진 영국에서 가장 큰 부동산 관리 조직 중 하나다. 즉, 200해리까지 해저에 대한 책임이며, 따라서 영국의 해안 풍력 에너지 부문을 설립하는 데 중요한 역할을 한다. 영국 해면(해변·강가에서 물가와 개발지나 경작지 사이의 땅: 역주)의 절반 이상과 윈저 그레이트 파크Windsor Great Park다. 그들은 또한 주요한 시골의 땅 주인이다. 국가의 이익을 위해 영국 재무부로 반환된 이 자산으로부터 나온 수익은 지난 10년 동안 26억 파운드가 넘었다.

    최고운영책임자(COO)인 주디스 에버렛Judith Everett에 따르면, 더욱 애자일해지면 협업과 생산성을 높이고 '의식적인 상업주의를 통한 훌륭한 장소'라는 크라운 에스테이트의 목적을 런던 세인트 제임스 마켓에 있는 자신의 사무실 환경에 생기를 불어넣기 위해 브랜드와 전문지식을 선보이게 되었다. 조직은 핵심 목적에 충실하면서도 점점 더 기업가적으로 되어 가고 있다. 이 새로운 공간은 모든 직원이 한 층에서 일하고 있으며 (원저는 예외, 그는 다른 사무실에 있음), 디지털 방식으로 그들이 하고 있는 활동에 적합한 옵션을 제공하도록 설계되었다. 직원의 건강과 복지는 책상 가까이에 비치는 자연광, 카페에 구비된 건강한 영양식품, 공간 주변을 걷는 것을 장려하는 디자인에 잘 반영되었다. 가장 큰 변화는 '활동 기반 작업'이다. 그 충격은 인상적이었다. 주디스Judith는 이것을 다음과 같이 설명한다.

> 사람들이 고정된 책상에 앉아 있든, 부스에서 일하든, 조용한 방에서 일하든, 아니면 도서관에서 일하든, 애자일 방식으로 운영하면 협력과 생산성을 높이는 데 도움이 될 것이다. 그것은 공간을 활기차게 한다. 사람들은 매일 앉는 곳이 다양하다. 그들이 집중하고 있는 일에 맞춰 낮 동안 그때그때 다른 지점에 앉는다. 처음에는 그런 식의 애자일에 약간 저항감이 있었지만, 사람들은 이제 그런 정도의 유연성을 정말 좋아한다고 말한다. 그들은 하루 종일 건물의 다른 지역에서 다른 사람들 옆에 앉는 것이 자극적이라고 생각하며, 그들이 일하는 곳에 대한 선택의 폭이 훨씬 더 많

다는 사실을 정말 반기고 있다.

　이것은 여러분이 추구하는 문화 및 작업 방식에 따라 물리적 환경을 조성하는 좋은 예로서, 이 경우에는, 점점 증가하는 애자일과 연결 비즈니스를 위한 애자일 공간인 셈이다. 여기 환경은 사람들이 한 가지 일에 집중하도록 지원하며 효과적으로 협업하고 이해당사자들을 위한 훌륭한 결과를 보장한다.

**애자일 커뮤니티 구축**

마지막으로, 나는 기업의 핵심 프로세스에 애자일 작업 포함시키는 가장 좋은 방법은 기업 전반에 만연한 우세한 방식에 따라 변화가 이루어지는 강력한 커뮤니티를 만드는 것이라고 생각한다. 하비크래프트 Hobbycraft의 경우에서, 여러분은 어떻게 이것이 내부적으로 그리고 고객들과 함께 진화해왔는지를 볼 수 있다.

## 사례 연구

### 하비크래프트 Hobbycraft에 커뮤니티 만들기

카트리오나 마셜(Catriona Marshall)이 2017년에 하비크래프트의 CEO가 되었을 때, 그녀는 영국 소매 컨소시엄British Retail Consortium에서 '미래는 공예 커뮤니티를 만드는 것이다. 우리는 제품을 판매하지 않고 아이디어를 판매한다.'라고 말했다.

커뮤니티를 만든 것은 정확히 하비크래프트가 한 일이다. 그것은 공예를 주류로 끌어들였고, 동료들과 고객들을 여정에 함께하도록 만들었다. 하비크래프트 클럽은 250만 명의 회원을 보유하고 있는데, 6주 전에 소규모로 출범했다는 점에서 특히 주목할 만한 것으로 이것은 획기적인 혁신의 흥미로운 예다.

'여러분은 실제적이고 빠른 변화를 주고 싶은 분야에서 민첩성의 집단인 애자일 팀을 만들 수 있다. 그런 다음 여러분은 그러한 집단에서 배울 수 있고 나머지 사업에 영향을 미칠 수 있다. 내 생각에 가장 좋은 예는 모두 순수한 기업가들이다. 우리가 애자일하려고 노력하거나 애자일하게 대처해 온 곳은 비즈니스를 위한 작은 부분집합을 만드는 경향이 있다. 우리는 목표를 갖고 있으며 이렇게 말한다, "가서 해, 그냥 가서 해."

'우리는 로열티 카드를 도입하기를 원했고, 가격이 2-3백만 파운드가 들 것이라는 조언을 받았다.'라고 카트리오나Catriona가 말한다. '우리는 그런 돈이 없었다. 그래서 우리는 우리 스스로 어떻게 할 수 있는지 탐구했다. 우리는 규칙은 없다고 결정했다. 현재 모든 하비크래프트 판매의 절반은 클럽 카드를 통해 이루어지고 있다.' 그것은 간단한 카드로 시작되었고, 회사는 고객 피드백에 따라 그것을 사용할 수 있는 방법을 점차적으로 늘렸다.

하비크래프트의 80개 매장은 공예 과정, 어린이 활동, 생일 파티, 테이스터 워크샵 등을 주최한다. 개인적인 접촉 또한 중요하다. 고객을 직접 대하는 분야의 동료들은 소중한 고객들을 특별한 행사에 초대할 수 있고 더 나은 관계를 만들기 위해 '친절한 행위 랜덤으로 하기'를 제공하기까지 한다.

각 가게마다 하비크래프트의 거대하고 활발한 온라인 커뮤니티의 일부인 고유의 트위터 계정이 있다. 고객들과 동료들은 모두 하비크래프트Hobbycraft 웹사이트와 유튜브YouTube나 페이스북Facebook과 같은 소셜 미디어 플랫폼에 업로드 되는 그들 자신만의 비디오를 만든다. 카트리오나Catriona는 단순함을 유지하는 것을 크게 옹호한다. 시스템은 동료들이 관리 업무와 연계되지 않고 고객에게 집중할 수 있도록 하기 위한 것이다. '조직이 저지르는 가장 큰 실수는 계속 복잡성을 가중시키는 것뿐이라고 생각한다. 나는 유연성이 뛰어나고 필요

할 때 진화할 수 있는 매우 가벼운 인프라를 갖추고 있다고 믿는다.'

### 동료들과 연결하기

하비크래프트는 고객들과의 연결뿐만 아니라, 온라인과 얼굴을 직접 보는 커뮤니케이션을 통해 끊임없이 동료들을 참여시킨다. 아이디어가 장려된다. 일부 동료가 새로운 소개 자료가 필요하다고 제안하면, 협력적으로 논의해서 혁신적이면서도 저렴한 해결책으로 귀결되었다. 각 점포는 현지 지식이 신속하고 경제적으로 전달되도록 2분 분량의 비디오를 새로 제작했다. 또한 '하비크래프트에 입사할 때 알아야 할 모든 것'의 로드맵이 만들어졌기 때문에 보다 폭넓은 기업 인지도가 간단하고 일관성 있게 전달되었다.

'리더들은 상황을 꿰뚫어 보기 위해 사람들을 신뢰해야 한다'고 카트리오나는 말한다. '목표에 동의하고, 여러분이 중요하다고 생각하는 모든 변수를 합의하고, 그리고 지원을 제공하는 것 사이에서 균형을 맞춰야 한다. 그것은 밀고 당기는 시나리오다.'

### 애자일 방식으로 아이디어 테스트하기

하비크래프트는 또한 매우 애자일한 방법으로 아이디어를 시험한다. '우리는 특정 취미에 대한 커뮤니티와 제품을 만드는 것을 보고 싶었다. 그래서 주요 프로젝트를 시작하는 것보다는, 다섯 명으로 구성된 소규모 팀을 구성해 니트크래프트Knitcraft라는 새로운 브랜드 아래 뜨개질을 탐구했다. 그들은 주변에 하비크래프트라는 기반시설이 있었지만, 그들은 매우 애자일하고 걸음이 빨랐다. 니트크래프트Knitcraft는 수직적 카테고리로 진행되었고 우리는 새로운 카테고리를 만들면서 그것에서 아이디어와 학습을 얻었다.'

카트리오나는 새로운 프로젝트에 많은 예산을 할당하지 않는 것이 민첩성을 높이는 데 도움이 된다고 믿고 있다. '그것은 대체로 움직이면서 규칙서를 내다 버리는 것을 의미한다. 여러분은 구체적인 목표가 필요하지만, 거기에 도달할 수 있는 방법은 정의되지 않을 수 있다. 이것이 보통 목표를 향한 행동을 하는 가장 경제적이고 가장 빠른 방법이다. 사람들에게 다르게 생각할 자유, 다르게 행동하고 다르게 처신할 수 있는 자유를 준다.' 커뮤니티의 공동체 의식은 현재 고객들과 마찬가지로 기업 내부에서도 강하며, 그것이 그녀에게 자체적으로 미래까지 잘 유지되리라는 자신감을 준다.

## 요약

소위 디지털 원주민이라 불리는 많은 젊은 조직들은 여러 면에서 자연스럽게 애자일하다. 그들은 사업을 하려면 반드시 선택해야 하는 것이

디지털인 세상에서 성장했기 때문이다. 많은 사람들은 적어도 그들 조직의 일부에서 이미 이 책에 있는 특성들 중 일부 또는 전부를 가지고 작동한다. 앞서 인터넷을 접한 사람들에게는 애자일 기업 설립이 오히려 더 어렵다. 이는 생산과 유통 및 서비스의 예측 가능한 패턴에서 벗어나 직관에 반대되는 곳에서, 대부분의 경우 잘 확립된 사고방식과 작업 방식의 변화를 의미한다.

이 장에서는 이러한 전환을 실현하고 이를 지속하여 애자일의 이점이 운영 방식에 스며들 수 있도록 하는 몇 가지 핵심 방법을 제시했다. 전환에 대한 여러분의 비전을 모든 사람이 이해할 수 있는 용어로 표현하고, 이 변화를 만드는 데 모든 사람이 기회를 가질 수 있도록 하는 것에서 시작하라. 통제에서 선동으로, 계층 구조에서 자율 경영 팀으로, 위험 회피에서 실험으로 리더를 뒤집어라. 소매, 유통, 금융 및 HR 팀이 새로운 업무 방식과 연계되어 이를 실행에 옮길 수 있도록 조직 전체에 역량 근육을 구축하라. 애자일 팀이 만들어내는 작은 불은 가장 필요한 곳에서 획기적인 혁신을 창출하고, 그 곳에서부터 발전하여, 증가된 관심 수준과 새로운 움직임에 참여하고자 하는 열망을 일으킨다. 애자일을 핵심 프로세스에 포함시켜 애자일 작업을 억제하기보다는 제대로 지원하라.

# 10 애자일과 디지털 사회

## 도입

이 마지막 장은 애자일 리더십이 현재 존재하는 조직의 본성에 도전하는 기술적, 정치적 변화의 영향과 함께 우리가 살고 있는 더 넓은 사회와 어떤 관련이 있는지를 반영한다. 우리는 점점 더 연결되어 있지만 혼란스러운 세계에 살고 있다. 전 세계의 다양한 상황에 적응하면서도 일관된 전략과 문화를 유지할 수 있는 더 많은 네트워크 조직에 대한 요구가 증가하고 있다. 애자일 리더는 이 도전을 받아들인다. 그리고 애자일 리더십의 역설이 오늘날 세계에서 일어나고 있는 정치적, 사회적 변화를 이해하는 데 어떻게 도움을 줄 수 있는지에 대한 견해로 끝을 이 장을 맺는다.

> ### 🖊 자신에게 하는 질문
>
> 이 장에서는 리더로서 자신을 위한 주요 통찰력을 추출하기 위해 다음과 같은 질문을 검토하는 것이 도움이 될 수 있다.
>
> - 나는 사회에 대해 개방적인 관점이나 폐쇄적인 관점을 수용해야 하는가?
> - 나의 조직이 보다 효과적인 네트워크를 구축할 수 있는 곳은 어디인가?
> - 우리 사회에서 내가 애자일 리더십을 제공할 수 있는 곳은 또 어디 있는가?

## 변화의 가속화

2012년 EY의 조사에 따르면 대부분의 글로벌 기업들은 고객과 주요 이해관계자의 기술의 발전 활용에 대응하고 적응해야 할 필요성을 이해했지만, 대다수는 이러한 변화를 다루기 위해 가진 시간이 얼마나 적은지 깨닫지 못한 것으로 나타났다. 결국 인터넷이 일상생활의 일부가 되는 데 10년이 걸렸다. EY는 기술 변화의 속도가 빠르게 증가하고 있으며 모든 것이 디지털화되고 있는 세상에서 기업들은 경쟁자들보다 먼저 자신의 산업을 건설적으로 파괴해 혁신을 추구해야 할 것이라고 지적했다. '흘려보낼 시간이 없다'고 연구원들은 예측했다.

2017년으로 5년 앞당겨 디지털 세계에서 선도해야 할 과제가 조직 내 최우선 과제로 떠올랐다. 딜로이트Deloitte의 버신Bersin 자료에 따르면 90퍼센트의 조직이 자신의 핵심 사업이 새로운 디지털 경쟁사에 의해 위협받고 있다고 믿는 반면 70퍼센트는 자신들이 적절한 리더십과 기술 또는 운영 모델을 갖추고 있지 않다고 생각한다는 사실을 발견했다. 가트너Gartner의 조사에 따르면 전 세계 CEO의 42퍼센트가 디지털 비즈니스 혁신을 시작했다.

디지털 변화의 결과는 우리에게 애자일 작업 방식을 지향하도록 재촉한다. 조직은 더 이상 고객 관계를 통제하지 못하고, 기술 가능성을 가속화함으로써 파괴적인 경쟁이 활성화되며, 이는 공급망 전환과 상품화의 위험 증가를 초래한다. 이러한 전 세계의 변화에 더해, 서구에서 동쪽으로 경제력의 이동, 대중에 영합하는 포퓰리스트들의 정치적 리더십, 종교적 동기에서 비롯된 충돌이 불가피해 보이는 전 세계의 정치적으로 불안정한 지역들, 그리고 우리는 VUCA가 나타내듯이 세상은 점점 더 변덕스러울 뿐이라는 불안정과 예측 불가능성의 수준을 본다.

많은 조언자들은 디지털 관점에서 이러한 변화에 대한 대응을 시작한다. 그들은 구형 컴퓨터 시스템과 프로세스에 묻혀 있는 것처럼 보이는 오래 된 조직의 문제를 해결할 디지털 전환에서 기업 전반에서 기술사용을 늘릴 것을 권고한다. 나는 이것이 잘못된 출발점이라고 믿는다. 그렇다, 디지털 전환은 새로운 디지털 시장에 새로 진입한 기업들에 대처하기 위해 고군분투하고 있는 많은 조직들이 필요로 하는 것이며, 기술은 우리 주변의 변화를 계속 추진할 것이다. 예를 들어, 많은 소매업체들은 여전히 경쟁적인 고객 경험을 제공하기 위한 부적절한 온라인 리소스로 디지털 경쟁사들을 따라잡기 위해 노력하고 있다. 그러나 기술로 시작하는 것은 애자일 경쟁을 리드하지 못할 것이다. 사람들로 시작한다면 가능하다.

이 책 전반에서 보았듯이, 애자일 혁신과 개선을 실현하기 위한 열쇠는 근본적으로 애자일 선언Agile Manifesto에 나오는 '프로세스와 툴을 넘어서는 사람'에 관한 것이다. 사람들이 믿는 것이 중요하고, 그들이 어떻게 상호작용하며, 그들이 어디에 집중하고 얼마나 배움에 열려 있느냐 하는 것이 궁극적으로 성공과 실패를 만들어 낼 것이다. 디지털 전환은 이것을 얻는 리더들에 의해 주도된다면 효과가 있을 수 있다. 우리는 이 책의 사례 연구에서 성공한 사람들이 어떻게 문화, 팀워크, 그리고 애자일 작업법을 가장 강조하는지 반복적으로 보아왔다. 이는 결국 기술과 새로운 목표 운영 모델에 대한 투자를 더욱 성공적으로 만들 가능성이 높다.

## 네트워크 조직

계속 늘어나는 연결성과 여전히 증가하는 양극화 수준, 건설되고 있는

벽, 그리고 보호무역이 증가하는 세상에서, 우리는 선택에 직면한다. 우리는 앞으로 가는가, 뒤로 가는가? 열린 세상을 수용하는가, 아니면 닫힌 세계를 수용하는가? 나는 애자일 리더들이 분명하고, 그들 조직의 미시적, 거시적 경제 관점 둘 다에서 좀 더 개방적이고 협력적인 세상으로 나아가기로 결심했다고 생각한다.

소셜 미디어는 조직의 통제 밖에 있는 소비자 네트워크를 만들었다. 사물 인터넷은 어떤 특정 기업의 손아귀에서 네트워크 통제를 가져갈 정도로 글로벌 장치 연결성을 대단하게 만들고 있다. 인공 지능과 기계 학습은 기계 스스로 자신을 통제할 수 있는 학습 시스템을 만들어 내고, 따라서 인간의 개입에 대해 자신할 수 없게 되었다. 크라우드 소싱Crowd sourcing은 서비스를 구매하고 사업자금을 확보하는 방법을 바꾸어 놓았다. 블록체인은 거래 내용을 투명하게 공개하고 신뢰가 생명인 글로벌 산업을 교란시킬 것이고, 이 과정에서 은행과 같은 중개업자들이 사라질 잠재성이 있다. 이런 맥락에서, 학습 조직을 만들어야 할 필요성이 그 어느 때보다 명백해졌다. 애자일 작업은 이제 잘 확립되어 있고, 린 제조 방식과 지속적인 개선의 성공적인 이력에 기반을 둔 곳으로 향하는 길이다.

그러나 이를 실현하기 위한 과제의 일부는, 통신이나 앱 개발자들이 스마트폰 공급을 촉진하는 시장, 핀테크 스타트업들이 은행들을 위한 새로운 서비스 분야를 창출하는 금융과 은행 등 빠르게 발전하는 시장에서 성공하기 위해, 조직들이 다른 조직들과 협력해야 한다는 것이다. 응용프로그램 인터페이스Application Programming Interface(API)는 상호 이익을 위해 통신하고 협력하기 위해 정의된 프로토콜과 툴을 통해 작동하는 네트워크 조직의 상징이다.

예를 들어 자동차 산업과 자동차 임대 및 자동차 금융과 같은, 관련 시장에 자율주행 차량이 향후 10년 동안 가져올 변화는 거의 지진에 가까울 것이며, 조직들은 전체 상용 모델을 재고해야 한다. 교통의 서비스화(TaaS)의 속도가 빨라지는 것을 볼 때, 소비자들이 앱과 자동차 소유권을 통해 자율 교통을 예약하면서 대중교통과 민간 교통 시스템의 파급 효과가 상당할 것이다. 사람과 물건의 이동은 필요에 따라 공공시설과 민간 시설을 모두 사용하는 지능 시스템에 의해 관리되는 매끄러운 과정이 될 것이며, 이는 소비자들에게 선호도와 사용자 이력을 바탕으로 최고의 경험을 제공할 것이다. 지불은 통합된 상업 모델을 통해 관리될 것이다. 어떤 여정에서든 관련된 다양한 조직들이 승자와 패자를 결정하게 될 것이다. 즉 최고의 네트워크 통합업체들은 앞서 나갈 것이고, 모래에 고개를 처박고 있던 조직들은 실패할 것이다.

여러분은 이 책에서 얻은 많은 애자일 교훈을 네트워크의 조직들 간의 파트너십 인터페이스에 적용할 수 있다. 예를 들어 진행이 모든 참가자의 요구를 충족하는지 여부를 시험하기 위해 정기적으로 자주 모임을 갖는 짧은 활동 주기는 파트너 관계에서 우선순위 결과물에 근접하는 데 도움이 된다. 모든 파트너로부터 전문지식을 가져오는 혼합 팀은 관련자들이 자유롭게 투명하고 지식을 공유하고 문제를 함께 해결할 수 있다면 발전을 크게 가속화할 수 있다. 마지막 스프린트를 검토하여 다음 스프린트에서 더 빠르게 작업하는 방법을 찾기 위한 회고 미팅은 모든 당사자들에게 향상된 이익을 가져다 줄 것이다. 조직들 사이에서 성공하기 위한 이러한 작업 방식들은 리더들이 협력을 염두에 두고 기본 규칙을 제정할 필요가 있다. 그래서 그 팀에서 일하는 사람들은 상업적으로 순진무구하게 보이는 방식으로 일하도록 고용주로부터 권한을 위임받게 된다.

 이러한 생태계의 대부분은 현재 상업적인 실용주의에 바탕을 두고 있다. 애플사는 애플에 맞지 않는 한 협력을 배제하는 폐쇄적인 운영 환경으로 유명하다. 미래에 새로운 세대의 소비자들이 삶에서 더 큰 의미를 찾고 제품 공급자들이 단순한 상업적 이기심보다는 더 높은 윤리 규범을 갖고 일하기를 기대하기 때문에, 이러한 실용적인 접근만으로는 불충분해질 것이다. 이에 따라 조직은 명확한 목적의식을 가질 필요가 있으며, 이를 통해 수익을 창출하는 것 외에 존재 이유에 대한 명확한 설명이 필요하게 되었다(1장의 '연결 리더들' 참조). 이는 다양한 파트너로 구성된 네트워크 조직에도 적용되며, 경쟁사보다 고객에게 더 큰 가치를 제공할 수 있는 합의된 프로토콜의 API 세계에서 운영된다. 이러한 시스템은 소비자들이 그들을 신뢰하는 이유와 그들이 상징하는 것을 명확히 해줄 필요가 있다. 이는 스마트폰 제조사가 장치를 유용하게 만들기 위해 소프트웨어 응용 프로그램을 필요로 하거나 은행이 핀테크 경쟁사에 대응하기 위해 소프트웨어를 필요로 하는, 편리한 순간을 넘어 그들을 지속할 수 있게 해줄 것이다.

## 애자일 리더십의 사회적 역설

1장에서 보았듯이, 디지털화의 영향은 삶의 모든 분야에서 계속 가속화되고 있으며 따라서 우리는 리더십의 역설이 필요하다. 위대한 리더들은 사람들과 고객들 그리고 국가를 연결하고, 또한 자동차 소유의 개념이나 전 세계 패션 의류 시장의 출시 시간 그리고 도시의 택시 규제와 같은, 현상에 도전하고 사고를 파괴하며 잘 확립된 규범을 깨트리고 있다.

디지털 세계에서 애자일 리더가 되기 위해서는 우리를 선동하고 파괴해야 하며, 연합된 사회를 만들고 동시에 그것이 가장 근본적인 수준에서 어떻게 운영되는지 도전해야 한다. 우리는 연결의 필요성과 방해의 필요성인 애자일 리더십 역설의 양 측면을 받아들여야 한다. 통합을 만들고 이를 뒷받침하는 추정에 의문을 품어야 한다.

서구 여러 지역에서 우익의 급증과 정치적 리더들의 항의는 우리 사회가 어떻게 변화하고 있으며 애자일 작업의 원칙과 상반되는 방식으로 변화하고 있는지를 보여주는 한 가지 예다. 원래의 애자일 선언의 네 가지 애자일 가치는 오늘날의 상황을 떠올리게 한다. '프로세스와 툴을 뛰어넘는 사람, 문서화를 뛰어넘는 프로토타입, 계획에 따르는 것을 넘어서 변화에 대응하는 사람, 경직된 계약을 뛰어넘는 고객과의 협업'이다. 강조되는 것은 사람, 배우기 위한 실험, 적응, 협동이다. 이것들은 외국인 혐오와 벽이란 단어와는 거리가 멀다. 그것들은 교량 건설, 파트너십 그리고 타인에 대한 개방성과 가까운 말이다.

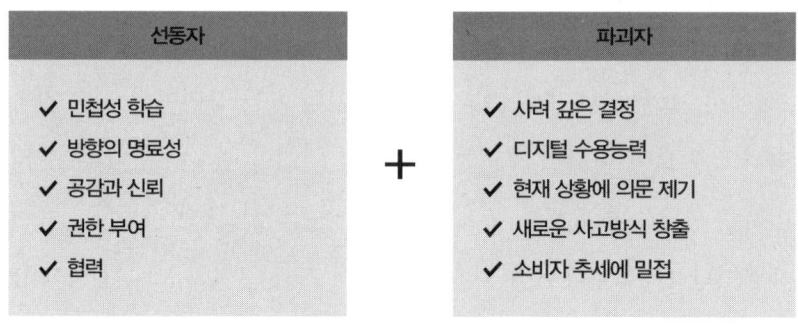

그림 10.1 애자일 리더십의 역설

그래서 내가 애자일 리더십에 있는 역설의 한 측면으로 파괴를 설명할 때는, 이것이 혁신을 위한 파괴, 개선을 위한 파괴, 재발명을 위한 파괴를 의미한다. 사람들이 고객과 사회를 위한 결과를 가속화하기 위해 연결하고 배우고 함께 일할 수 있도록 하는 필요성과 균형을 이루고 있다. 애자일 작업은 본질적으로 자아에 관한 것이 아니라, 차이점을 가치 있게 여기고 도전과 통찰력의 원천으로서 토론을 하는 곳에서 한 팀으로 일하는 것에 관한 얘기다. 이는 사람들 사이의 신뢰를 필요로 하고, 다른 사람들이 일을 진행하도록 힘을 실어주기 위해 리더들의 신뢰를 필요로 한다. 건강한 사회를 위한 모델로서 그것은 많은 장점을 가지고 있다.

특히 북미와 유럽에서 급증하는 대중 시위 정치에서 보는 파괴 유형은 동등한 기회의 문이 열려 있는 애자일하고 연결된 사회에는 도움이 되지 않는다. 오히려 그러한 파괴는 두려움과 편견과 부당함에 의해 추진된 것이다. 우리는 소수에 편향된 자본주의 체제로 인한 근본적인 좌절감을 지속할 수 없다는 것과, 이러한 불균형을 조정하거나 위험을 감수하고라도 조정할 필요가 있다는 사실을 인식해야 한다.

애자일 작업의 원칙은 더 넓은 용도에도 적합하다. 서로에 대한 존중이 어떻게 할당되는지에 대한 추정을 재구성할 필요가 있고, 사람들이 집단적인 부와 행복에 완전히 기여하도록 하는 더욱 평등한 접근법이 필요하다. 우리가 하나의 사회로서 더 많은 사람들이 기여하도록 할 수 있다면 우리는 더 많은 경제적 이득을 공유할 수 있다. 이는 또한 적어도 서구 사회 전반에 걸친 사람들의 좌절과 부정의 감정을 되돌리는 데 도움이 될 것이다. 최근의 선거는 이 압력이 폭발할 것 같은 지경에 이르렀음을 시사한다. 애자일 사고방식과 작업 방식은 소수가 차지했던 권력과 자원보다 신뢰와 헌신이 앞서는, 보다 평등한 사회로의 전환에 기여할 수 있는 접근방식을 제공한다.

나는 ED&F Man의 사례 연구와 변덕스럽고 불확실하고 복잡하고 애매한 세상에서 매우 전통적인 글로벌 일용품 회사가 직면한 도전으로 이야기를 마칠 것이다. 세계화, 기후변화, 경제적 혼란, 정치적 격변, 식습관 변화와 같은 요인들은 사업이 좀 더 애자일한 작업 방식과 공유된 소유모델을 개발함에 따라 조직 및 문화적인 변화로 이어졌다.

 **사례 연구**

## 변화하는 사회에서의 민첩성: ED&F Man

ED&F Man은 세계 농산물 시장을 지배하는 소수의 조직들 중 하나이다. 오랜 역사를 자랑하는 이 사업은 경제적, 환경적, 사회적 변화의 속도 때문에 변화해 왔다.

1783년에 설립된 ED&F Man은 전세계 60개국에서 7,000명의 사람들을 고용한다. 그것은 2000년 경영자 매수 이후 많은 변화를 겪었고 지금은 주로 직원 소유를 하고 있다. 그것은 설탕, 커피, 당밀, 곡물, 두류, 동물 사료를 거래하고 중개업을 통해 상품 및 자본시장에 접근할 수 있도록 한다.

### 뷰카(VUCA) 환경에서 운영

경쟁이 치열한 시장 분야에서 변화하는 시장 상황과 고객 수요에 지속적으로 적응하기 때문에 민첩성은 ED&F Man에게 중요하다. ED&F Man은 변동성, 불확실성, 복잡성, 모호성의 뷰카(VUCA) 세상에서 운영된다. 이 네 가지 요소는 각각 조직에 커다란 영향을 미친다. 예를 들어, 농산물의 수확과 산출량은 기후의 외부(그리고 점점 예측할 수 없는) 요인에 의해 크게 영향을 받는다.

아드리안 오스본Adrian Osbourn은 ED&F Man의 학습 및 개발 책임자다. '우리는 항상 속도에 대한 필요성과 규정을 준수할 필요성 그리고 의사 결정이 이해관계자들에게 미치는 영향에 대해 생각할 필요성의 균형을 맞출 필요가 있다. 오늘날 우리에게 영향을 미치거나 미래에 영향을 미칠 수 있는 정치적, 경제적, 사회적, 기술적, 입법적, 환경적 요인은 무엇인가?' 정말 뷰카(VUCA) 세상이다.

정치 경제적 격변은 또한 전 세계적으로 사업이 어떻게 운영되는지에도 영향을 끼쳤다. 디지털화는 효율 면에서 기업에 막대한 이익을 가져다주었다. 그것은 또한 사이버 공격이 매일 시도되고(또 좌절되고) 있다는 것을 의미했다. 이 사업은 또한 테러와 해적질이 실제로 큰 위협이 되는 많은 나라에서 운영된다. 회사는 끊임없는 감시를 늦추지 않고 있다.

### 위기와 기회의 균형 조정

또한 ED&F Man은 고도로 규제된 환경에서 존재하며, 수십억 달러의 거래를 할 때 발생하는 이해당사자들에 대한 책임을 알고 있다. 최근 몇 년 동안, ED&F Man은 많은 자원을 투입하기 전에 새로운 아이디어를 시험하면서 더 애자일한 방식으로 기회를 포착했다. 예를 들어, 이 회사의 증권업계의 일부 동료들은 무역 에너지 파생상품으로 다각화할 기회를 포착했다. 에너지는 결코 핵심 초점이었던

적이 없지만, 작은 팀이 모여서 시장 기회를 탐구하고 그것을 시험해 보았다. 성공적이었다. 그래서 더 많은 자원이 관련 석유, 가스, 석탄 배출 제품에 투자되었다.

설탕은 ED&F의 가장 큰 사업부 중 하나이다. 설탕은 기후 변화에 매우 취약한 작물이고, 만약 상황이 좋지 않다면 전체 작물이 실패할 수도 있다. 최근 몇 년 동안, 선진국의 많은 정부들은 비만을 억제하고 건강한 식사를 장려하기 위한 노력의 일환으로 설탕에 대한 세금을 증가시키고 엄격한 식품 제조와 광고 지침을 도입했다. 비록 개발도상국의 수요 때문에 설탕에 대한 전반적인 수요는 여전히 증가하고 있지만, 장기적으로는 감소할 것 같다. 결과적으로, ED&F Man은 설탕 시장에서의 그들의 사업을 보고 차이를 확인했다. 그들이 취하고 있는 한 가지 조치는 스테비아 기반의 대체 감미료에 투자하는 것인데, 이것은 전통 시장의 하락을 상쇄하기 위한 재창조 사례다. 농업지형이 변화하고 있고, 조직은 수익성 있는 무역 흐름을 유지하고 성장 시장에서의 역할을 확보하기 위해 적응하고 진화할 필요가 있다는 사실을 인식하고 있다. 여기에는 민첩성, 창의성, 혁신 및 기업가 정신이 필요하다.

거시 경제 및 인구통계학적 요인을 폭넓게 고려해 볼 때, 지구촌 인구가 계속 증가하고 있으며 이를 먹여 살릴 단백질이 부족할 가능성이 분명히 있다. ED&F는 앞으로 두류가 상당한 성장을 보일 것으로 예상하고 있으며, 따라서 전 세계적으로 35개에 기원을 두고 성장해 온 전문 두류 무역회사인 마비가Maviga를 인수했다. 콩, 완두콩, 렌즈 콩은 인도나 중국과 같은 나라의 식이요법에서 점점 더 중요한 부분이 될 것 같다.

아드리안Adrian은 라는 진화하는 세계 시장에서 의사 결정을 가속화해야 할 필요성을 인식하고 있다. '역경과 시장의 도전이 있는 곳에는 기회도 있다. 우리가 해야 할 것 중에 더 많은 도전을 받고 있는 것은 상업적 결정을 더 빨리 내려야 한다는 점이다.'

### 문화적 변화

2000년 경영권 매각 이후 기업 전반에 걸쳐 지속적인 문화적 변화가 일어나고 있다. 그것은 매우 전통적인 계층적 구조에서 더 평등해진 팀 기반의 구조로 옮겨갔다.

ED&F Man의 핵심 원칙은 기업가 정신, 강력한 기업 지배구조, 혁신, 고객과 비즈니스 파트너를 위한 지속적으로 높은 품질의 서비스, 지속 가능성 및 사회적 책임에 기초한다. 그 단체는 최근 몇 년간 참여와 권한 부여 문화를 만들기 위해 열심히 일해 왔다.

ED&F Man의 직원 소유 기반에 따라, 직원들은 사업주처럼 생각하고 행동하며 주주가치 창출에 집중하도록 장려된다. 기여하고, 수행하고, 성장을 지속하는 사업을 하는 것은 모든 사람에게 이익이 된다.

관료주의를 줄이려는 의도적인 시도가 있었다. 능력주의는 사업 전반에 걸쳐 실제로 매우 중요한 가치다. 동료들은 고위 임원진들에게 의견을 제시하도록 권장되며, 과거에 이를 금지했을 일종의 문지기와 프로토콜들은 제거되었다. 높은 퍼센트의 지지를 받은 새로운 아이디어는 녹색 불빛이 주어지며, 애자일 방식으로 테스트가 이뤄진 후 통과하면 집중 지원을 받게 된다. 기업가 정신과 '할 수 있다'는 태도가 권장된다.

비즈니스 전반의 문화적 변화는 변화를 추진하는 데 도움이 되는 가치 기반 리더십 개발에 투자함으로써 최근 몇 년간 가속화되었다. 조직은 구조화된 학습 개입을 제공하며, 개인들도 비즈니스 학교 프로그램과 같은 추가 기회에 대한 자금후원을 신청할 것을 권장한다. 과거에는 많은 직원들이 재정적인 목표를 달성한 것에 대해 보상을 받았다. 역량 관리를 강조하는 현재는 순수하게 재정적 결과보다는 행동에 있다. 성과 관리에 대한 대화는 '직원들이 무엇을 하고 있는지'뿐만 아니라 '어떻게'에도 초점을 맞춘다. 회사가 주로 직원 소유라는 사실 또한 이러한 대화에서 책임감을 증가시킨다.

ED&F Man's 균형성과평가제도Balanced Score Card의 또 다른 성공 요인으로 민첩성을 들 수 있다. 다른 요인들에는 혁신과 고객 서비스가 포함된다. 이는 비즈니스 성과를 측정하는 방식에 더 많은 일관성을 도입했다. 또 사람들이 직장에서 성공하기 위해 무엇에 집중해야 하는지 생각하게 하여 전체 조직이 더 민첩해지는 데 도움을 주었다.

### 공급업체와의 지속 가능한 파트너십

ED&F Man은 공급자들을 고객처럼 대한다. 그것은 사업을 '개인적인 느낌'으로 만드는 것을 목표로 한다. 예를 들어, 농부들이 더 나은 품질의 농작물을 자라도록 돕고, 미래의 세대를 위해 땅을 생산적으로 유지하도록 도울 수 있는 농업 기술을 장려하기 위해 농부들과 함께 일한다. 또한 가격 변동으로부터 고객을 보호하기 위해 연계매매와 선물과 같은 금융 도구를 사용하는 일이다.

그 기업은 연구개발에 많은 투자를 하고 있으며 세계적으로 존경받는 연구팀을 두고 있다. 그 단체의 사회적 책임에 초점을 맞추는 것은 전문성과 자원을 공유하는 것을 포함하며, 작물 과학자들은 농부와 지역 생산자들과 함께 지상에서 운영한다. 예를 들어, 커피 재배하는 소작농들은 단지 몇 에이커의 땅만 가지고 있을 수 있기 때문에, 수확량을 극대화하기 위해서, 작물 과학자들은 자랄 수 있는 콩의 종류, 지속 가능한 수정 방법, 그리고 토양 영양분을 유지하는 것에 대해 조언을 할 수 있다. 과학자들은 또한 토양 검사를 실시하여 기온과 강우에 대한 마이크로 데이터를 제공할 수 있으며, 지난 몇 년 동안의 미래 예측과 변화를 살펴볼 수 있다. 종종 소작농들은 지역적인 직관력을 많이 가지고 그것을 과학자들의 세계적인 전문지식과 결합한다. 그들은 상호 이익에 큰 영향을 미칠 수 있는 작은 변화를 예측하고 대응하기 위해 함께 협력한다.

ED&F Man은 더 넓은 네트워크에서 그것의 역할을 인식하고, 신흥 시장에서 많은 지역사회와 교육 프로젝트를 지원한다. 커피 생산 시설이 큰 베트남에서는 학교 및 병원시설에 대한 투자가 교육과 건강관리를 향상시켰고, 부모들이 자녀들의 안전함과 보호 상태를 알면서 직장에 갈 수 있게 해준다.

'우리 직원들은 엄청난 열정과 헌신을 가지고 있다.'라고 애드리안이 말한다. '존중은 핵심 가치다. 우리는 매우 관계 지향적인 조직이며 장기적으로 지속 가능한 방법으로 사람들과 사업을 하고 싶다.' 그 결과는 이것이 애자일 작업과 책임 있는 사고방식의 성공적인 조합이라는 것을 보여준다.

# 요약

만약 여러분이 비전을 가진 리더라면, 여러분이 일하는 곳에서 애자일 작업법으로 일할 수 있도록 하는 것에 대한 이 책의 통찰력을 받아들이기를 바란다. 또한 여러분이 이러한 원칙들을 취해서 좀 더 넓게, 다른 생태계의 조직들과 사회에 적용하는 것의 가치를 알게 되기를 바란다. 우리는 협력할지, 다른 사람들이 일을 잘할 수 있을지, 그리고 위험을 감수하고 얻은 결과로부터 무엇을 배울지에 대한 선택에 매일 직면한다. 애자일 리더십을 수용함으로써 직장과 가정 그리고 더 넓은 사회에 속한 주변 사람들을 매우 빠르게 변화시키며 생산성과 혁신을 동시에 추진할 수 있다.

# 애자일 경영 교과서

**디지털 혁신을 위한 애자일 프로젝트 관리법**

**초판 발행** 2019년 7월 10일
**발행처** 유엑스리뷰 | **발행인** 현명기 | **지은이** 사이먼 헤이워드 |
**옮긴이** 이은경 | **주소** 부산시 해운대구 센텀동로 25, 104동 804호 | **팩스** 070.8224.4322 |
**등록번호** 제333-2015-000017호 | **이메일** uxreviewkorea@gmail.com

ISBN 979-11-88314-28-7

이 책의 한국어판 저작권은 유엑스리뷰 출판사가 소유하고 있습니다.
낙장 및 파본은 구매처에서 교환하여 드립니다.
구입 철회는 구매처 규정에 따라 교환 및 환불처리가 됩니다.

The Agile Leader by Simon Hayward

© Simon Hayward, 2018
All rights reserved.

The translation of The Agile Leader is published by arrangement with Kogan Page.

이 책은 저작권자와의 독점계약으로 유엑스리뷰에서 출간되었습니다.
저작권법에 의해 한국 내에서 보호를 받는 저작물이므로 무단전재와 복제를 금합니다.